여러분의 합격을 응원하는
해커스공무원의 특별 혜택

FREE 공무원 한국사 특강

해커스공무원(gosi.Hackers.com) 접속 후 로그인 ▶ 상단의 [무료강좌] 클릭 ▶
[교재 무료특강] 클릭하여 이용

시대별 막판 암기 점검 (PDF)

해커스공무원(gosi.Hackers.com) 접속 후 로그인 ▶
상단의 [교재·서점 → 무료 학습 자료] 클릭 ▶ 본 교재의 [자료받기] 클릭

해커스공무원 온라인 단과강의 **20% 할인쿠폰**

5AAD89AC93E2FD8E

해커스공무원(gosi.Hackers.com) 접속 후 로그인 ▶ 상단의 [나의 강의실] 클릭 ▶
좌측의 [쿠폰등록] 클릭 ▶ 위 쿠폰번호 입력 후 이용

* 쿠폰 등록 후 7일간 사용 가능 (ID당 1회에 한해 등록 가능)

합격예측 온라인 모의고사 응시권 + 해설강의 수강권

3D5ACC567BF952JE

해커스공무원(gosi.Hackers.com) 접속 후 로그인 ▶ 상단의 [나의 강의실] 클릭 ▶
좌측의 [쿠폰등록] 클릭 ▶ 위 쿠폰번호 입력 후 이용

* ID당 1회에 한해 등록 가능

쿠폰 이용 관련 문의 **1588-4055**

나의 목표 달성기

나의 목표 점수

_____ 점

나의 학습 플랜

☐ 막판 2주 학습 플랜
☐ 막판 1주 학습 플랜

* 일 단위의 상세 학습 플랜은 p.10에 있습니다.

각 모의고사를 마친 후 해당 모의고사의 점수를 아래 그래프에 ●로 표시하여 본인의 점수 변화를 직접 확인해 보세요.

해커스공무원 gosi.Hackers.com

해커스공무원
실전동형
모의고사
한국사 1

해커스공무원
gosi.Hackers.com

"공무원 시험 책을
처음 펼쳤던 날을 기억하시나요?"

공무원 시험 준비를 하면서
때로는 커다란 벽에 부딪혀 앞이 캄캄해졌던 때도 있었을 겁니다.
또 때로는 그 벽 앞에 주저앉아 포기하고 싶었던 때도 있었을 겁니다.

하지만, 기억하시나요?
새로운 도전에 대한 떨림과 각오로 책을 처음 펼쳤던 날.

이제 그 도전의 결실을 맺을 순간을 앞두고 있습니다.
합격의 길, 마지막까지 해커스가 함께하겠습니다.

최신 출제 경향을 철저히 반영하여 적중률을 높인 16회분의 모의고사와
공무원 한국사 시험에 출제되는 핵심 키워드를 복습할 수 있는 <핵심 키워드 마무리 체크>
시험 직전 시대별로도 최종 점검을 할 수 있는 <시대별 막판 암기 점검>까지

「해커스공무원 실전동형모의고사 한국사 1」로 함께하세요.

공무원 합격을 위한 여정,
해커스 공무원시험연구소가 여러분과 함께 합니다.

: 목차

합격으로 이끄는 이 책의 특징 및 구성   6
최신 출제경향과 학습 전략   8
합격을 위한 막판 학습 플랜   10

실전동형 문제집

01회	실전동형모의고사	14
02회	실전동형모의고사	20
03회	실전동형모의고사	26
04회	실전동형모의고사	32
05회	실전동형모의고사	38
06회	실전동형모의고사	44
07회	실전동형모의고사	50
08회	실전동형모의고사	56
09회	실전동형모의고사	62
10회	실전동형모의고사	68
11회	실전동형모의고사	74
12회	실전동형모의고사	80
13회	실전동형모의고사	86
14회	실전동형모의고사	92
15회	실전동형모의고사	98
16회	실전동형모의고사	104

해커스공무원 실전동형모의고사 한국사 1

약점 보완 해설집 [책 속의 책]

01회	실전동형모의고사 정답·해설	2
02회	실전동형모의고사 정답·해설	6
03회	실전동형모의고사 정답·해설	10
04회	실전동형모의고사 정답·해설	14
05회	실전동형모의고사 정답·해설	18
06회	실전동형모의고사 정답·해설	22
07회	실전동형모의고사 정답·해설	26
08회	실전동형모의고사 정답·해설	30
09회	실전동형모의고사 정답·해설	34
10회	실전동형모의고사 정답·해설	38
11회	실전동형모의고사 정답·해설	42
12회	실전동형모의고사 정답·해설	46
13회	실전동형모의고사 정답·해설	50
14회	실전동형모의고사 정답·해설	54
15회	실전동형모의고사 정답·해설	58
16회	실전동형모의고사 정답·해설	62

OMR 답안지 [부록]

시대별 막판 암기 점검 [PDF]
해커스공무원(gosi.Hackers.com) 접속 후 로그인
▶ 상단의 [교재·서점 → 무료학습자료] 클릭
▶ 본 교재의 [자료받기] 클릭하여 이용

합격으로 이끄는 이 책의 특징 및 구성

최신 출제경향을 철저히 반영한 모의고사로 합격 실력 완성!

① 공무원 한국사 시험 경향을 철저히 반영한 모의고사 16회분 수록
실제 공무원한국사 시험과 동일한 난이도와 문제 유형으로 구성된 실전동형 모의고사 16회분으로 철저하게 실전에 대비할 수 있도록 하였습니다.

② OMR 답안지 제공
실제 시험처럼 문제를 풀면서 정답 체크까지 할 수 있도록 OMR 답안지를 제공하였습니다. 이를 통해 실전 감각을 극대화할 수 있습니다.

취약시대 분석부터 심화학습까지 아우르는 입체적 해설!

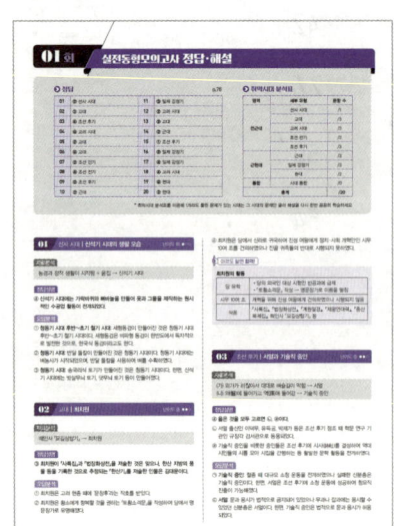

① 정답표 & 취약시대 분석표
모든 문제의 시대가 표시된 정답표를 제공하여, 맞거나 틀린 문제의 시대를 바로 확인할 수 있습니다. 또한 취약시대 분석표를 통해 자신의 취약한 시대를 확인하고 집중 보완할 수 있도록 하였습니다.

② 상세한 정답 분석과 오답 해설
정답의 근거는 물론 자료의 키워드 분석, 오답에 대한 상세한 해설을 제공하여 한 문제를 풀더라도 여러 문제를 푼 것과 같은 효과를 얻을 수 있습니다.

③ 이것도 알면 합격!
출제 포인트 및 문제와 관련해 또 출제될 가능성이 높은 핵심 이론을 정리하여, 만점 달성에 필요한 심화 학습을 할 수 있도록 하였습니다.

목표 수립부터 달성까지, 합격을 향한 특별 구성!

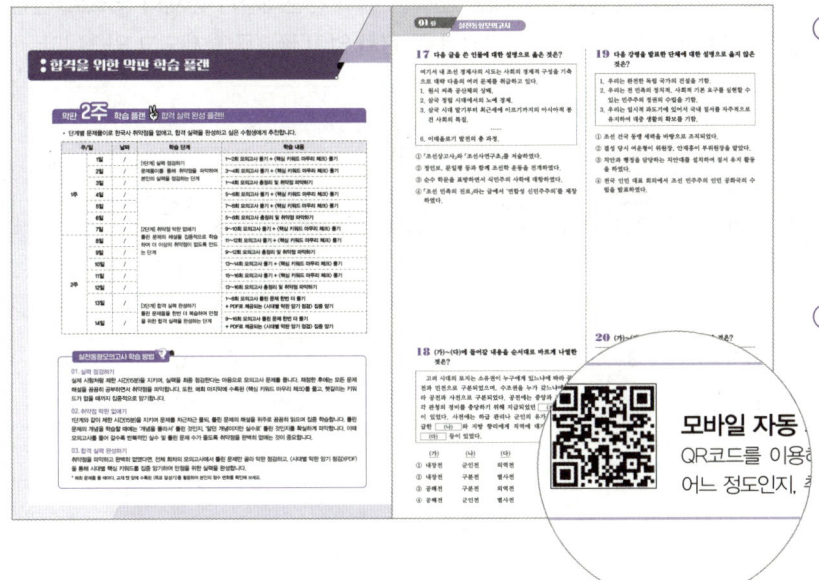

① 막판 학습 플랜
목표 달성기에 기입한 학습 계획에 맞춰서 16회분 모의고사를 2주 동안 풀 수 있도록 구성한 막판 2주 학습 플랜과, 시험 직전 단기간에 문제풀이를 끝낼 수 있는 막판 1주 학습 플랜을 제공하였습니다.

② 모바일 자동 채점 + 성적 분석 서비스
매회 모의고사 풀이 후 QR코드로 접속하여 간편하게 채점할 수 있으며, 성적 분석 서비스를 통해 나의 취약점과 현재 위치를 점검할 수 있습니다.

시험 직전까지 완벽하게, 최종 마무리할 수 있는 학습 구성!

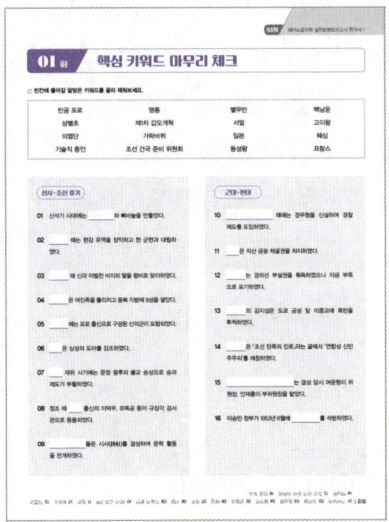

① 핵심 키워드 마무리 체크
매회 모의고사에 출제된 문제들 중 빈출 선택지의 핵심 키워드를 빈칸으로 제공하였습니다. 이를 통해 꼭 알아두어야 할 중요한 핵심 키워드를 복습하면서, 보다 철저히 한 회를 마무리할 수 있습니다.

② 온라인 무료 〈시대별 막판 암기 점검〉 제공
해커스공무원 사이트(gosi.Hackers.com)에서 각 회차 모의고사에 수록된 빈출 선택지를 OX/빈칸 문제로 구성한 〈시대별 막판 암기 점검〉(PDF)을 제공합니다. 이를 통해 시험 직전까지 반드시 알아 두어야 할 핵심 키워드만 최종 암기할 수 있습니다.

최신 출제경향과 학습 전략

공무원 한국사 시험 시대별 출제 비율

공무원 한국사 시험은 보통 총 20문항으로 구성됩니다. 최근 3개년 공무원 시험을 분석한 결과 전근대사가 전체의 55%로, 근현대사(40%), 시대 통합(5%)보다 출제 비율이 높았습니다. 그러나 대부분 모든 시대에서 큰 편차 없이 골고루 출제되고 있습니다.

시험 구분	시대별 출제 문항 수								시대 통합	합계
	전근대사					근현대사				
	선사	고대	고려	조선 전기	조선 후기	근대	일제 강점기	현대		
국가직	1	3	3	2	1	3	4	2	1	20
지방직	1	2	4	2	1	3	3	2	2	20
서울시	1	3	4	2	3	2	3	2	0	20
출제 비율	5%	13%	18%	10%	9%	13%	17%	10%	5%	100%

분류사별 최신 출제경향 및 학습 전략

📁 최신 출제경향

- 정치사의 출제 비중이 가장 높으며, 최근에 주요 국왕의 업적 및 재위 시기의 사실을 묻는 문제가 많이 출제됨
- 한 시대의 정치·경제·사회·문화를 알아야 풀 수 있는 분류 통합형 문제가 출제되고 있음
- 문화사는 승려와 조선 후기 실학자, 역사서와 문화유산을 묻는 문제가 꾸준히 출제되고 있음
- 사회사는 최근 출제 비중이 낮아지고 있는 추세이며, 주로 분류 통합형의 선택지로 출제되고 있음

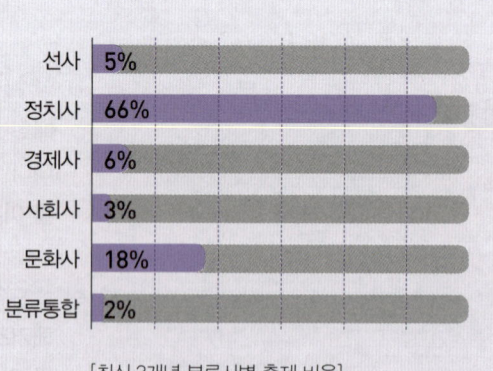

[최신 3개년 분류사별 출제 비율]

학습 전략

① 정치사의 흐름을 파악하고 주요 국왕의 정책과 사건의 배경·내용·결과 등을 정리합니다.
② 문화사에서는 승려와 조선 후기의 실학자의 주요 내용을 꼼꼼히 정리하고, 역사서와 우리나라의 주요 문화유산의 특징을 구분하여 암기합니다.
③ 경제사에서는 고려의 전시과와 과전법, 조선 후기의 대동법·영정법·균역법의 경제 제도를 비교하여 정리합니다.
④ 사회사에서는 신라 하대, 고려 원 간섭기, 조선 후기를 중심으로 시대의 전반적인 사회상을 이해합니다.

시대별 최신 출제경향 및 학습 전략

1. 전근대사

📁 **최신 출제경향**

- 왕의 업적/재위 시기의 사실을 묻는 문제나, 시기별 대외 항쟁의 전개 과정과 사건들의 전후 관계를 묻는 문제가 출제됨
- 사료를 해석하여 시대를 파악해야 하는 사료 제시형 문제가 많이 출제됨

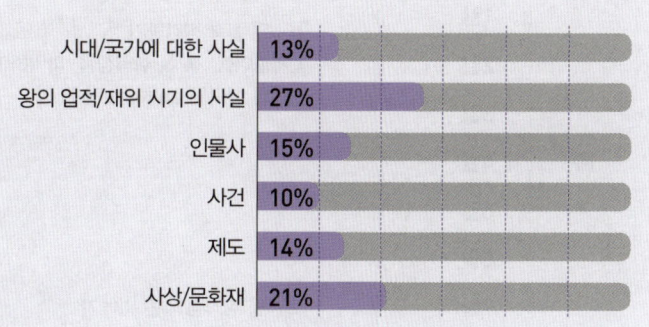

[최신 3개년 전근대사 문제 출제 포인트 비율]

학습 전략

① 국가별 주요 왕의 업적과 재위 시기의 사실·상황을 연결시켜 암기합니다.
② 모든 국가에 대한 제도와 사건들을 구분하여 정리합니다.
③ 각 시대의 정치·경제·사회·문화를 함께 정리합니다.

2. 근현대사

📁 **최신 출제경향**

- 근현대의 여러 사건과 관련된 문제가 가장 많이 출제됨
- 근현대 주요 단체와 특정 인물의 활동을 묻는 문제가 출제됨
- 근현대 조약·법령의 내용 및 대한민국 개헌안에 대해 묻는 문제가 자주 출제되고 있음

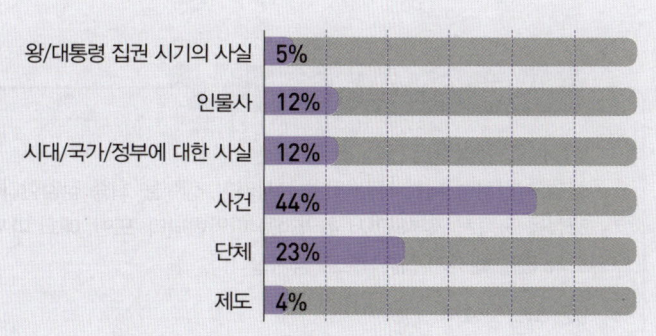

[최신 3개년 근현대사 문제 출제 포인트 비율]

학습 전략

① 근대사는 사건의 인과 관계나 전체 사건의 흐름을 이해하여 순서대로 배열하는 문제가 출제되기 때문에 사건의 배경, 전개 과정, 결과를 정리하여 개념을 이해합니다.
② 일제 강점기에서는 일제의 식민 통치 방식과 각 시기별 특징, 국내외의 독립 운동 단체와 무장 독립 전쟁, 주요 독립 운동가의 활동을 정리합니다.
③ 현대사에서는 광복 전후의 주요 상황, 민주화 운동, 평화 통일을 위한 남북의 노력, 시기별 경제 상황 등을 정리합니다.

합격을 위한 막판 학습 플랜

막판 2주 학습 플랜 ✌ 합격 실력 완성 플랜!!

• 단계별 문제풀이로 한국사 취약점을 없애고, 합격 실력을 완성하고 싶은 수험생에게 추천합니다.

주/일		날짜	학습 단계	학습 내용
1주	1일	/	[1단계] 실력 점검하기 문제풀이를 통해 취약점을 파악하여 본인의 실력을 점검하는 단계	1~2회 모의고사 풀기 + 〈핵심 키워드 마무리 체크〉 풀기
	2일	/		3~4회 모의고사 풀기 + 〈핵심 키워드 마무리 체크〉 풀기
	3일	/		1~4회 모의고사 총정리 및 취약점 파악하기
	4일	/	[2단계] 취약점 막판 없애기 틀린 문제의 해설을 집중적으로 학습하여 더 이상의 취약점이 없도록 만드는 단계	5~6회 모의고사 풀기 + 〈핵심 키워드 마무리 체크〉 풀기
	5일	/		7~8회 모의고사 풀기 + 〈핵심 키워드 마무리 체크〉 풀기
	6일	/		5~8회 모의고사 총정리 및 취약점 파악하기
	7일	/		9~10회 모의고사 풀기 + 〈핵심 키워드 마무리 체크〉 풀기
2주	8일	/		11~12회 모의고사 풀기 + 〈핵심 키워드 마무리 체크〉 풀기
	9일	/		9~12회 모의고사 총정리 및 취약점 파악하기
	10일	/		13~14회 모의고사 풀기 + 〈핵심 키워드 마무리 체크〉 풀기
	11일	/		15~16회 모의고사 풀기 + 〈핵심 키워드 마무리 체크〉 풀기
	12일	/		13~16회 모의고사 총정리 및 취약점 파악하기
	13일	/	[3단계] 합격 실력 완성하기 틀린 문제들을 한번 더 복습하여 만점을 위한 합격 실력을 완성하는 단계	1~8회 모의고사 틀린 문제 한번 더 풀기 + PDF로 제공되는 〈시대별 막판 암기 점검〉 집중 암기
	14일	/		9~16회 모의고사 틀린 문제 한번 더 풀기 + PDF로 제공되는 〈시대별 막판 암기 점검〉 집중 암기

실전동형모의고사 학습 방법

01. 실력 점검하기
실제 시험처럼 제한 시간(15분)을 지키며, 실력을 최종 점검한다는 마음으로 모의고사 문제를 풉니다. 채점한 후에는 모든 문제 해설을 꼼꼼히 공부하면서 취약점을 파악합니다. 또한, 매회 마지막에 수록된 〈핵심 키워드 마무리 체크〉를 풀고, 헷갈리는 키워드가 없을 때까지 집중적으로 암기합니다.

02. 취약점 막판 없애기
1단계와 같이 제한 시간(15분)을 지키며 문제를 차근차근 풀되, 틀린 문제의 해설을 위주로 꼼꼼히 읽으며 집중 학습합니다. 틀린 문제의 개념을 학습할 때에는 '개념을 몰라서' 틀린 것인지, '알던 개념이지만 실수로' 틀린 것인지를 확실하게 파악합니다. 이때 모의고사를 풀어 갈수록 반복적인 실수 및 틀린 문제 수가 줄도록 취약점을 완벽히 없애는 것이 중요합니다.

03. 합격 실력 완성하기
취약점을 파악하고 완벽히 없앴다면, 전체 회차의 모의고사에서 틀린 문제만 골라 막판 점검하고, 〈시대별 막판 암기 점검〉(PDF)을 통해 시대별 핵심 키워드를 집중 암기하여 만점을 위한 실력을 완성합니다.

* 매회 문제를 풀 때마다, 교재 맨 앞에 수록된 〈목표 달성기〉를 활용하여 본인의 점수 변화를 확인해 보세요.

막판 1주 학습 플랜 🖐 실전 감각 극대화 플랜!!

- 시험 직전 막판 1주 동안 문제풀이에 집중하여, 실전 감각을 극대화하고 싶은 수험생에게 추천합니다.

주/일		날짜	학습 내용
1주	1일	/	1~4회 모의고사 풀기 ① 모의고사를 풀고 해설을 꼼꼼히 학습하기 ② 〈핵심 키워드 마무리 체크〉 풀기
	2일	/	5~8회 모의고사 풀기 ① 모의고사를 풀고 해설을 꼼꼼히 학습하기 ② 〈핵심 키워드 마무리 체크〉 풀기
	3일	/	1~8회 모의고사 총정리하기
	4일	/	9~12회 모의고사 풀기 ① 모의고사를 풀고 해설을 꼼꼼히 학습하기 ② 〈핵심 키워드 마무리 체크〉 풀기
	5일	/	13~16회 모의고사 풀기 ① 모의고사를 풀고 해설을 꼼꼼히 학습하기 ② 〈핵심 키워드 마무리 체크〉 풀기
	6일	/	9~16회 모의고사 총정리하기
	7일	/	시험 직전 막판 점검하기 ① 1~16회 모의고사 틀린 문제 한번 더 풀기 ② PDF로 제공되는 〈시대별 막판 암기 점검〉 집중 암기

실전동형모의고사 학습 방법

01. 각 회차 모의고사 풀기

(1) 모의고사를 풀고 해설 학습하기
① 실제 시험처럼 제한 시간(15분)을 지키며 모의고사 문제를 풉니다.
② 채점 후 틀린 문제를 중심으로 해설을 꼼꼼히 학습합니다. 해설을 학습할 때에는 틀린 문제에 나온 개념을 정리하고 반복해서 암기함으로써 이후에 동일한 개념의 문제를 틀리지 않도록 합니다. 또한, 〈이것도 알면 합격!〉에서 제공하는 심화 개념까지 완벽히 암기합니다.

(2) 〈핵심 키워드 마무리 체크〉로 한 번 더 점검하기
① 매회 마지막에 수록된 〈핵심 키워드 마무리 체크〉를 풀고, 헷갈리는 키워드가 없을 때까지 집중적으로 암기합니다.
② 잘 안 외워지는 키워드에는 체크를 해두고, 머리 속에 완벽히 입력될 때까지 반복해서 암기합니다.

02. 모의고사 총정리하기

(1) 틀린 문제를 풀어보고, 반복해서 틀리는 문제는 해설의 정답 설명, 오답 분석을 다시 한 번 꼼꼼히 읽고 모르는 부분이 없을 때까지 확실히 학습합니다.
(2) 〈핵심 키워드 마무리 체크〉에서 체크해 둔 키워드가 완벽하게 암기되었는지 최종 점검합니다.

03. 시험 직전 막판 점검하기

시험 전날에는 전체 회차의 모의고사에서 틀린 문제만 골라 막판 점검하고, 〈시대별 막판 암기 점검〉(PDF)을 통해 시대별 핵심 키워드를 집중 암기하여 만점을 위한 실력을 완성합니다.

* 매회 문제를 풀 때마다, 교재 맨 앞에 수록된 〈목표 달성기〉를 활용하여 본인의 점수 변화를 확인해 보세요.

합격으로 이끄는 공무원 한국사 학습 전략!

정치사

주요 국왕 대의 사실과 각 시대별로 시행된 정책 등을 정확하게 암기한다!

정치사는 국가별 주요 국왕의 업적 및 재위 시기의 사실과 각 시대별로 시행된 정책을 구분하여 정확하게 암기해야 하며, 주요 사건은 정치적 상황과 연관시켜 정리합니다.

경제사

제도별로 시행 시기와 내용을 정리한다!

토지 제도와 수취 제도는 각 시대에 따라 어떻게 변했는지를 물어보므로, 제도가 시행된 왕, 제도의 내용과 기준 등을 한번에 정리해야 문제를 맞힐 수 있습니다. 특히 문제를 풀 때, '몇 두'를 지급하였는지 그 숫자가 헷갈리기 때문에 내용을 정확하게 암기합니다.

사회사

흐름과 함께 각 시대의 사회 모습과 신분 계층까지 파악한다!

최근 사회사 문제의 출제 비중이 낮아지고 있으나 분류 통합 문제로 출제될 가능성이 있으니, 각 시대별 사회 모습의 주요 특징을 정치사, 경제사 등과 함께 연결 지어 학습합니다.

문화사

서적은 저자와 함께 주요 특징까지 암기한다!

서적 문제를 맞추기 위해서는 저자와 함께 주요 특징까지 암기해야 합니다. 농서, 역사서, 의학서 등으로 구분하여 문제가 출제되므로, 서적에 따라 정리를 하면 쉽게 문제의 정답을 맞힐 수 있습니다.

해커스공무원 실전동형모의고사 한국사 1

실전동형
모의고사

01회 | 실전동형모의고사
02회 | 실전동형모의고사
03회 | 실전동형모의고사
04회 | 실전동형모의고사
05회 | 실전동형모의고사
06회 | 실전동형모의고사
07회 | 실전동형모의고사
08회 | 실전동형모의고사
09회 | 실전동형모의고사
10회 | 실전동형모의고사
11회 | 실전동형모의고사
12회 | 실전동형모의고사
13회 | 실전동형모의고사
14회 | 실전동형모의고사
15회 | 실전동형모의고사
16회 | 실전동형모의고사

잠깐! 실전동형모의고사 전 확인사항

매 회 실전동형모의고사 전, 아래 상황을 점검하고 실전처럼 시험에 임하세요.
- ✓ 휴대전화는 전원을 꺼주세요.
- ✓ 연필과 지우개를 준비하세요.
- ✓ 제한시간 15분 내 최대한 많은 문제를 정확하게 풀어보세요.

01회 실전동형모의고사

01 (가)에 들어갈 체험 활동으로 옳은 것은?

[암사동 축제 한마당]
처음으로 농경이 시작된 시대로 떠나는 시간 여행

■ 기획 의도
농경과 정착 생활이 시작된 시대의 생활상을 체험할 수 있는 축제로 초대합니다.

■ 체험 프로그램 목록
1. 주거 생활 체험: 바닥이 원형 모양인 움집 제작해보기
2. 신앙 생활 체험: 나의 부족을 상징하는 동물 모양의 토템 제작하기
3. 생활 도구 만들기: _____(가)_____

① 세형동검 만들기
② 반달 돌칼 만들기
③ 송국리식 토기 만들기
④ 가락바퀴와 뼈바늘 만들기

02 다음 글을 작성한 인물에 대한 설명으로 옳지 않은 것은?

당나라 소종 황제가 중흥을 이룰 때, 전쟁과 흉년이라는 두 가지 재앙이 서쪽에서 그치고 동쪽으로 오니 굶어서 죽고 전쟁으로 죽은 시체가 들판에 별처럼 늘어 있었다.
— 해인사 「묘길상탑기」

① 고려 현종 때에 문창후라는 작호를 받았다.
②「토황소격문」을 작성하여 당에서 유명해졌다.
③『사륙집』,『법장화상전』,『한산기』를 저술하였다.
④ 진성 여왕에게 개혁안인 시무 10여 조를 건의하였다.

03 (가), (나) 신분에 대한 설명으로 옳은 것을 모두 고른 것은?

○ __(가)__ 에게 과거와 벼슬을 못하게 한 것은 우리나라의 옛 법이 아니다. …… 경대부(卿大夫)의 아들이지만, 오직 외가가 하찮아서 대대로 벼슬길이 막혀, 비록 뛰어난 재주와 쓸 만한 그릇을 가지고 있으면서도 끝내 남에게 머리를 숙여야 하니 불쌍하도다.

○ 아! __(나)__ 은/는 본시 모두 사대부였는데, 의(醫)에 들어가고 또는 역(譯)에 들어가 7·8대나 10여 대를 대대로 전하니 사람들이 서울 중촌(中村)의 오래된 집안이라고 불렀다. 문장과 대대로 쌓아 내려오는 미덕은 비록 사대부에 비길 수 없으나 유명한 재상, 지체 높고 번창한 집안 외에 이들보다 나은 자는 없다.

㉠ (가) - 철종 때 대규모 소청 운동을 전개하였으나 실패하였다.
㉡ (가) - 정조 때 이덕무, 유득공 등이 규장각 검서관으로 등용되었다.
㉢ (나) - 문과 응시는 법적으로 금지되어 있었으나 무과나 잡과에는 응시할 수 있었다.
㉣ (나) - 시사(詩社)를 결성하여 문학 활동을 전개하였다.

① ㉠, ㉢
② ㉠, ㉣
③ ㉡, ㉢
④ ㉡, ㉣

04 (가)에 대한 설명으로 옳은 것은?

민영은 사람됨이 호방하며 의협심이 있었다. 어려서부터 매와 개를 데리고 사냥을 하고 말을 달려 격구를 하는 것을 좋아하였다. 그의 부친 민효후가 동계 병마판관이 되어 적에 맞서 싸우다 사망하였는데, 그는 이를 한스럽게 여겨 복수를 하고자 하였다. 때마침 예종이 오랑캐를 정벌하려 하자 민영은 자청하여 __(가)__ 의 신기군에 편성되었다.

① 군인전을 지급받는 상비군이었다.
② 정종 2년에 설치된 임시 군사 조직이었다.
③ 포로 출신으로 구성된 신의군이 포함되었다.
④ 여진족을 물리치고 동북 지방에 9성을 쌓았다.

05 다음의 조치를 시행한 왕 때의 사실로 옳은 것은?

내신좌평을 두어 왕명 출납을, 내두좌평은 물자와 창고를, 내법좌평은 예법과 의식을, 위사좌평은 숙위 병사를, 조정좌평은 형벌과 송사를, 병관좌평은 지방의 군사에 관한 일을 각각 맡게 하였다.

① 북위에 사신을 보내 군사를 요청하였다.
② 한강 유역을 장악하고 한 군현과 대립하였다.
③ 신라 이벌찬 비지의 딸을 왕비로 맞이하였다.
④ 왕인이 일본에 『천자문』과 『논어』를 전하였다.

06 다음 글을 작성한 인물에 대한 설명으로 옳은 것은?

지난번에 이토 후작이 한국에 왔을 때, 어리석은 우리 인민이 서로 말하길, "후작은 평소에 동양 삼국이 세 개 달린 솥이 똑바로 서 있는 것처럼 안녕하도록 주선하겠다고 스스로 장담하였던 사람이었다. 오늘 한반도로 들어온 것은 반드시 우리나라의 독립을 견고하게 심어줄 방안을 권고할 것이다"고 하여 항구에서부터 서울에 이르기까지 관민의 상하가 환영해 마지않았다. …… 뜻밖에 5개조가 어떻게 제출되었는가. 이 조건은 비단 우리 한국뿐 아니라 동양 삼국이 분열할 조짐을 점차 만들어낼 것이니 이토 후작의 본의는 어디에 있는가? …… 아! 원통하고 분하도다. 우리 이천 만 남의 노예가 된 동포여! 살았는가, 죽었는가. 단군과 기자 이래 사천 년 국민정신이 하룻밤 사이에 홀연히 멸망하고 마는 것인가. 원통하고 원통하다. 동포야! 동포야! — 황성신문

① 대한 자강회 설립에 참여하였다
② 보빙사의 전권대신으로 임명되었다.
③ 『조선책략』을 들여와 국내에 소개하였다.
④ 을사늑약이 체결되자 이에 저항하여 자결하였다.

07 밑줄 친 '임금'에 대한 설명으로 옳은 것은?

시애가 반란을 일으켰을 때에 한명회·신숙주·노사신·한계희 등이 도와주었다는 유언비어가 돌았다. 임금이 명하여 이들을 궐내에 구금하고 그 아들과 사위들도 아울러 금부에 가두었다. 한달이 넘어서야 무고임이 판명되어 석방하였는데 임금이 깊이 눈물을 흘리며 후회하였다. 시애를 사로잡은 뒤에 무슨 까닭 때문에 그런 말을 하였느냐?" 하고 물으니 대답하기를, "신숙주와 한명회의 무리가 있으면 우리 거사가 성공하지 못할까 걱정되어 그러하였다."고 자백하였다.

① 의정부 서사제를 시행하였다.
② 군사 제도를 개혁하여 보법을 실시하였다.
③ 왕후의 명복을 빌기 위해 내불당을 세웠다.
④ 학문 연구를 장려하기 위해 독서당을 처음으로 운영하였다.

08 다음 사건이 일어난 왕의 재위 기간에 있었던 사실로 옳은 것은?

부제학 정언각이 아뢰기를, "신의 딸이 남편을 따라 전라도로 시집을 가는데, 부모 자식 간의 정리에 멀리 전송하고자 하여 한강을 건너 양재역까지 갔었습니다. 그런데 벽에 붉은 글씨가 있기에 보았더니, 국가에 관계된 중대한 내용으로서 지극히 놀라운 것이었습니다. 이에 신들이 가져와서 봉하여 아룁니다."하였다.

① 주세붕이 백운동 서원을 세웠다.
② 회령에서 니탕개가 반란을 일으켰다.
③ 의례서인 『국조오례의』를 편찬하였다.
④ 문정 왕후의 불교 숭상으로 승과 제도가 부활하였다.

09 다음 농법이 보급된 결과로 옳지 않은 것은?

> 모를 쪄서 뿌리를 씻어 흙을 없애고, 피는 가려내고 조그마한 묶음으로 만들어, 쟁기질하여 다듬은 무논에 심되, 한 포기에 3~4줄기가 넘지 않게 한다. …… 논의 물이 마르려 하여 옮겨 심는 일이 매우 급하게 되었는데 모가 아직 연약할 경우에는, 못자리에 물을 가득 넣으면 모가 자연히 물 밖까지 나와 자라게 된다. 그러나 약하면서 길기만 하여 옮겨 심을 때 부러져 상할 염려가 없지 않다.

① 벼와 보리를 번갈아 심는 이모작이 가능해졌다.
② 생산량의 증가로 농촌 내 빈부 격차가 해소되었다.
③ 농지를 직접 경영하는 지주가 많아져 소작농이 줄어들었다.
④ 적은 노동력으로 넓은 면적의 토지를 경작할 수 있게 되었다.

10 (가) 기구에서 추진한 개혁 내용으로 옳지 않은 것은?

> 왕이 전교하기를 " (가) 의 회의 총재는 영의정 김홍집이 맡고, 내무 독판 박정양, 협판 민영달, 강화 유수 김윤식 등은 회의원으로 하여 날마다 와서 모여 크고 작은 사무를 협의하도록 하라."하였다.

① 경무청을 신설하여 경찰 제도를 도입하였다.
② 군제를 개혁하여 훈련대와 시위대를 설치하였다.
③ 공·사 노비 제도를 폐지하여 신분 제도를 철폐하였다.
④ 신식 화폐 발행 장정을 반포하여 일본 화폐의 유통을 허용하였다.

11 밑줄 친 '정부'에 대한 설명으로 옳지 않은 것은?

> 정부는 자리를 잡았으나 경제적 곤란으로 유지할 길도 망연하였다. 집세가 30원, 심부름꾼 월급이 20원 미만이었으나, 이것도 낼 힘이 없어서 집주인에게 여러 번 송사를 당하였다. 밥은 돈벌이 직업을 가진 동포의 집으로 이집 저집으로 돌아다니면서 얻어먹었다.
> ―『백범일지』

① 기관지로 독립신문을 발행하였다.
② 국내와의 연락을 위해 교통국을 두었다.
③ 충칭으로 이동한 뒤 산하 부대로 한국 독립군을 창설하였다.
④ 사료 편찬소를 설치하여 『한·일 관계 사료집』을 간행하였다.

12 밑줄 친 '나'에 대한 설명으로 옳은 것은?

> 나는 옛날 공의 문하에 있었고 공은 지금 우리 수선사에 들어왔으니, 공은 불교의 유생이요, 나는 유교의 불자입니다. …… 유교와 불교는 다름이 없다고 보아야 하지 않겠습니까?

① 성상융회를 주창하였다.
② 『신편제종교장총록』을 편찬하였다.
③ 심성의 도야를 강조하였다.
④ 9산 선문의 통합을 주장하였다.

13 고대 고분에 대한 설명으로 옳은 것을 모두 고른 것은?

㉠ 장군총 – 벽면에 현무도와 같은 사신도가 그려져 있다.
㉡ 송산리 6호분 – 중국 남조의 영향을 받은 벽돌무덤이다.
㉢ 천마총 – 나무 덧널 위에 돌을 쌓은 다음 흙으로 봉분을 쌓아 만들었다.
㉣ 정혜 공주 묘 – 고구려의 영향을 받은 평행 고임 구조로 축조되었다.

① ㉠, ㉡
② ㉡, ㉢
③ ㉡, ㉣
④ ㉢, ㉣

14 (가)~(라)의 경제적 침탈 내용이 바르게 연결된 것은?

무릇 (가) 은/는 우리가 번국(藩國)이라 칭하는 나라입니다. 신의가 서로 두터운 지가 거의 200년이나 되었습니다. …… (나) 은/는 우리에게 얽매여 있는 나라입니다. …… 만에 하나라도 우리나라가 대비가 없는 것을 엿보고 함부로 쳐들어온다면 장차 어떻게 막아 내겠습니까? (다) 은/는 우리가 원래 잘 모르던 나라입니다. 쓸데없이 다른 사람의 종용을 받아 우리 스스로 끌어들여 우리의 허점을 엿보고 응하기 어려운 청을 강요하거나 계속 댈 수 없는 비용을 떠맡긴다면 장차 어떻게 응대하겠습니까? (라) 은/는 본래 우리와 아무런 감정도 없습니다. 공연히 남이 이간질하는 말을 믿었다가 우리의 체통이 손상되는 바가 클 것입니다.

① (가) – 경인선 등의 철도 부설권을 획득하였다.
② (나) – 직산 금광 채굴권을 차지하였다.
③ (다) – 울릉도 삼림 벌채권과 운산 금광 채굴권을 차지하였다.
④ (라) – 경의선 부설권을 획득하였으나 자금 부족으로 포기하였다.

15 (가)에 대한 설명으로 옳지 않은 것은?

묘시에 (가) 이/가 출발하는데, 부산을 돌아보니 수많은 전송 인파가 성첩에 빙 둘러 서 있고, 나무나 민가가 잠시 사이에 아득하게 보이지 않게 되니 배에 탄 많은 사람 중에 마음 아파하지 않는 이가 없었다. …… 초저녁에 대마도에 이르러 배를 대니, 불을 밝힌 작은 배가 얼마나 많은지 그 수를 알 수 없을 지경이다.
– 홍우재, 「동사록」

① 연행사라고 불리기도 하였다.
② 국왕의 외교 문서인 서계를 가지고 갔다.
③ 19세기 초까지 비정기적으로 파견되었다.
④ (가)에 대한 기록이 유네스코 세계 기록유산으로 등재되었다.

16 다음 공약을 발표한 단체의 활동으로 옳은 것은?

1. 천하의 정의의 사를 맹렬히 실행키로 함.
2. 조선의 독립과 세계의 평등을 위하여 신명(身命)을 희생키로 함.
3. 충의의 기백과 희생의 정신이 확고한 자라야 단원이 됨.
9. 일(一)이 구(九)를 위하여 구가 일을 위하여 헌신함.
10. 단의에 배반한 자는 척살함.

① 경성 부민관에 폭탄을 설치하였다.
② 도쿄 궁성 앞 이중교에 폭탄을 투척하였다.
③ 서울역에서 총독 사이토에게 폭탄을 투척하였다.
④ 상하이 육삼정에서 일본 공사의 암살을 시도하였다.

17 다음 글을 쓴 인물에 대한 설명으로 옳은 것은?

> 여기서 내 조선 경제사의 시도는 사회의 경제적 구성을 기축으로 대략 다음의 여러 문제를 취급하고 있다.
> 1. 원시 씨족 공산체의 상태.
> 2. 삼국 정립 시대에서의 노예 경제.
> 3. 삼국 시대 말기부터 최근세에 이르기까지의 아시아적 봉건 사회의 특질.
> ……
> 6. 이데올로기 발전의 총 과정.

① 『조선상고사』와 『조선사연구초』를 저술하였다.
② 정인보, 문일평 등과 함께 조선학 운동을 전개하였다.
③ 순수 학문을 표방하면서 식민주의 사학에 대항하였다.
④ 「조선 민족의 진로」라는 글에서 '연합성 신민주주의'를 제창하였다.

18 (가)~(다)에 들어갈 내용을 순서대로 바르게 나열한 것은?

> 고려 시대의 토지는 소유권이 누구에게 있느냐에 따라 공전과 민전으로 구분되었으며, 수조권을 누가 갖느냐에 따라 공전과 사전으로 구분되었다. 공전에는 중앙과 지방의 각 관청의 경비를 충당하기 위해 지급되었던 (가) 등이 있었다. 사전에는 하급 관리나 군인의 유가족에게 지급한 (나) 와 지방 향리에게 직역에 대가로 지급한 (다) 등이 있었다.

	(가)	(나)	(다)
①	내장전	군인전	외역전
②	내장전	구분전	별사전
③	공해전	구분전	외역전
④	공해전	군인전	별사전

19 다음 강령을 발표한 단체에 대한 설명으로 옳지 않은 것은?

> 1. 우리는 완전한 독립 국가의 건설을 기함.
> 2. 우리는 전 민족의 정치적, 사회적 기본 요구를 실현할 수 있는 민주주의 정권의 수립을 기함.
> 3. 우리는 일시적 과도기에 있어서 국내 질서를 자주적으로 유지하여 대중 생활의 확보를 기함.

① 조선 건국 동맹 세력을 바탕으로 조직되었다.
② 결성 당시 여운형이 위원장, 안재홍이 부위원장을 맡았다.
③ 치안과 행정을 담당하는 치안대를 설치하여 질서 유지 활동을 하였다.
④ 전국 인민 대표 회의에서 조선 민주주의 인민 공화국의 수립을 발표하였다.

20 (가)~(라) 시기에 있었던 사실로 옳은 것은?

6·25 전쟁 발발	(가)	인천 상륙 작전 개시	(나)	1·4 후퇴	(다)	휴전 회담 시작	(라)	휴전 협정 체결

① (가) - 애치슨 선언이 발표되었다.
② (나) - 대규모 해상 작전인 흥남 철수가 이루어졌다.
③ (다) - 이승만 정부가 반공 포로를 석방하였다.
④ (라) - 한·미 상호 방위 조약이 체결되었다.

01회 핵심 키워드 마무리 체크

☑ 빈칸에 들어갈 알맞은 키워드를 골라 채워보세요.

반공 포로	명종	별무반	백남운
삼별초	제1차 갑오개혁	서얼	고이왕
의열단	가락바퀴	일본	혜심
기술직 중인	조선 건국 준비 위원회	동성왕	프랑스

선사~조선 후기

01 신석기 시대에는 _____ 와 뼈바늘을 만들었다.

02 _____ 때는 한강 유역을 장악하고 한 군현과 대립하였다.

03 _____ 때 신라 이벌찬 비지의 딸을 왕비로 맞이하였다.

04 _____ 은 여진족을 물리치고 동북 지방에 9성을 쌓았다.

05 _____ 에는 포로 출신으로 구성된 신의군이 포함되었다.

06 _____ 은 심성의 도야를 강조하였다.

07 _____ 재위 시기에는 문정 왕후의 불교 숭상으로 승과 제도가 부활하였다.

08 정조 때 _____ 출신의 이덕무, 유득공 등이 규장각 검서관으로 등용되었다.

09 _____ 들은 시사(詩社)를 결성하여 문학 활동을 전개하였다.

근대~현대

10 _____ 때에는 경무청을 신설하여 경찰 제도를 도입하였다.

11 _____ 은 직산 금광 채굴권을 차지하였다.

12 _____ 는 경의선 부설권을 획득하였으나 자금 부족으로 포기하였다.

13 _____ 의 김지섭은 도쿄 궁성 앞 이중교에 폭탄을 투척하였다.

14 _____ 은 「조선 민족의 진로」라는 글에서 '연합성 신민주주의'를 제창하였다.

15 _____ 는 결성 당시 여운형이 위원장, 안재홍이 부위원장을 맡았다.

16 이승만 정부가 1953년 6월에 _____ 를 석방하였다.

02회 실전동형모의고사

제한시간 : 15분 시작 시 분 ~ 종료 시 분 점수 확인 개/ 20개

01 청동기 시대의 유적과 유물에 대한 설명으로 옳은 것은?

① 대전 용호동에서는 불을 땐 화덕 자리가 발견되었다.
② 강화 부근리에서는 탁자식 고인돌이 다수 발견되었다.
③ 고성 문암리에서는 다량의 석기와 옥 장신구 등이 출토되었다.
④ 창원 다호리에서는 중국에서 들여온 것으로 보이는 붓이 출토되었다.

02 다음 신라 왕호의 변천 과정을 순서대로 바르게 나열한 것은?

㉠ 내가 들으니 성스럽고 지혜로운 사람은 치아가 많다고 한다. 떡을 물어 시험해 보니 그의 치아가 많으므로 그를 받들어 이사금이라 하였다.
㉡ 마립이란 방언에서 말뚝을 이른다. …… 왕의 말뚝은 중심이 되고 신하의 말뚝은 그 아래에 배열되었다. 이로 말미암아 (왕의) 이름으로 삼았다.
㉢ 왕을 부르기를 거서간이라고 하는데, 진(辰)의 말로 왕이며 혹은 귀인(貴人)을 부르는 칭호라고도 한다.
㉣ 차차웅은 방언으로 무당을 가리킨다. 무당이 귀신을 섬기고 제사를 받들기 때문에 이를 경외하여 부르게 되었다.

① ㉠ - ㉣ - ㉢ - ㉡
② ㉠ - ㉢ - ㉡ - ㉣
③ ㉢ - ㉣ - ㉠ - ㉡
④ ㉢ - ㉠ - ㉣ - ㉡

03 (가)~(라)에 들어갈 내용으로 옳지 않은 것은?

- USER: 고려 시대의 주요 불교 건축물 4개와 그 특징을 설명해줘
- AI:
고려 시대의 불교 건축물은 다음과 같은 특징을 가지고 있습니다.
1) 공포 양식의 독창성: 기둥과 처마 사이의 공포 구조에서 독특한 장식성 표현
2) 왕실과 불교의 밀접한 관계: 국가적 차원에서 불교 건축물에 대한 지원
3) 자연 친화적 건축: 주변 자연 환경과 조화로운 건축 배치

고려 시대의 주요 불교 건축물 4가지와 그 특징은 다음과 같습니다.
▶ 봉정사 극락전: ___(가)___
▶ 부석사 무량수전: ___(나)___
▶ 수덕사 대웅전: ___(다)___
▶ 성불사 응진전: ___(라)___

① (가) - 공민왕 때 중수하였다는 상량문이 발견되었다.
② (나) - 신라의 전통 양식을 계승하여 만들어진 불상을 봉안하였다.
③ (다) - 배흘림 기둥 양식으로 지어졌다.
④ (라) - 공포가 기둥 위에만 짜여 있는 방식으로 지어졌다.

04 밑줄 친 '적'에 대한 설명으로 옳지 않은 것은?

나라가 강도(江都)에서 다시 개경으로 나왔는데 신하답지 않은 무리가 있어 반란을 모의하고 남쪽으로 내려갔다. 공이 군사를 이끌고 진도에서 <u>적</u>을 포위하였다. …… 계유년에 공이 배로 대양을 건너 벌집 같은 적의 주둔지를 소탕하기를 큰 산이 달걀을 누르는 것 같이 하여 온 나라가 편안하게 사는 바람을 갖게 되었다.
― 김방경 묘지명

① 승화후 온을 왕으로 추대하고 정권을 수립하였다.
② 최우가 도적을 막기 위해 만든 조직에서 비롯되었다.
③ 배중손의 지휘 아래 제주도로 거점을 옮겨 항전하였다.
④ 몽골에 항쟁하기 위하여 일본과의 외교 접촉을 시도하였다.

05 조선의 중앙 정치 조직에 대한 설명으로 옳지 않은 것은?

① 교서관 - 외교 문서 작성을 담당하였다.
② 사간원 - 왕에게 간쟁과 논박을 하며 정사를 비판하였다.
③ 한성부 - 수도의 행정과 치안 및 관련 재판을 담당하였다.
④ 예문관 - 임금의 교지 작성을 담당하였다.

06 밑줄 친 '왕'에 대한 설명으로 옳은 것은?

> 왕 5년, 봄에 다시 완산주를 설치하고 용원으로 총관을 삼았다. 거열주를 승격하여 청주를 설치하니 비로소 9주가 갖추어져서 대아찬 복세로 총관을 삼았다. 3월 남원 소경을 설치하고 여러 주와 군의 백성들을 옮겨 살게 하였다.

① 건원이라는 독자적인 연호를 사용하였다.
② 당의 세력을 몰아내고 삼국 통일을 완수하였다.
③ 진골 출신으로는 최초로 왕위에 올랐다.
④ 달구벌로 천도하려 하였으나 귀족들의 반발로 실패하였다.

07 삼국 시대의 도성에 대한 설명으로 옳은 것을 모두 고르면?

> ㉠ 경주의 월성에는 인공 연못인 궁남지가 조성되었다.
> ㉡ 고구려 수도인 평양에는 장안성이 축조되었다.
> ㉢ 웅진 시기의 도성인 공산성은 도성을 방어하는 나성을 갖추고 있었다.
> ㉣ 백제에는 왕궁의 배후 산성인 부소산성이 있었다.

① ㉠, ㉡
② ㉠, ㉢
③ ㉡, ㉣
④ ㉢, ㉣

08 다음 자료가 유행하던 시기의 문화 동향으로 옳은 것은?

> 어사또 분부하되, "얼굴을 들어 나를 보라."하시니, 춘향이 고개를 들어 대상(臺上)을 살펴보니 걸객(乞客)으로 왔던 낭군, 어사또로 뚜렷이 앉았구나. 반 웃음 반 울음에 "얼씨구나 좋을씨고. 어사 낭군 좋을씨고. 남원 읍내 추절(秋節)들어 떨어지게 되었더니, 객사에 봄이 들어 이화춘풍(李花春風) 날 살린다. 꿈이냐 생시냐, 꿈을 깰까 염려로다."

① 중국에서 새로 들어온 송설체가 유행하였다.
② 아악을 체계화하여 궁중 음악으로 발전시켰다.
③ 소박한 무늬와 자유로운 양식의 분청사기가 유행하였다.
④ 평민의 감정을 솔직하게 표현한 사설시조가 유행하였다.

09 (가) 인물에 대한 설명으로 옳은 것은?

왕이 만권당을 짓고 학문을 연구하는 것으로 즐거움을 삼 았다. …… 학사 요수, 염복, 원명선, 조맹부 등이 모두 왕의 문하에서 교유하였는데, ☐(가)☐ 은/는 그들과 어울리면 서 학문이 더욱 진보되었으므로 여러 학자들이 칭찬하였다.

① 개성의 선죽교에서 죽임을 당하였다.
② 왕에게 봉사 10조의 개혁안을 제시하였다.
③ 민간의 구전을 모아 『역옹패설』을 저술하였다.
④ 9재 학당을 설립하여 유학 교육을 실시하였다.

10 다음 사실을 일어난 시기 순으로 바르게 나열한 것은?

㉠ 삼군도총제부를 의흥삼군부로 개편하였다.
㉡ 이성계가 압록강의 위화도에서 회군하였다.
㉢ 전제 개혁을 단행하여 과전법을 실시하였다.
㉣ 이성계가 황산에서 적장 아지발도를 사살하였다.

① ㉡ - ㉠ - ㉢ - ㉣
② ㉡ - ㉣ - ㉠ - ㉢
③ ㉣ - ㉢ - ㉡ - ㉠
④ ㉣ - ㉡ - ㉢ - ㉠

11 (가) 인물에 대한 설명으로 옳은 것은?

☐(가)☐ 은/는 우리 태조 대왕의 4세손이며, 또한 문종 임금의 넷째 아들이다. …… 어느 날 임금께서 모든 왕자를 불러 놓고, "누가 능히 스님이 되어 복전(福田)으로 국조 (國祚)와 국민의 이익을 위하겠는가"라고 말씀하셨다. 이 때 ☐(가)☐ 이/가 일어나 말하기를, "신이 출가 수도할 뜻을 가지고 있으니 오직 원하옵건대 허락하여 주십시오" 라고 하였다.

① 『천태사교의』를 저술하였다.
② 중국에서 임제종을 들여와 전파하였다.
③ 북악파를 중심으로 남악파를 통합하였다.
④ 수행법으로 교관겸수와 내외겸전을 주장하였다.

12 6~7세기 고구려의 대외 항쟁에 대한 설명으로 옳은 것을 모두 고른 것은?

㉠ 영류왕은 요서 지역을 선제 공격해 수나라를 견제하였다.
㉡ 을지문덕이 살수에서 우중문의 수나라 군대를 물리쳤다.
㉢ 당의 침입에 대비하고자 부여성에서 비사성에 이르는 천리장성을 쌓았다.
㉣ 북쪽의 돌궐과 남쪽의 신라와 연결하는 연합 세력을 형성하였다.

① ㉠, ㉡
② ㉡, ㉢
③ ㉠, ㉡, ㉢
④ ㉡, ㉢, ㉣

13 밑줄 친 '왕' 재위 시기의 사실로 옳은 것은?

> 왕이 명하기를 "백성들을 부유하게 하고 나라의 이익이 되는 데 돈보다 중요한 것은 없다. 이제 금속을 녹여 돈을 만드는 법령을 제정한다. 돈 15,000 꾸러미를 주조하여 문무 양반과 군인들에게 나누어 주어 돈 통용의 시초로 삼도록 하라."고 하였다.
> — 「고려사」

① 활자의 주조와 인쇄를 위해 서적원을 설치하였다.
② 정중부와 이의방 등이 보현원에서 정변을 일으켰다.
③ 김위제의 건의로 남경개창도감이 설치되었다.
④ 도서관 겸 학문 연구소인 청연각, 보문각을 설치하였다.

14 (가) 사절단에 대한 설명으로 옳은 것은?

> 전하께서는 외국의 모욕을 막으려면 반드시 먼저 군사를 훈련시켜야 하고, 진실로 군사를 훈련시키고자 한다면 마땅히 좋은 무기를 마련해야 한다고 생각하셨습니다. 그래서 ____(가)____ 을/를 멀리 천진(天津)에 보내면서 노자와 양식의 비용을 아까워하지 않으시고 혹 쓸 만한 무기를 제조하기를 바라셨으니, 이는 진실로 종묘와 사직을 위하고 백성을 위해 지극히 정성스럽게 고심하여 위태롭고 어지럽기 전에 보전하고자 하신 것입니다.

① 전권 대사로 민영익이 임명되었다.
② 공식적으로 태극기를 처음 사용하였다.
③ 암행어사로 임명하여 비밀리에 파견하였다.
④ 정부의 예산 부족으로 인해 조기 귀국하였다.

15 밑줄 친 '회의'에 대한 사실로 옳은 것은?

> 본 회의는 이천만 민중의 공의(公意)에 바탕을 둔 국민적 대회합으로 최고의 권위를 가지고 국민의 완전한 통일을 공고케 하며, 광복 대업의 근본 방침을 수립하여 이로써 민족의 자유를 만회하며 독립을 완성하기를 기도하고 이에 선언하노라. …… 본 대표 등은 국민이 위탁한 사명에 따라 국민적 대단결을 도모하며 독립운동의 방향을 확립하여 통일적 기관 아래에서 대업을 기성코자 하노라.

① 한국 국민당을 통한 정당 정치 실시가 결정되었다.
② 이 회의에서 박은식이 제2대 대통령으로 선출되었다.
③ 신채호 등의 창조파는 새로운 정부의 수립을 주장하였다.
④ 조소앙의 삼균주의를 바탕으로 한 건국 강령이 채택되었다.

16 다음 사건을 계기로 전개된 의병 운동에 대한 설명으로 옳은 것은?

> 이날 동이 틀 무렵 일본 병사가 일제히 고함을 지르고 총을 쏘며 광화문을 통해 들어와서, 몇 갈래 길로 나뉘어 건청궁으로 향하였다. …… 자객들은 여러 방을 샅샅이 조사하여 마침내 조금 더 깊은 방안에서 왕후를 찾아내고는, 칼날로 베어 그 자리에서 시해하였다.

① 전 참판 민종식이 홍주성을 점령하였다.
② 최익현과 임병찬이 전북 태인에서 봉기하였다.
③ 고종의 해산 권고 조칙으로 대부분 해산하였다.
④ 이인영을 총대장으로 13도 창의군을 결성하였다.

17 다음 자료에 나타난 사회 운동에 대한 설명으로 옳지 않은 것은?

새로운 살림을 부르짖는 우리 사회도 장래를 위하여 사는 것이오, 장래가 곧 우리가 춤출 때임은 누구나 다 같이 바라고 믿는 바거니와, 한 나라 한 사회나 한 집안의 장래를 맡은 사람은 누구인가. 곧 그 집안이나 그 사회나 그 나라의 아들과 손자일 것이다. 장래에 희망을 두고 어린이에게 장래를 맡기는 가정이나 사회에서 어찌 어린이의 일을 등한시 할 수 있으며 새 살림을 부르짖는 우리 사회에서는 과연 아들과 손자를 위하여 어떠한 일을 하였는가.

① 천도교 세력의 주도로 전개되었다.
② 통감부의 탄압으로 중단되었다.
③ 방정환은 일본 도쿄에서 색동회를 조직하였다.
④ 전국적 조직체인 조선 소년 연합회를 결성하였다.

18 (가) 시기에 해당되는 사실로 옳은 것은?

동학도는 거짓으로 패한 것처럼 꾸며 황토재에 진을 쳤다. …… 관군은 마치 삼(麻)이 쓰러지듯 엎어지고 자빠졌다. 적이 삼면을 포위한 채 한쪽 모퉁이만 빼고 크게 함성을 지르며 압박하자 관군은 일시에 무너졌다.

↓

(가)

↓

동학도들은 각 읍에 할거하여 공해(公廨)에 집강소를 세우고 서기와 성찰(省察), 집사(執事), 동몽(童蒙) 등을 두니 완연한 하나의 관청으로 되었다.

① 논산에서 남접과 북접의 농민군이 집결하였다.
② 우금치 전투에서 농민군이 일본군과 관군에게 대패하였다.
③ 홍계훈이 이끄는 중앙군이 황룡촌에서 농민군에게 패하였다.
④ 전봉준 등이 백산에 호남 창의 대장소를 설치하고 4대 강령을 발표하였다.

19 (가), (나)에 대한 설명으로 옳지 않은 것은?

우익 정당 가운데 남한에서 유엔 감시하에 단독 선거를 실시하여 정부를 즉시 수립할 것을 주장하는 정당은 두 개다. 그것은 이승만이 영도하는 (가) 와/과 김성수가 영도하는 (나) 이다. 이 두 정당이 남한 인민 대다수의 의사를 반영하고 있는지 여부는 확실하게 말할 수 없다. 그러나 이들이 남한에서 형성된 여론의 주요 부분을 대표한다는 것은 분명하다.
– 유엔 한국 임시 위원단 단장의 연설문

① (가) – 독립 촉성 중앙 협의회와 신탁 통치 반대 국민 총동원 위원회가 통합한 단체이다.
② (가) – 5·10 총선거의 결과 원내 제1정당이 되었다.
③ (나) – 대한민국 임시 정부 지지를 내세우고, 미 군정에 적극 협력하였다.
④ (나) – 조선 건국 준비 위원회 내에서 좌익 세력이 강화되는 데 반발하여 결성하였다.

20 다음 헌법이 시행된 시기에 일어난 사실로 옳은 것은?

대통령은 천재·지변 또는 중대한 재정·경제상의 위기에 처하거나, 국가의 안전 보장 또는 공공의 안녕질서가 중대한 위협을 받거나 받을 우려가 있어, 신속한 조치를 할 필요가 있다고 판단할 때에는 내정·외교·국방·경제·재정·사법 등 국정 전반에 걸쳐 필요한 긴급 조치를 할 수 있다.

① 주민등록증 발급이 시작되었다.
② 국가 재건 최고 회의가 구성되었다.
③ 판문점 도끼 만행 사건이 일어났다.
④ 서울에서 아시안 게임을 개최하였다.

02회 핵심 키워드 마무리 체크

☑ 빈칸에 들어갈 알맞은 키워드를 골라 채워보세요.

신문왕	부소산성	사간원	예종
국민 대표 회의	한국 민주당	을미의병	황룡촌
방정환	숙종	대한 독립 촉성 국민회	의천
영선사	고인돌	소년 운동	사설시조

선사~조선 후기

01 강화 부근리에서는 탁자식 _____ 이 다수 발견되었다.

02 백제에는 왕궁의 배후 산성인 _____ 이 있었다.

03 _____ 은 달구벌로 천도하려 하였으나 귀족들의 반발로 실패하였다.

04 _____ 은 수행법으로 교관겸수와 내외겸전을 주장하였다.

05 고려 _____ 때 김위제의 건의로 남경개창도감이 설치되었다.

06 고려 _____ 때 도서관 겸 학문 연구소인 청연각, 보문각을 설치하였다.

07 _____ 은 왕에게 간쟁과 논박을 하며 정사를 비판하였다.

08 조선 후기에는 평민의 감정을 솔직하게 표현한 _____ 가 유행하였다.

근대~현대

09 동학 농민 운동 때 홍계훈이 이끄는 중앙군이 _____ 에서 농민군에게 패하였다.

10 _____ 는 정부의 예산 부족으로 인해 조기 귀국하였다.

11 _____ 은 고종의 해산 권고 조칙으로 대부분 해산하였다.

12 _____ 에서 신채호 등의 창조파는 새로운 정부의 수립을 주장하였다.

13 _____ 은 천도교 세력의 주도로 전개되었다.

14 _____ 은 일본 도쿄에서 색동회를 조직하였다.

15 _____ 는 독립 촉성 중앙 협의회와 신탁 통치 반대 국민 총동원 위원회가 통합한 단체이다.

16 _____ 은 대한민국 임시 정부 지지를 내세우고, 미 군정에 적극 협력하였다.

정답 | 01 고인돌 02 부소산성 03 신문왕 04 의천 05 숙종 06 예종 07 사간원 08 사설시조 09 황룡촌 10 영선사 11 을미의병 12 국민 대표 회의 13 소년 운동 14 방정환 15 대한 독립 촉성 국민회 16 한국 민주당

03회 실전동형모의고사

01 (가) 시기에 있었던 사실로 옳은 것은?

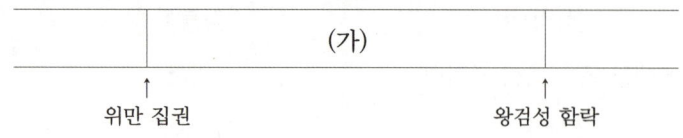

㉠ 요동 동부도위 섭하가 살해되었다.
㉡ 법 조항이 60여 조로 늘어났다.
㉢ 고조선 지역에 한(漢)의 창해군이 설치되었다.
㉣ 고조선의 영토 안에 4개의 군현이 설치되었다.

① ㉠, ㉡
② ㉠, ㉢
③ ㉡, ㉣
④ ㉢, ㉣

02 (가), (나) 사이 시기의 사실로 옳은 것은?

(가) 최우가 왕에게 아뢰어 속히 대전에서 내려와 서쪽 강화도로 행차할 것을 청하였으나, 왕이 망설이고 결정하지 못하였다. 최우가 녹전거 10여 대를 빼앗아 집안의 재물을 강화도로 옮기니, 수도가 흉흉하였다.
(나) 재추가 옛 수도로 다시 천도할 것을 회의하고 날짜를 정해 게시하였더니, 삼별초가 다른 마음을 품고 따르지 않으면서 함부로 부고(府庫)를 개방하였다.

① 한외과가 소멸 되었다.
② 구제도감이 설치되었다.
③ 홍자번이 편민 18사를 건의하였다.
④ 『상정고금예문』이 다시 인쇄되었다.

03 밑줄 친 '왕' 대에 있었던 사실로 옳은 것은?

비로소 화통도감을 설치했는데, 판사 최무선의 말을 따른 것이다. 최무선이 원의 기술자인 이원을 잘 대우하여 몰래 그 기술을 물은 뒤 익혀 시험해 본 후 마침내 왕에게 건의하여 설치하였다.

① 원의 수시력을 채택하였다.
② 이제현에 의해 『사략』이 편찬되었다.
③ 2차 여·몽 연합군이 일본 원정에 실패하였다.
④ 명이 철령위를 설치한다고 고려에 통보하였다.

04 다음 설명에 해당하는 인물의 활동으로 옳은 것은?

○ 최초의 국문 연구회인 국문 동식회를 설립하였다.
○ 배재 학당에 입학하였으며, 독립신문 창간에 참여하였다.
○ 『말의 소리』 등을 저술하였다.

① 조선 독립 동맹의 주석을 역임하였다.
② 동아일보에 「민족적 경륜」을 발표하였다.
③ 국어 문법서인 『국어 문법』을 저술하였다.
④ 조선어 연구회를 주도적으로 조직하였다.

05 다음 교육 기관에 대한 설명으로 옳은 것은?

> 우리 태조께서 즉위하신 아무 해에 국학을 동북쪽에 설립하였는데, 그 경영한 설계와 규모·제도가 모두 적절하게 되어 모두가 완전한 것이었다. 남쪽에 문묘가 있고, 문묘의 좌우에 무(廡)가 있다. …… 문묘의 북쪽 양 옆으로 장랑이 있고, 장랑의 북쪽에 터를 돋우고는 좌우로 협실을 만들고 중앙에 마루를 만들어 선생과 제자가 강학하는 장소를 만들었는데, 이를 명륜당이라 부른다.

① 사학 12도의 융성으로 위축되었다.
② 흥선 대원군에 의해 대부분 철폐되었다.
③ 군현의 인구 비례로 정원을 배정하였다.
④ 서울에 위치한 조선의 최고 교육 기관이다.

06 다음 사건이 일어난 왕의 재위 기간에 있었던 사실로 옳지 않은 것은?

> 의금부에서, "죄인 남종삼은 명백한 근거도 없이, 러시아에 변란이 있을 것이고 프랑스와 조약을 맺을 계책이 있다면서 사람들을 현혹하였습니다. 감히 나라를 팔아먹고자 몰래 외적을 끌어들이려 하였으니, 그 죄는 만 번을 죽여도 모자랍니다. 죄인이 자백하였습니다."라고 아뢰었다.

① 기유각서가 체결되었다.
② 러시아가 용암포를 점령하였다.
③ 이민 업무를 담당하는 수민원을 설치하였다.
④ 양전 사업을 시행하고자 양지아문을 설치하였다.

07 (가) 부대에 대한 설명으로 옳은 것은?

> 일본군의 전초 부대가 지나간 뒤 본대가 화물 자동차를 앞세우고 대전자령의 계곡으로 들어오기 시작했다. (가) 은/는 사격과 함께 바위를 굴려 일본군을 살상하고 자동차와 우마차를 파괴하거나 운행 불능의 상태로 빠뜨리며 적을 완전히 포위하여 고립시켰다.

① 흥경성 전투에서 일본군을 크게 물리쳤다.
② 중국 관내에서 조직된 최초의 한국인 군사 조직이었다.
③ 한국 독립당 산하의 부대로 북만주에서 주로 활동하였다.
④ 미얀마·인도 전선에서 영국군과 연합 작전을 수행하였다.

08 밑줄 친 사건에 대한 설명으로 옳은 것은?

> 경상도 유생 천여 명이 상소하기를 "아, 우리 선왕의 복제가 잘못된 것을 어찌 차마 말할 수 있겠습니까? 예에 대한 논의가 한번 어긋나자 군신·부자간에 순서를 잃지 않은 것이라고는 하나도 없게 되었으니, 아, 이게 어찌 작은 일이겠습니까? …… 기해년의 일은 뒤미처 생각할수록 망극합니다."

① 남인의 주장이 채택되면서 서인의 세력이 약화되었다.
② 서인은 자의 대비가 기년복을 입어야 한다고 주장하였다.
③ 효종 비가 죽은 뒤 자의 대비의 복상 기간을 둘러싸고 전개되었다.
④ 남인은 왕실도 사대부와 동일한 예법을 적용해야 한다고 주장하였다.

09 다음 사건을 시기 순으로 바르게 나열한 것은?

㉠ 공산 전투에서 신숭겸, 김락 등이 전사하였다.
㉡ 금산사에 유폐되었던 견훤이 고려에 투항하였다.
㉢ 일리천에서 고려군과 후백제군이 전투를 벌였다.
㉣ 고려군이 고창 전투에서 후백제군에 승리하였다.

① ㉠ - ㉣ - ㉢ - ㉡
② ㉠ - ㉣ - ㉡ - ㉢
③ ㉣ - ㉠ - ㉡ - ㉢
④ ㉣ - ㉠ - ㉢ - ㉡

10 다음 선거에 대한 설명으로 옳지 않은 것은?

○ 평등, 직접, 비밀, 자유의 원칙에 따른 민주주의 선거였다.
○ 절반도 안되는 투표함이 전달되어 제주도 2개의 지역은 무효 처리되었다.

① 임기 4년의 국회의원을 선출하였다.
② 유엔 한국 임시 위원단의 감시 아래 실시되었다.
③ 김구, 김규식 등의 남북 협상파는 참여하지 않았다.
④ 만 21세 이상의 모든 국민에게 투표권이 부여되었다.

11 『조선왕조실록』에 대한 설명으로 옳은 것은?

① 태조부터 철종 때까지의 역사를 기전체로 기록하였다.
② 편찬에 사용된 자료는 기밀 유지를 위해 세초(洗草)하였다.
③ 국정 운영에 참고하기 위해 국왕은 자유롭게 열람할 수 있었다.
④ 임진왜란 이전에는 춘추관과 오대산, 태백산, 마니산 등의 사고에 보관하였다.

12 밑줄 친 '이곳'에서 전개된 사실로 옳은 것은?

1937년에 소련은 한국인들이 일제에 협력하는 것을 예방한다는 명분을 내세워 이곳의 한국인들을 중앙아시아로 강제 이주시켰다. 이에 따라 한인 10만 명 이상이 우즈베키스탄 등지로 강제 이주당하였다.

① 독립운동 기지인 한흥동이 건설되었다.
② 한인 자치 단체인 권업회가 조직되었다.
③ 독립군 양성을 위해 숭무 학교가 설립되었다.
④ 여운형, 신규식 등이 신한 청년당을 조직하였다.

13 밑줄 친 '왕'의 업적으로 옳은 것은?

전진의 왕 부견이 사신과 승려 순도를 파견하여 왕에게 불상과 경문을 보내왔다. 왕이 사신을 보내 답례로 토산물을 바쳤다.

① 요동의 서안평을 공격하여 점령하였다.
② 남진 정책을 추진하여 한성을 점령하였다.
③ 율령을 반포하여 중앙 집권 체제를 강화하였다.
④ 부족적 성격의 5부를 행정적 성격의 5부로 개편하였다.

14 (가) 종교에 대한 설명으로 옳은 것은?

조령에서 경주까지는 400여 리가 되는데 거의 어느 하루도 (가) 에 대한 이야기가 귀에 들어오지 않는 날이 없었으며 주막집 여인과 산골 아이들까지 그 글을 외우지 못하는 자가 없었습니다. 그리고 '위천주'라고 명명하고 또 '시천주'라고 명명하면서 조금도 부끄러워하지 않고 또한 숨기려고도 하지 않았습니다. (가) 을/를 전파시킨 자를 염탐해 보니, 모두 말하기를 '최 선생이 혼자서 깨달은 것이며 그의 집은 경주에 있다.'고 하였습니다.

① 항일 무장 단체인 중광단을 조직하였다.
② 계몽 운동을 위해 『경향』 등의 잡지를 발간하였다.
③ 정하상이 『상재상서』를 통해 포교의 정당함을 주장하였다.
④ 경전인 『동경대전』과 포교 가사집인 『용담유사』 등이 있다.

15 다음 글을 작성한 인물에 대한 설명으로 옳은 것은?

하늘에 가득한 별들이 각기 계(界) 아닌 것이 없다. 성계(星界)로부터 본다면, 지구 역시 하나의 별에 불과할 것이다. 헤아릴 수 없이 수많은 계(界)들이 공중에 흩어져 있는데, 오직 이 지구만이 공교롭게 중앙에 위치해 있다는 것은 이럴 이치가 없다. 이렇기 때문에 계 아닌 것이 없고 자전하지 않는 것이 없다고 하는 것이다. 다른 계에서 보는 것도 역시 지구에서 보는 것과 같을 것이니, 다른 계에서 각기 저마다 중앙이라 한다면 각 성계(星界)가 모두 중계(中界)일 것이다.

① 『기기도설』을 참고하여 거중기를 제작하였다.
② 나라를 좀먹는 여섯 가지의 폐단을 지적하였다.
③ 『과농소초』에서 농업 생산력을 증대시키는 방안을 제시하였다.
④ 『임하경륜』에서 성인 남자에게 2결의 토지를 나누어 주자고 주장하였다.

16 고려 시대의 (가), (나) 거주민에 대한 설명으로 옳지 않은 것은?

○ 신라가 주·군을 설치할 때 그 전정(田丁), 호구(戶口)가 현의 규모가 되지 못하는 곳에는 향이나 (가) 을/를 두어 소재지의 읍에 속하게 하였다.
○ 구리·철·종이 등을 만드는 (나) 에서는 공물을 지나치게 많이 거두어 주민들이 어려움을 이기지 못해 유망하고 있다.

① 향리층의 지배를 받았다.
② 거주 이전의 자유가 없었다.
③ (가)의 주민은 주로 농사를 지었다.
④ 과거에 응시하여 관리가 될 수 있었다.

17 백제 부흥 운동에 대한 설명으로 옳은 것을 모두 고른 것은?

㉠ 왜에 있던 왕자 부여풍이 왕으로 추대되었다.
㉡ 임존성에서 저항하던 지수신이 신라에 투항하였다.
㉢ 복신과 도침이 주류성에서 부흥 운동을 전개하였다.
㉣ 왜의 수군과 연합하여 백강에서 전투를 벌였으나 나·당 연합군에 패배하였다.

① ㉠, ㉡
② ㉠, ㉢, ㉣
③ ㉡, ㉢, ㉣
④ ㉠, ㉡, ㉢, ㉣

18 밑줄 친 '이 시기'에 일어난 사실로 옳은 것은?

선생님: 이 건물의 명칭은 조선 총독부에요. 조선 총독부는 일본이 한국을 식민 통치하기 위해 세운 건물입니다. 조선 총독부에 대한 사실을 말해보도록 할까요?
학생A: 조선 총독을 중심으로 정무총감, 경무총감 등이 있었어요.
학생B: 이 시기에는 일본군 대장 등 무관 출신들만 조선 총독으로 임명되는 것이 원칙이었어요.
학생C: 1921년에 의열단의 김익상이 이곳에 폭탄을 투척하였어요.

① 신문지법이 제정되었다.
② 잡지 『신여성』이 창간되었다.
③ 10호 단위의 애국반이 만들어졌다.
④ 대구에서 조선 국권 회복단이 조직되었다.

19 (가) 인물에 대한 설명으로 옳은 것은?

이 사건은 (가) 이/가 제3대 대통령 선거에서 200여만 표 이상을 얻어 이승만 정권에 위협적인 정치인으로 부상하자 (가) 이/가 이끄는 정당의 민의원 총선 진출을 막고 그를 제거하려는 이승만 정권의 의도가 작용하여 서울시경이 (가) 등을 국가변란 혐의로 체포하여 조사하였고, 민간인에 대한 수사권이 없는 육군 특무대가 간첩 혐의로 수사에 나서 재판을 통해 처형에 이르게 한 것으로 인정되는 비인도적, 반인권적 인권 유린이자 정치 탄압 사건이다.

① 명동 성당에서 3·1 민주 구국 선언을 발표하였다.
② 유신 반대 운동을 전개하다가 도쿄에서 납치되었다.
③ 평화 통일론을 주장하며 진보당 창당을 주도하였다.
④ 7·4 남북 공동 성명의 합의를 위해 평양에 파견되었다.

20 (가) 법전에 대한 설명으로 옳지 않은 것은?

선대왕께서 "우리 조종의 심후하신 인덕과 크고 아름다운 규범이 훌륭한 전장에 퍼져 있으니 …… 여러 번 내린 교지가 있어 법이 아름답지 않은 것이 아니지만 관리들이 어리석어 제대로 받들어 행하지 못한다. 이렇게 된 것은 진실로 법의 목차와 조문이 너무 번잡하고 앞뒤가 서로 맞지 않고 하나로 정해지지 않았기 때문이다. 이제 남고 모자람을 짐작하고 서로 통하도록 갈고 다듬어 자손만대의 성법을 만들고자 한다"라고 하셨다. …… 책이 완성되어 바치니, (가) 이라는 이름을 내리셨다.

① 성종 때 완성·반포되었다.
② 육전 상정소를 설치하여 편찬하였다.
③ 이·호·예·병·형·공전의 6전으로 구성되었다.
④ 조준이 편찬을 주도한 조선 최초의 성문 법전이다.

03회 핵심 키워드 마무리 체크

☑ 빈칸에 들어갈 알맞은 키워드를 골라 채워보세요.

백강	위만 조선	철령위	충선왕
경국대전	양지아문	민족적 경륜	권업회
조봉암	공산	소수림왕	동학
향교	숭무 학교	5·10 총선거	국어 문법

선사~조선 후기

01 _____ 시기에는 요동 동부도위 섭하가 살해되었다.

02 고구려 _____은 율령을 반포하여 중앙 집권 체제를 강화하였다.

03 백제 부흥군은 왜의 수군과 연합하여 ____에서 전투를 벌였으나 나·당 연합군에 패배하였다.

04 ____ 전투에서 신숭겸, 김락 등이 전사하였다.

05 _____ 때 원의 수시력을 채택하였다.

06 고려 우왕 때는 명이 _____를 설치한다고 고려에 통보하였다.

07 조선 시대의 ____는 군현의 인구 비례로 정원을 배정하였다.

08 『_____』은 이·호·예·병·형·공전의 6전으로 구성되었다.

09 ____에는 경전인 『동경대전』과 포교 가사집인 『용담유사』 등이 있다.

근대~현대

10 고종 때 양전 사업을 시행하고자 _____을 설치하였다.

11 주시경은 국어 문법서인 『_____』을 저술하였다.

12 이광수는 동아일보에 「_____」을 발표하였다.

13 멕시코에서는 독립군 양성을 위해 _____가 설립되었다.

14 연해주에서는 한인 자치 단체인 _____가 조직되었다.

15 _____에 김구, 김규식 등의 남북 협상파는 참여하지 않았다.

16 _____은 평화 통일론을 주장하며 진보당 창당을 주도하였다.

정답 | 01 위만 조선 02 소수림왕 03 백강 04 공산 05 충선왕 06 철령위 07 향교 08 경국대전 09 동학 10 양지아문 11 국어 문법 12 민족적 경륜 13 숭무 학교 14 권업회 15 5·10 총선거 16 조봉암

04회 실전동형모의고사

01 ㉠~㉢에 해당하는 유적지를 바르게 연결한 것은?

㉠ 흥수 아이라 불리는 인골이 출토되었다.
㉡ 조개더미와 빗살무늬 토기, 치레걸이 등이 출토되었다.
㉢ 광복 이전 한반도에서 최초로 발견된 구석기 시대 유적지이다.

	㉠	㉡	㉢
①	청원 두루봉 동굴 유적	봉산 지탑리 유적	공주 석장리 유적
②	청원 두루봉 동굴 유적	부산 동삼동 유적	종성 동관진 유적
③	덕천 승리산 유적	봉산 지탑리 유적	종성 동관진 유적
④	덕천 승리산 유적	부산 동삼동 유적	공주 석장리 유적

02 (가) 인물에 대한 설명으로 옳은 것은?

우리 동네의 문화재 탐방

용인시의 유서 깊은 문화재를 탐방하고 다양한 체험 활동을 즐길 수 있으니 많은 참여바랍니다.

일시: ○○○○년 ○월 ○일
장소: 심곡서원(경기 용인시 수지구 심곡로 16-9)

심곡서원은 효종 때 (가) 의 학덕과 충절을 추모하기 위해 세워진 서원입니다. 이곳에 모셔진 (가) 의 호는 정암이며, 사림 출신으로 중용되어 많은 개혁을 추진하다가 기묘년에 사사되었습니다.

① 시헌력의 도입을 주장하였다.
② 왕에게 『성학집요』를 지어 바쳤다.
③ 『소학』의 보급과 현량과 실시를 주장하였다.
④ 김종직의 「조의제문」을 「사초」에 포함시켰다.

03 일제의 식민지 정책을 시기 순으로 바르게 나열한 것은?

㉠ 경찰범 처벌 규칙을 제정하였다.
㉡ 여자 정신대 근무령을 발표하였다.
㉢ 조선 연초 전매령을 제정하였다.
㉣ 조선 사상범 보호 관찰령을 제정하였다.

① ㉠ - ㉢ - ㉣ - ㉡
② ㉠ - ㉢ - ㉡ - ㉣
③ ㉢ - ㉠ - ㉡ - ㉣
④ ㉢ - ㉠ - ㉣ - ㉡

04 다음과 같은 상황이 나타난 시기의 사실로 옳지 않은 것은?

옹주는 지극히 예뻐하던 딸이 공녀로 가게 되자 근심하고 번민하다가 병이 생겼다. 우리나라의 자녀들이 원나라로 끌려가기를 거른 해가 없었다. 비록 왕실의 친족과 같이 귀한 집안이라도 숨기지 못하였으며 어미와 자식이 한번 이별하면 만날 기약이 없었다.

① 정동행성이 내정 간섭 기구로 존속하였다.
② 국정을 총괄하는 정치 기구인 교정도감을 설치하였다.
③ 중서문하성과 상서성이 첨의부로, 6부가 4사로 통합되었다.
④ 매의 사육과 사냥을 담당하는 관청으로 응방이 설치되었다.

05 고대의 탑에 대한 설명으로 옳은 것은?

① 경주 분황사 모전 석탑 - 『무구정광대다라니경』이 출토되었다.
② 경주 황룡사 9층 목탑 - 고려 시대에 몽골의 침입으로 소실되었다.
③ 부여 정림사지 5층 석탑 - 백제 무왕의 왕후가 넣은 사리기가 발견되었다.
④ 익산 미륵사지 석탑 - 우리나라의 중앙부에 위치한다고 하여 중앙탑이라고도 불린다.

06 ㉠, ㉡과 관련된 설명으로 옳은 것은?

조선 후기에 예송 논쟁으로 서인과 ㉠ 남인이 격렬하게 대립하는 상황에서, 숙종 때 일어난 환국으로 일당 전제화의 현상은 더욱 심화되었다. 한편, 환국을 거치면서 서인은 ㉡ 노론과 소론으로 분열되었다.

① ㉠ - 인조반정으로 몰락하였다.
② ㉠ - 정여립 모반 사건으로 분열되었다.
③ ㉡ - 실리를 중시하고 북방 개척을 주장하였다.
④ ㉡ - 송시열을 중심으로 성리학을 절대시하였다.

07 (가), (나) 사이 시기의 사실로 옳은 것은?

(가) 평안 감사 박규수가 아뢰기를, "평양부에 와서 정박한 이양선에서 더욱 미쳐 날뛰면서 포를 쏘고 총을 쏘아대어 우리 쪽 사람들을 살해하였습니다. 그들을 제압하고 이기는 방책으로는 화공 전술보다 더 좋은 것이 없으므로 일제히 불을 질러서 그 불길이 저들의 배에 번져가게 하였습니다."
(나) 덕산 군수 이종신이 아뢰길, "이달 18일에 세 돛 짜리 이양선 1척이 서쪽으로부터 와서 홍주 행담도에 정박하였습니다. …… 사유를 물었더니 대답하지 않고 총을 쏘아대고 칼질을 하면서 접근하지 못하게 하다가 곧바로 남연군의 묘소로 달려갔습니다.

① 임술 농민 봉기가 발생하였다.
② 양헌수가 정족 산성에서 항전하였다.
③ 미군이 초지진과 덕진진을 점령하였다.
④ 종로를 비롯한 전국에 척화비가 세워졌다.

08 밑줄 친 '왕'의 재위 시기에 있었던 사실로 옳은 것은?

대야성이 패배하였을 때 도독 품석의 아내도 죽었는데, 그녀는 춘추의 딸이었다. 춘추는 딸의 죽음을 듣고 하루 종일 기둥에 기대어 서서 눈도 깜박이지 않았고, 사람이나 물건이 자기 앞을 지나가도 알아보지 못할 지경이었다. …… "제가 고구려에 사신으로 가서 병사를 청하여 백제에게 복수하고자 합니다."라고 하니, 왕이 허락하였다.

① 당나라와 군사 동맹을 체결하였다.
② 천문 관측 시설인 첨성대를 건립하였다.
③ 향가를 수집하여 『삼대목』을 편찬하였다.
④ 관리의 인사를 담당하는 위화부를 설치하였다.

09 (가)에 들어갈 정치 기구에 대한 설명으로 옳은 것은?

고려 때는 어사대, 금오대라 부르다가 공민왕 때 지금의 명칭으로 굳어졌다. 태조가 고려의 법을 계승하여 [(가)]을/를 설치하여 대사헌을 비롯한 20명의 관리를 두었다.

① 국왕의 교지 작성을 담당하였다.
② 은대(銀臺)라고 불리기도 하였다.
③ 관리를 감찰하고 풍속을 교정하였다.
④ 서적 출판 및 간행의 업무를 전담하였다.

10 다음 토지 제도에 대한 설명으로 옳지 않은 것은?

경성(京城)에 살면서 왕실을 시위하는 자는 각각 과에 따라 토지를 받는다. 제1과는 재내대군으로부터 문하시중에 이르기까지 150결이고, …… 제18과는 권무·산직으로 10결이다.

① 지급 대상 토지는 경기 지역으로 한정하였다.
② 수조율은 공전·사전을 막론하고 1결당 30두로 정하였다.
③ 전민변정도감의 주재 하에 토지 분급 대상을 선정하였다.
④ 지방 거주의 한량품관에게 군전으로 5결 혹은 10결씩 지급하였다.

11 고려 시대의 음서에 대한 설명으로 옳은 것을 모두 고르면?

㉠ 10세 미만이 음직을 받은 사례도 있었다.
㉡ 왕의 즉위와 같은 특별한 시기에만 주어졌다.
㉢ 공신 및 문무 5품 이상의 자손 등이 대상이었다.
㉣ 음서로 등용된 사람들은 고위 관직에 오를 수 없었다.

① ㉠, ㉡
② ㉠, ㉢
③ ㉡, ㉣
④ ㉢, ㉣

12 밑줄 친 '나'에 대한 설명으로 옳은 것은?

송나라 때 정자·주자 두 선생이 나와서 6경의 뜻을 다시 환하게 밝혔다. 그러나 경전에 실린 말의 근본은 비록 하나지만 실마리는 천 갈래 만 갈래이다. 이 때문에 <u>나</u>는 소견으로 얻은 것을 대강 기술하여 그 이름을 『사변록』이라고 하였다.

① 노론의 영수로 기사환국 때 사사되었다.
② 백과사전식의 『지봉유설』을 저술하였다.
③ 농경 방법을 정리한 『색경』을 저술하였다.
④ 영업전 이외의 토지만 매매하는 한전론을 주장하였다.

13 다음 경제적 민족 운동에 대한 설명으로 옳은 것은?

2천만 인이 3개월을 한정하여 담배의 흡연을 폐지하고 그 대금으로 1인마다 20전씩 징수하면 1300만 원이 될 수 있다. 우리 2천만 동포 중에 애국 사상을 가진 이는 기어이 이를 실시해서 삼천리 강토를 유지하게 되기를 간절히 바라는 바이다.

① 총독부의 탄압과 방해로 실패하였다.
② 자작회, 토산 애용 부인회 등의 단체가 활동하였다.
③ 서상돈 등을 중심으로 대구에서 시작되어 전국적으로 확대되었다.
④ '내 살림 내 것으로', '조선 사람 조선의 것' 등의 표어를 내걸었다.

14 (가) 인물에 대한 설명으로 옳은 것은?

이른바 국민 대표 회의에서 연호 및 국호를 달리 정한 것은 (대한)민국에 대한 모반이기에 …… 조국의 존엄한 권위를 침범하였음이라. …… (가) 은/는 2천만 민족이 공동으로 위탁한 치안의 책임과 4천년 유업의 신기(神器)를 보위해야 하는 직권에 의거 소수인이 집회한 6월 2일 이래 모든 행사의 작소(해소)를 명하고, 대표회 자체의 즉각적인 해산을 명한다.

① '삼천만 동포에게 읍고함'을 발표하였다.
② 신민족주의를 내세운 국민당을 창당하였다.
③ 남조선 과도 입법 의원의 의장을 역임하였다.
④ 독립 촉성 중앙 협의회의 회장으로 추대되었다.

15 다음 선언을 계기로 설립된 단체에 대한 설명으로 옳지 않은 것은?

우리는 서로 굳게 단결하지 않으면 안되는 근본적 임무를 저버리고 어떠한 목표의 차이, 정책의 차이도 없이 서로 유해무익한, 아니 증오해야 할 만한 상잔(相殘)의 추악한 모습을 보였다. …… 따라서 민족주의적 세력에 대해서는 그 부르주아 민주주의적 성질을 명백하게 인식하는 한편 우리와 과정적 동맹을 맺을 수 있음을 충분히 인정하여 …… 분연히 싸워야 할 것이다.

① 동양 척식 주식회사를 폐지하자고 주장하였다.
② 노동 운동과 연계하여 최저 임금제를 요구하였다.
③ 갑산 화전민 학살 사건 진상 규명 운동을 전개하였다.
④ 조선 학생 과학 연구회와 연계하여 6·10 만세 운동을 계획하였다.

16 다음 자료에 보이는 시기의 대외 무역에 대한 설명으로 옳지 않은 것은?

조류를 따라 예성항에 이르자, 정사와 부사는 신주(중국 사신이 탄 큰 배)로 옮겨 탔다. 낮 12시쯤 정사와 부사가 …… (황제의) 조서를 봉안하였다. …… 벽란정으로 들어가 조서를 봉안하고 그 일이 끝나자 지위에 따라 나뉘어 잠시 휴식을 취하였다. 다음날 육로를 따라 왕성으로 들어갔다.

① 대식국인이라 불린 아라비아 상인들과도 교역하였다.
② 대외 무역에서 가장 큰 비중을 차지한 나라는 송나라였다.
③ 일본과의 무역에서 인삼, 서적 등을 수출하고 수은, 황 등을 수입하였다.
④ 거란과 여진에게는 모피, 말 등을 수출하고, 농기구, 곡식 등을 수입하였다.

17 다음 자료에 해당하는 나라에 대한 설명으로 옳은 것은?

> 귀신을 섬기기 때문에 국읍에 각각 한 사람씩을 세워서 천신의 제사를 주관토록 했는데, 이를 '천군'이라 부른다. 또 여러 나라에는 각각 별읍이 있었는데 이를 '소도'라고 한다.

① 쑹화 강 유역의 평야 지대를 중심으로 성장하였다.
② 중대한 범죄자는 제가 회의를 통해 사형에 처하였다.
③ 바닥이 철(凸)자 또는 여(呂)자 모양의 가옥에서 생활하였다.
④ 5월에는 수릿날, 10월에는 계절제를 열어 하늘에 제사지냈다.

18 밑줄 친 '결의 사항'에 해당하는 내용으로 옳은 것을 모두 고른 것은?

> 광복 직후인 1945년 12월에 모스크바 3국 외상 회의가 열렸다. 이 회의에서는 우리나라 문제를 협의하여 몇 가지 결의 사항을 채택하였다.

> ㉠ 조선에 주둔하는 미·소 사령부는 2주일 이내에 대표 회의를 개최한다.
> ㉡ 민주주의 원칙 아래 한국에 임시 민주 정부를 수립한다.
> ㉢ 미국, 영국, 중국, 소련이 최고 5년간 신탁 통치를 실시한다.
> ㉣ 조선의 민족 대표로 하여금 임시 정부 수립을 위한 협의체를 구성하게 한다.

① ㉠, ㉢
② ㉡, ㉣
③ ㉠, ㉡, ㉢
④ ㉡, ㉢, ㉣

19 (가) 종교에 대한 설명으로 옳은 것은?

> (가) 의 간부인 서일이 독립군의 수령으로 그 교도를 이끌고 일본에 항전하였으니, (가) 은/는 곧 반동 군단의 모체로서 종교를 가장한 항일 단체이다.

① 『개벽』, 『신여성』 등의 잡지를 간행하였다.
② 의민단을 조직하여 항일 무장 투쟁을 전개하였다.
③ 단군 신앙을 기반으로 나철 등에 의해 창시되었다.
④ 허례허식 폐지, 저축 운동 등의 새 생활 운동을 전개하였다.

20 밑줄 친 '그'에 대한 설명으로 옳은 것은?

> 그는 15세에 화랑이 되었는데, 당시 사람들은 그를 기꺼이 따르며 '용화향도'라고 불렀다. …… 진덕 여왕이 돌아가셨으나 대를 이를 자식이 없었다. 그는 재상인 이찬 알천과 상의하여 이찬 춘추를 맞아들여 왕위에 오르게 하였다.

① 왕명을 받아 우산국을 정벌하였다.
② 적산촌에 법화원이라는 사찰을 건립하였다.
③ 금관가야의 왕족 출신으로 신라의 삼국 통일에 기여하였다.
④ 당에서 숙위 활동을 하다가 부대총관이 되어 신라로 돌아왔다.

04회 핵심 키워드 마무리 체크

☑ 빈칸에 들어갈 알맞은 키워드를 골라 채워보세요.

선덕 여왕	음서	조광조	노론
천도교	신미양요	사헌부	삼한
국채 보상 운동	황룡사 9층 목탑	과전법	대종교
김구	신간회	병인양요	응방

선사~조선 후기

01 ____은 5월에는 수릿날, 10월에는 계절제를 열어 하늘에 제사지냈다.

02 경주 _____은 고려 시대에 몽골의 침입으로 소실되었다.

03 _____ 때 천문 관측 시설인 첨성대를 건립하였다.

04 고려 시대의 ____는 공신 및 문무 5품 이상의 자손 등이 대상이었다.

05 원 간섭기에 매의 사육과 사냥을 담당하는 관청으로 ____이 설치되었다.

06 _____는 관리를 감찰하고 풍속을 교정하였다.

07 ____는 『소학』의 보급과 현량과 실시를 주장하였다.

08 _____의 수조율은 공전·사전을 막론하고 1결당 30두로 정하였다.

09 ____은 송시열을 중심으로 성리학을 절대시하였다.

근대~현대

10 _____ 때 양헌수가 정족 산성에서 항전하였다.

11 _____ 이후 종로를 비롯한 전국에 척화비가 세워졌다.

12 _____은 서상돈 등을 중심으로 대구에서 시작되어 전국적으로 확대되었다.

13 _____는 갑산 화전민 학살 사건 진상 규명 운동을 전개하였다.

14 _____는 단군 신앙을 기반으로 나철 등에 의해 창시되었다.

15 _____는 『개벽』, 『신여성』 등의 잡지를 간행하였다.

16 ____는 '삼천만 동포에게 읍고함'을 발표하였다.

정답 | 01 삼한 02 황룡사 9층 목탑 03 선덕 여왕 04 음서 05 응방 06 사헌부 07 조광조 08 과전법 09 노론 10 병인양요 11 신미양요 12 국채 보상 운동 13 신간회 14 대종교 15 천도교 16 김구

05회 실전동형모의고사

제한시간 : 15분 시작 시 분 ~ 종료 시 분 점수 확인 개/ 20개

01 밑줄 친 '나라'에 대한 설명으로 옳은 것은?

그 나라의 혼인 풍속에 여자의 나이가 열 살이 되면 서로 혼인을 약속하고, 신랑 집에서는 (그 여자를) 맞이하여 장성하도록 길러 아내로 삼는다. (여자가) 성인이 되면 다시 친정으로 돌아가게 한다. 여자의 친정에서는 돈을 요구하는데, (신랑 집에서) 돈을 지불한 후 다시 신랑 집으로 돌아온다.

① 토지가 척박하여 농사가 잘되지 않았다.
② 고구려 광개토 대왕에게 복속 당하였다.
③ 뼈를 가족 공동 무덤에 안치하는 풍습이 있었다.
④ 소와 말의 생산이 풍부하여 주로 기병전을 수행하였다.

02 밑줄 친 '왕'의 업적으로 옳은 것은?

역사 신문

제△△호   ○○○○년 ○○월 ○○일

왕실, 농업 생산량 증대를 위한 조치 발표

지난 2월, 왕의 명령으로 국왕의 죽음 시 사람을 함께 묻는 것이 금지되었다. 이전에는 국왕이 죽으면 남자 다섯, 여자 다섯씩을 같이 묻었는데 이를 금한 것이다. 이러한 조치는 농사를 지을 노동력을 확보하기 위한 것으로 보이며, 왕은 앞으로도 농업 생산력을 늘리기 위해 소를 이용한 쟁기갈이도 권장할 계획이라고 한다.

① 김씨 왕위 계승 체제를 확립하였다.
② 고구려 출신의 승려인 혜량을 승통으로 삼았다.
③ 실직주를 설치하고 이사부를 군주로 파견하였다.
④ 관리를 17등급으로 나누어 등급별로 복색을 달리하였다.

03 다음 내용과 관련된 조직에 대한 설명으로 옳은 것은?

가입하기를 원하는 자에게는 반드시 먼저 규약문을 보여 두어 달 동안 잘 생각해서 스스로의 판단에 반드시 처음부터 끝까지 힘써 실행할 수 있다고 헤아려 본 뒤에 가입하기를 청한다. 가입을 청하는 이는 반드시 단자를 갖추어 참여하기를 원하는 뜻을 갖추어서 모임이 있을 때 진술하고 사람을 시켜 약정에게 올리며 약정은 여러 사람에게 물어서 허락할 만하다고 한 뒤에야 답장을 띄워 다음 모임에 참여하도록 한다.

① 좌수와 별감 등의 임원을 선출하였다.
② 농민 수탈의 배경을 제공하는 부작용이 있었다.
③ 여성과 노비는 조직의 편성 대상에서 제외되었다.
④ 상두꾼 등과 같은 농촌 공동체가 이 조직에서 유래하였다.

04 다음 교서가 반포되었던 시대의 경제 상황에 대한 설명으로 옳지 않은 것은?

"사람은 상하가 있고, (그에 따라) 호칭이 같지 않고 의복도 다르다. 그런데 풍속이 점점 경박해지고 백성이 사치와 호화를 다투게 되어 오직 외래 물건의 진기함을 숭상하고 도리어 토산품의 비루함을 혐오하니, 예절이 거의 무시되는 지경에 빠지고 풍속이 쇠퇴하여 없어지는 데까지 이르렀다. 이에 감히 옛 법에 따라 밝은 명령을 펴는 바이니, 혹시 고의로 범하는 자가 있으면 진실로 일정한 형벌이 있을 것이다."

① 수도에 서시와 남시가 설치되었다.
② 16~60세의 남자들에게 역이 부과되었다.
③ 어아주, 조하주 등 고급 비단을 생산하여 당나라에 보냈다.
④ 시비법이 발달하여 휴경지가 감소하였고 윤작법이 보급되었다.

05 (가) 인물에 대한 설명으로 옳지 않은 것은?

종남산 (지엄의) 문인 현수가 『수현소』를 찬술하여 (가) 에게 부본을 보내면서, 아울러 편지를 보내 은근하고 간절하게 다음과 같이 말하였다. "서경 숭복사의 중 법장은 해동 신라 화엄법사의 시자(侍者)에게 글을 보냅니다. …… 우러러 듣건대 (가) 께서는 귀국 후에 화엄을 강의하고, 법계의 무진연기를 선양하며 겹겹의 제망으로 불국을 더욱 새롭게 하여 널리 세상을 이롭게 한다고 하니 기쁨이 더욱 커집니다. 이로써 석가여래가 돌아가신 후에 불일을 밝게 빛내고 법륜이 다시 구르게 하여 불법을 오랫동안 머물게 할 이는 오직 법사뿐입니다."

① 당에 유학하고 돌아와 부석사를 창건하였다.
② 『화엄경소』와 『해심밀경소』 등을 저술하였다.
③ 국왕이 도성을 새로이 정비하려 할 때 이를 만류하였다.
④ 현세의 고난에서 구제받고자 하는 관음 신앙을 이끌었다.

06 다음 역사적 사실들을 순서대로 바르게 나열한 것은?

㉠ 충주 다인철소 주민들이 항쟁하여 몽골군을 격퇴하였다.
㉡ 처인성에서 김윤후가 몽골 장수 살리타를 사살하였다.
㉢ 몽골의 침입에 대응하기 위해 강화도로 천도하였다.
㉣ 귀주성에서 박서가 몽골군을 무찔렀다.

① ㉢ - ㉣ - ㉠ - ㉡
② ㉢ - ㉠ - ㉣ - ㉡
③ ㉣ - ㉢ - ㉡ - ㉠
④ ㉣ - ㉡ - ㉢ - ㉠

07 밑줄 친 '왕'의 업적으로 옳은 것은?

왕이 말하길 "임금의 덕은 오직 그 신하들에게 달려있을 따름이다. …… 중앙의 5품 이상 관리들은 각자 봉사를 올려 현재 정치의 옳고 그름을 논하도록 하라."라고 하였다. 최승로가 말하기를, "우리 태조께서 나라를 여신 이래로 신이 알게 된 것들은 모두 신의 마음속에 기억하고 있습니다. 이제 앞선 5대 조정의 정치와 교화에 대해서 잘되고 잘못된 행적들을 기록하고, 거울로 삼거나 경계할 만한 것들을 삼가 조목별로 아뢰겠습니다." 하였다.

① 『정계』와 『계백료서』를 편찬하였다.
② 비서성과 수서원을 설치하였다.
③ 중앙 무관들에게 무산계를 부여하였다.
④ 쌍기의 건의로 과거 제도를 처음 시행하였다.

08 다음과 같은 상황이 나타난 시기의 사회 모습으로 옳지 않은 것은?

비변사에서 아뢰길, "특산물로 종이를 바치는 공인이 청원하길 '승려들의 수가 줄어 종이의 양이 부족한데도 각 지방의 군영과 관아에서 먼저 가져갑니다. 이로 인해 중앙에 공물로 납부할 종이가 부족해 공인이 처벌받는 일이 이어지고 있습니다. …… 송상들이 각 사찰에 출입하며 종이를 몰래 사들여 책문에 가서 판매하는 일을 엄금해 은밀히 국경을 넘는 폐단을 없애 주십시오.'라고 하였습니다."

① 왕조의 교체를 예언하는 『정감록』 등이 유행하였다.
② 일부 양반은 몰락하여 향반이 되거나 잔반이 되었다.
③ 양반의 수가 늘어나고 상민과 노비의 수가 줄어들었다.
④ 보학이 발달하여 『안동 권씨 성화보』 등의 족보가 제작되었다.

09 밑줄 친 '이 책'에 대한 설명으로 옳은 것은?

> 신(臣)이 이 책을 편수하여 두 권으로 나누고, 바로잡아 고쳐 바치는 것은 …… 중국은 반고부터 금국에 이르기까지, 동국은 단군으로부터 본조(本朝)에 이르기까지 처음 일어나게 된 근원을 책에서 다 찾아보아 같고 다른 것을 비교하여 요점을 취하고 읊조림에 따라 장을 이루었습니다.

① 동명왕의 건국 설화를 5언시체로 서술하였다.
② 불교사 중심의 고대 민간 설화 등을 수록하였다.
③ 단군을 강조하고 발해에 대한 내용을 서술하였다.
④ 김부식이 유교적 합리주의 사관에 기초하여 편찬하였다.

10 (가)~(라) 시기에 있었던 사건으로 옳은 것은?

(가)	(나)	(다)	(라)
조선 건국	제1차 왕자의 난	쓰시마 토벌	계해약조 체결	3포 왜란

① (가) - 경성과 경원 지역에 무역소를 설치하였다.
② (나) - 명이 표전문을 구실로 정도전의 압송을 요구하였다.
③ (다) - 부산포, 제포, 염포의 3포를 개항하였다.
④ (라) - 왜인들이 사량진에 침입하여 난을 일으켰다.

11 (가), (나)의 토지 제도에 대한 설명으로 옳은 것을 모두 고른 것은?

> (가) 경종 원년 11월에 비로소 직관(職官)·산관(散官)의 각 품(品)의 전시과를 제정하였다.
> (나) 문종 30년에 양반에게 지급하는 전시과 규정을 다시 고쳐 정했다.

㉠ (가) - 4색 공복을 기준으로 문반, 무반, 잡업으로 나누어 지급 결수를 정하였다.
㉡ (나) - 이전에 비해 무반에 대한 차별 대우가 개선되었으며 한외과가 소멸되었다.
㉢ (가) - 별정 전시과를 마련하여 무산계 전시 및 별사 전시를 설정하였다.
㉣ (나) - 전·현직 관리에게 인품을 배제하고 관직만을 고려하여 전지와 시지를 지급하였다.

① ㉠, ㉡
② ㉠, ㉣
③ ㉡, ㉢
④ ㉢, ㉣

12 (가) 인물과 같은 신분에 대한 설명으로 옳은 것은?

> (가) 은/는 진성 여왕 때 당나라에 건너가 빈공과에 급제하였으며, 이후 후백제 견훤의 휘하에서 활동하였다. 특히 견훤을 대신하여 고려의 왕건에게 화친할 것을 청한 글인 「대견훤기고려왕서」를 지은 것으로 유명하다.

① 삼국 통일 이후에는 평민화되었다.
② 관등 승진의 상한은 대아찬까지였다.
③ 주의 도독으로 임명되어 지방을 통제하였다.
④ 신라 중대에 왕의 정치적 조언자로 활동하였다.

13 다음 글을 쓴 인물에 대한 설명으로 옳은 것은?

> 만일 장차 배우고 묻기로 할 때 중국을 놔두고 어디로 찾아가겠는가? 그렇지만 그들의 말을 들어보면 "지금의 중국을 차지하고 있는 주인은 오랑캐들이다." 하면서 배우기를 부끄러워하여, 중국의 옛 법마저도 다 함께 얕잡아 무시해 버린다. …… 우리를 저들과 비교해 본다면 진실로 한 치의 나은 점도 없다. 그럼에도 단지 머리를 깎지 않고 상투를 튼 것만 가지고 스스로 천하에 제일이라고 하면서 "지금의 중국은 옛날의 중국이 아니다."라고 말한다. 그 산천은 비린내 노린내 천지라 나무라고, 그 인민은 개나 양이라고 욕을 하고, 그 언어는 오랑캐 말이라고 모함하면서, 중국 고유의 훌륭한 법과 아름다운 제도마저 배척해 버리고 만다. 그렇다면 장차 어디에서 본받아 행하겠는가?

① 『열하일기』를 저술하여 청의 문물을 소개하였다.
② 화폐 제도의 문제점을 지적하며 폐전론을 주장하였다.
③ 마을 단위로 토지를 공동 경작하여 분배할 것을 제안하였다.
④ 생산과 소비의 관계를 우물에 비유하여 소비의 중요성을 강조하였다.

14 다음 격문이 발표된 민족 운동에 대한 사실로 옳은 것은?

> 조선 청년 학생 대중이여! 제국주의적 침략에 대한 반항적 투쟁으로서 지지하고 성원하라! 우리는 이제 과거의 약자가 아니다. 반항과 유혈이 있는 곳에 승리는 역사적 조건이 입증하지 않았던가? …… 이것은 광주 조선 학생 동지의 학살의 음모인 동시에 조선 학생에 대한 압살적 시위이다. …… 소위 그들의 사법 경찰을 총동원하여 광주 학생 동지 400여 명을 참혹한 철쇄에 묶어 넣었다.

① 대한민국 임시 정부의 수립에 영향을 주었다.
② 여성 단체인 근우회가 결성되는 계기가 되었다.
③ 조선 민립 대학 기성회를 조직하여 모금 운동을 전개하였다.
④ 전국으로 확대되어 이듬해까지 동맹 휴학 투쟁이 계속되었다.

15 다음 자료가 발표된 이후 시행된 일제의 경제 정책으로 옳은 것은?

> 지금은 시운(時運)의 추이와 문물의 진보가 예전에 비할 바가 아니다. 게다가 유럽의 전쟁이 끝나자 세태 인심의 변천이 특히 현저하였다. 이리하여 정부에서는 관제를 개혁하여 총독 임용의 범위를 확장하였고, 경찰 제도를 개정하여, 시대의 변화에 순응하고, 시정의 간소화 및 교화의 보급을 꾀하였다.

① 조선 광업령을 제정하여 일본 자본의 광산 진출을 촉진하였다.
② 조선 임야 조사령을 제정하여 대부분의 임야를 국유지로 편입시켰다.
③ 신은행령을 공포하여 한국인이 소유한 중소 은행을 일본 은행에 합병시켰다.
④ 토지 수탈과 일본인의 조선 이주를 지원하기 위해 동양 척식 주식회사를 설립하였다.

16 다음은 근대 항일 의병 운동에 대한 기록이다. 이와 관련된 내용으로 옳은 것은?

> 5, 6명의 의병이 마당에 들어와 내 앞에서 정렬하더니 경례를 했다. 그들은 모두 18세에서 26세 정도의 청년들이었다. 영리하게 보이고 용모가 단정한 한 청년은 아직도 한국 정규군의 구식 제복을 입고 있었고, 다른 사람들은 군복 바지를 입었다. …… 두 번째 남자는 구식 한국군 총을 갖고 있었는데, 너무나도 구식이어서 그 시대 최악의 견본이라고나 할 만한 물건이었다.
> – 멕켄지, 『조선의 비극』

① 고종의 강제 퇴위에 반발하여 일어났다.
② 신돌석이 태백산맥 일대에서 활약하였다.
③ 잔여 세력이 활빈당 등의 무장 결사를 조직하였다.
④ 열악한 무장을 보완하기 위해 장태를 전투에 활용하였다.

17 다음 창립문을 발표한 단체에 대한 설명으로 옳지 않은 것은?

> 제1조 각 소에 권유원을 파견하여 권유문을 뿌리며 인민의 정신을 각성케 할 것
> 제2조 신문, 잡지 및 서적을 간행하여 인민의 지식을 개발케 할 것
> 제3조 정미한 학교를 건설하여 인재를 양성할 것
> 제7조 본회의 합자로 실업장을 설립하여 실업계의 모범을 만들 것

① 교육·문화 사업을 통한 실력 양성 운동을 전개하였다.
② 통감부의 탄압으로 정치 집회가 금지되면서 해산 당하였다.
③ 태극 서관을 설립하여 조선 광문회에서 발간한 서적을 보급하였다.
④ 상동 청년회와 대한매일신보 계열의 인사 등이 연합하여 결성하였다.

18 밑줄 친 '조약'의 내용으로 옳은 것은?

> 조병식이 아뢰길 "재난을 거듭 당하고 온갖 모함이 일어나 거듭 걸려든 이 일은 바로 함경도의 방곡령 배상금 문제입니다. …… 함경도의 배상금 문제로 말한다면, 지난 기축년에 함경도에 기근이 들었는데 곡물의 소출 상황이 더욱 심각하여 조약에 준해서 외서(外署)에 문의했습니다. 그러자 외서에서는 원산항 감리(監理)에게 공문을 보내 10월 초부터 기한을 정하고 조약대로 방출을 금지토록 하였습니다. 그런데 몇 달이 되지 않아서 돌연 다시 방곡 금지령을 늦췄습니다. 그러니 방출을 금지시킨 것도 외서이고 금지령을 늦춘 것도 외서입니다.

① 조선이 청의 속방이라는 것을 명시하였다.
② 일본 상선에 대한 무항세 조항이 포함되었다.
③ 일본 관리와 백성에 대한 최혜국 대우를 인정하였다.
④ 일본인의 활동 범위를 개항장에서 10리로 제한하였다.

19 (가) 단체에 대한 설명으로 옳은 것은?

> 본 (가) 의 목적(민주주의 임시 정부를 수립하여 조국의 완전 독립을 촉성할 것)을 달성하기 위하여 기본 원칙을 아래와 같이 의논하여 정함
> 1. 조선의 민주 독립을 보장한 삼상 회의 결정에 의하여 남북을 통한 좌우 합작으로 민주주의 임시 정부를 수립할 것
> 2. 미소 공동 위원회 속개를 요청하는 공동 성명을 발표할 것
> 4. 친일파 민족반역자를 처리할 조례를 본 합작 위원회에서 입법 기구에 제안하여 입법 기구로 하여금 심리 결정하여 실시케 할 것

① 김구, 김규식 등을 중심으로 조직되었다.
② 미 군정의 지원 철회로 활동에 어려움을 겪었다.
③ 유엔의 남한 단독 총선거 실시 결정에 반대하였다.
④ 토지의 유상 분배 및 중요 산업 사유화를 주장하였다.

20 밑줄 친 '정부' 시기의 사실로 옳은 것은?

> 이 나라에 민주 정부를 세운 지 40년, 새로운 나라, 새로운 시대를 요청하는 역사의 조류 속에 제13대 대통령으로 취임하면서, 아득한 옛날 이 땅에 민족의 터전을 일구어 오신 모든 선조들에게 깊이 머리 숙입니다. …… 국민 여러분, 우리 겨레의 큰 경사인 서울 올림픽이 눈앞에 다가오고 있습니다. 우리 모두 합심 협력하여 지구촌의 모든 사람들에 길이 기억될 가장 성공적인 대회로 승화시킵시다. …… 국민의 뜻을 담은 새 헌법의 발효와 함께 바로 이 시각에 탄생하는 새 정부는 바로 국민이 주인이 된 국민의 정부임을 선언합니다.

① 4·27 판문점 선언이 발표되었다.
② 소련 등 공산권 국가와 수교를 맺었다.
③ 국제 통화 기금의 지원을 받게 되었다.
④ 6·29 선언을 발표하여 직선제 개헌을 약속하였다.

05회 핵심 키워드 마무리 체크

☑ 빈칸에 들어갈 알맞은 키워드를 골라 채워보세요.

6두품	신민회	제왕운기	향약
정미의병	옥저	문화 통치	광주 학생 항일 운동
이익	조·일 통상 장정 개정	성종	지증왕
의상	박지원	좌·우 합작 위원회	노태우

선사~조선 후기

01 ____에는 뼈를 가족 공동 무덤에 안치하는 풍습이 있었다.

02 _____은 실직주를 설치하고 이사부를 군주로 파견하였다.

03 ____은 당에 유학하고 돌아와 부석사를 창건하였다.

04 _____은 신라 중대에 왕의 정치적 조언자로 활동하였다.

05 고려 ____은 비서성과 수서원을 설치하였다.

06 『_____』에서는 단군을 강조하고 발해에 대한 내용을 서술하였다.

07 조선 시대의 ____은 농민 수탈의 배경을 제공하는 부작용이 있었다.

08 _____은 『열하일기』를 저술하여 청의 문물을 소개하였다.

09 ____은 화폐 제도의 문제점을 지적하며 폐전론을 주장하였다.

근대~현대

10 _____는 태극 서관을 설립하여 조선 광문회에서 발간한 서적을 보급하였다.

11 _____은 고종의 강제 퇴위에 반발하여 일어났다.

12 _____에서는 일본 관리와 백성에 대한 최혜국 대우를 인정하였다.

13 _____ 시기에 일제는 신은행령을 공포하여 한국인이 소유한 중소 은행을 일본 은행에 합병시켰다.

14 _____은 전국으로 확대되어 이듬해까지 동맹 휴학 투쟁이 계속되었다.

15 _____는 미 군정의 지원 철회로 활동에 어려움을 겪었다.

16 ____ 정부 때 소련 등 공산권 국가와 수교를 맺었다.

정답 | 01 옥저 02 지증왕 03 의상 04 6두품 05 성종 06 제왕운기 07 향약 08 박지원 09 이익 10 신민회 11 정미의병 12 조·일 통상 장정 개정 13 문화 통치 14 광주 학생 항일 운동 15 좌·우 합작 위원회 16 노태우

06회 실전동형모의고사

제한시간 : 15분 시작   시   분 ~ 종료   시   분 점수 확인   개/ 20개

01 (가)~(다) 유물이 주로 사용된 시기의 사회 모습에 대한 설명으로 옳은 것은?

> (가) 슴베찌르개
> (나) 미송리식 토기
> (다) 눌러찍기무늬 토기

① (가) – 갈돌과 갈판 등 간석기를 사용하였다.
② (나) – 정교하고 날카로운 간돌검을 사용하였다.
③ (다) – 철제 농기구를 사용하여 농사를 지었다.
④ (다) – 빈부의 격차가 나타나고 계급이 발생하였다.

02 밑줄 친 '왕'의 재위 기간에 있었던 사실로 옳은 것은?

> 왕이 즉위한 지 몇 해 만에, 위홍 등이 권력을 마음대로 하여 정사를 어지럽히니 도적이 벌떼처럼 일어났다. 나라 사람들이 이를 근심하여 다라니(陀羅尼) 은어를 지어 길 위에 던져두었다. 왕과 권신들이 말하기를, "이것은 왕거인이 아니고는 누가 이 글을 지었겠는가"라며 곧 거인을 옥에 가두었다. 거인이 시를 지어 하늘에 호소하니 하늘이 이에 그 옥에 벼락을 쳐서 그를 놓아주었다.

① 궁예가 후고구려를 건국하였다.
② 적고적이 봉기하여 수도까지 위협하였다.
③ 급찬 숭정을 발해에 사신으로 파견하였다.
④ 장보고의 건의에 따라 청해진을 설치하였다.

03 (가), (나) 사이 시기의 사실로 옳은 것은?

> (가) 서양의 도적 떼가 강화성을 함락하니, 유수 이인기는 왕성한 적의 세력을 겁내어 성을 버리고 도망쳤다. …… 이윽고 순무천총 양헌수가 적을 정족산성에서 격퇴했다는 보고가 이르렀다.
> (나) 미국 배가 다시 항구로 들어와서 광성진을 습격하고 함락하였는데, 중군(中軍) 어재연이 힘껏 싸우다가 목숨을 바쳤고, 사망한 군사가 매우 많습니다.

① 흥선 대원군이 만동묘를 철폐하였다.
② 일본 군함 운요호가 강화도 초지진을 공격하였다.
③ 일본이 경복궁을 습격하여 명성 황후를 시해하였다.
④ 독일 상인 오페르트가 남연군의 묘를 도굴하려고 하였다.

04 다음 법이 제정된 이후의 사실로 옳지 않은 것은?

> 제1조 일본 정부와 통모하여 한·일 합병에 적극 협력한 자, 한국의 주권을 침해하는 조약 또는 문서에 조인한 자와 모의한 자는 사형 또는 무기 징역에 처하고, 그 재산과 유산의 전부 혹은 2분의 1 이상을 몰수한다.
> 제2조 일본 정부로부터 작위를 받은 자 또는 일본 제국 의회의 의원이 되었던 자는 무기 또는 5년 이상의 징역에 처하고 그 재산과 유산의 전부 혹은 2분의 1 이상을 몰수한다.

① 경교장에서 김구가 안두희에게 암살당하였다.
② 정부에 비판적이던 경향신문이 폐간되었다.
③ 일제의 귀속 재산을 관리하기 위해 신한 공사가 설치되었다.
④ 미국의 공법 480호(PL480)에 따른 잉여 농산물이 도입되었다.

05 ㉠~㉣에 대한 탐구 내용으로 옳은 것을 모두 고른 것은?

	답사 계획서
일정	○○○○년 ○월 ○○일 ~ ○월 ○○일 (총 ○일)
인원	○○명
장소	(지도: 환도 산성 ㉠, 광개토 대왕릉비 ㉢, 장군총 ㉡, 국내성 ㉣)
탐구 내용	㉠ 위나라 장수 관구검의 침략에 대해 알아본다. ㉡ 굴식 돌방무덤의 구조와 특징에 대해 파악해본다. ㉢ 정인보의 광개토 대왕릉비에 대한 해석에 대해 알아본다. ㉣ 고구려의 첫 번째 수도로서의 의의를 분석해본다.

① ㉠, ㉡   ② ㉠, ㉢
③ ㉡, ㉢   ④ ㉢, ㉣

06 밑줄 친 '이곳'에서 있었던 사실로 옳은 것은?

이곳은 본래 백제의 웅천이다. …… 신라와 당이 협공해 백제를 멸망시켰는데, 당이 이곳에 웅진 도독부를 두고 군대를 잔류시켜 진압하였다. 당 군대가 돌아가자, 신라가 그 땅을 모두 차지하였다. 신문왕 때 웅천주로 고치고, 도독을 두었으며, 경덕왕 때 또 웅주로 고쳤다.

① 제1차 미·소 공동 위원회가 개최되었다.
② 무열계 후손 김헌창이 반란을 일으켰다.
③ 조선 후기에 송상이 근거지로 삼아 활동하였다.
④ 박상진, 김좌진 등이 대한 광복회를 결성하였다.

07 밑줄 친 '이들'에 대한 설명으로 옳은 것을 모두 고른 것은?

두 차례 병란을 겪으면서 농토가 황폐해지고, 세금이 줄어들어 나라 살림이 고갈되니 …… 이러한 실정을 감안해 녹과전을 설치해 등급에 따라 나누어 지급했습니다. 그런데 근래에 이들이 사패를 마구잡이로 받아서는 애당초부터 자기 땅이라고 하면서 산과 강을 경계로 할 정도로 많은 땅을 차지해 버리니 이는 옛 제도와 어긋나는 행위입니다.

㉠ 세속화된 불교를 비판하였다.
㉡ 주로 음서로 관직에 진출하였다.
㉢ 『소학』과 『주자가례』를 중시하였다.
㉣ 도평의사사, 밀직사 등의 고위 관직을 장악하였다.

① ㉠, ㉢   ② ㉠, ㉣
③ ㉡, ㉢   ④ ㉡, ㉣

08 고려 시대의 경제 상황에 대한 설명으로 옳은 것을 모두 고른 것은?

㉠ 중강에서 후시가 열려 사무역이 이루어졌다.
㉡ 밭에서의 재배 방식으로 견종법이 보급되었다.
㉢ 사원에서 베, 모시 등의 직물과 소금, 기와 등을 생산하였다.
㉣ 소를 이용한 깊이갈이가 일반화되어 농업 생산력이 증가하였다.

① ㉠, ㉡   ② ㉠, ㉢
③ ㉡, ㉣   ④ ㉢, ㉣

09 다음 사건이 발생한 왕의 재위 기간에 있었던 사실로 옳은 것은?

> 죄인 황사영은 의금부에서 체포하는 것을 미리 알고 상복을 입고는 성명을 바꾸고 토굴에 숨어서 종적을 감추어 반 년이 지나기에 이르렀다. 포도청에서 은밀히 염탐하여 지금에야 제천 땅에서 붙잡아 그의 문서를 수색하니 백서가 있는데, 장차 북경의 천주당에 통하려고 한 것이었다.

① 공노비 6만 6천여 명을 해방시켰다.
② 『속대전』을 편찬하여 법전 체계를 정리하였다.
③ 삼정 문제를 해결하기 위해 삼정이정청을 설치하였다.
④ 신해통공으로 육의전을 제외한 시전의 금난전권을 폐지하였다.

10 (가)와 관련한 토지 제도에 대한 설명으로 옳은 것은?

> 대사헌 양지가 상소하였다. "과전은 사대부를 기르는 것입니다. 장차 과전을 폐지하고 ⃞(가)⃞ 을/를 두려고 한다는데, …… 우리나라는 토지가 척박하고 백성은 가난하며 선비와 농민의 역할이 각기 다르니, 만약 봉록을 먹지 않고 조세를 받지 못한다면 서민과 다름이 없을 것입니다."

① 현직 관리에게만 토지의 소유권을 지급하였다.
② 죽은 관료의 가족에게 수신전과 휼양전을 지급하였다.
③ 관리에게 지급할 토지가 부족해지자 세조 때 실시되었다.
④ (가) 제도가 폐지됨에 따라 지주 전호제 관행이 줄어들었다.

11 일제 강점기의 사회 모습에 대한 설명으로 옳지 않은 것은?

① 도시 외곽의 토막촌에는 빈민들이 거주하였다.
② 서양식 옷차림을 한 모던 보이와 모던 걸이 활동하였다.
③ 상류층이 거주하는 2층 양옥의 문화 주택이 곳곳에 지어졌다.
④ 청계천을 기준으로 일본인 거리는 북촌, 한국인 거리는 남촌으로 불렸다.

12 밑줄 친 '공주'의 무덤에 대한 설명으로 옳은 것은?

> 공주는 우리 대흥보력효감금륜성법대왕의 둘째 딸이다. 생각하건대 고왕, 무왕의 조상들과 공주의 아버지는 왕도(王道)를 일으키고 무공에서 커다란 업적을 남겼다고 능히 말할 수 있으니 …… 하늘에서 이들을 도와주니, 위엄을 베풀어 길하게 되었도다. …… 아아, 공주는 보력 4년 여름 4월 14일 을미일에 외제에서 사망하니, 나이는 40세였다. 보력 7년 11월 24일 갑신일에 진릉의 서쪽 언덕에 배장하였으니, 이것은 예의에 맞는 것이다.

① 용두산 고분군에 위치하고 있다.
② 무덤 주위 둘레돌에 12지 신상이 조각되었다.
③ 무사, 내시, 악사 등의 인물들을 그린 벽화가 있다.
④ 고구려의 영향을 받아 굴식 돌방 무덤 양식으로 만들어졌다.

13 밑줄 친 '왕'의 업적으로 옳은 것은?

> 승려 묵호자가 고구려에서 일선군으로 왔는데, 일선군 사람인 모례가 집 안에 굴을 파서 방을 만들고 편히 머물게 하였다. 이때 양나라에서 사신을 보내어 불경과 향을 보냈는데, 왕과 신하들이 그 향의 이름과 사용처를 몰랐으므로 사람을 시켜 향을 가지고 다니면서 온 나라에 두루 물어보도록 하였다. 묵호자가 이것을 보고 말하기를 "이것은 향이라고 합니다. 이것을 태우면 향기가 진하게 풍기는데, 정성을 신성한 곳으로 이르도록 합니다. 신성한 것으로 삼보(三寶)보다 더한 것은 없습니다."라고 하였다.

① 사방에 우역을 처음으로 두었다.
② 왕위의 부자 상속제를 확립하였다.
③ 화랑도를 국가적인 조직으로 개편하였다.
④ 국가 재정을 관리하는 품주를 설치하였다.

14 밑줄 친 '왕' 대의 사실로 옳은 것은?

> 왕이 배은망덕하여 천명을 두려워하지 않고 속으로 다른 뜻을 품고 오랑캐에게 성의를 베풀었으며, 기미년 오랑캐를 정벌할 때에는 은밀히 강홍립을 시켜 동태를 보아 행동하게 하여 끝내 전군이 오랑캐에게 투항함으로써 추한 소문이 사해에 펼쳐지게 하였다.

① 이괄의 난을 진압하였다.
② 이몽학이 반란을 일으켰다.
③ 김준룡이 광교산 전투에서 승리하였다.
④ 허준이 완성한 『동의보감』을 간행하였다.

15 밑줄 친 '학당'에 대한 설명으로 옳은 것은?

> 덕원 부사 정현석이 삼가 아뢰기를, 제가 다스리는 고을은 해안의 중요한 요충지이자 개항장으로, 다른 고을과는 비교할 수 없는 중요한 곳입니다. 지역을 발전시키고 교화하는 방법에는 반드시 근본적인 방략이 있어야 하며, 그 핵심은 인재를 선택하고 양성하는 것입니다. 이에 학당을 설치하고, 고을의 총명하고 젊은 자제들을 선발하여 교육하고자 합니다. …… 명망 있는 학문에 밝은 유학자를 초빙하여, 문사들에게는 경전을 가르치고 무사들에게는 병서를 가르치고자 합니다.

① 좌원과 우원의 두 반으로 편성되었다.
② 근대식 사관 양성을 목적으로 하였다.
③ 우리나라 최초의 근대식 사립 학교이다.
④ 헐버트, 길모어 등을 교사로 초빙하였다.

16 (가) 인물의 집권 시기에 있었던 사실로 옳은 것은?

> (가) 은/는 왕에게 정중부와 송유인 부자를 체포할 것을 요청하였다. 정중부 등이 변고를 듣고 도망쳐 민가에 숨어 있었지만 모두 체포하여 목을 베었다. …… (가) 은/는 결사대 1백 수십 명을 불러 모아 자기 집에 머물게 하고 길러 변란에 대비시키고는 도방이라 불렀다.

① 대장도감을 설치하였다.
② 전주 관노의 난을 진압하였다.
③ 최광수가 고구려 부흥을 목표로 봉기하였다.
④ 문신들이 머무르는 숙위 기구인 서방을 설치하였다.

17 다음 의거를 주도한 단체에 대한 설명으로 옳은 것은?

> 어제 오후 2시에 도쿄에서 열병식을 마치고 환궁하던 일왕이 도중에 돌연 저격 당하였다. 한국인이 저격한 것으로 알려졌는데, 불행하게도 뒤따르던 마차를 폭파하였을 뿐 일왕이 탄 마차는 명중하지 못하였다. 범인은 즉시 체포되었다.

① 대표적인 단원으로는 나석주, 최수봉 등이 있다.
② 중국 국민당의 지원을 받아 조선 혁명 간부 학교를 설립하였다.
③ 침체된 임시 정부의 활동에 활기를 불어넣고자 김구가 결성하였다.
④ 계급 타파와 토지 평균을 지도 이념으로 하는 20개조의 강령을 발표하였다.

18 다음 사건을 시기 순으로 바르게 나열한 것은?

> ㉠ 최영이 홍산에서 왜구를 격퇴하였다.
> ㉡ 최무선이 진포 해전에서 승리하였다.
> ㉢ 정지가 관음포 앞바다에서 왜선을 격침시켰다.
> ㉣ 박위가 왜구의 소굴인 쓰시마 섬을 정벌하였다.

① ㉠ - ㉡ - ㉢ - ㉣
② ㉠ - ㉡ - ㉣ - ㉢
③ ㉡ - ㉠ - ㉢ - ㉣
④ ㉡ - ㉠ - ㉣ - ㉢

19 다음 선언문에 대한 설명으로 옳은 것을 모두 고른 것은?

> 조선 청년 독립단은 우리 2,000만 민족을 대표하여 정의와 자유의 승리를 얻은 세계 만국 앞에 독립을 달성하기를 선언한다. …… 우리 민족은 정당한 방법으로 우리 민족의 자유를 추구할 것이나, 만일 이번에 성공하지 못하면 우리 민족은 생존의 권리를 위하여 온갖 자유행동을 취하여 최후의 일인까지 자유를 위해 뜨거운 피를 흘릴 것이니 ……

㉠ 조소앙이 작성하였다.
㉡ 3·1 운동에 영향을 주었다.
㉢ '기미 독립 선언서'라고도 불린다.
㉣ 도쿄에서 유학생들이 발표하였다.

① ㉠, ㉡
② ㉠, ㉢
③ ㉡, ㉣
④ ㉢, ㉣

20 다음 글을 작성한 인물에 대한 설명으로 옳은 것은?

> 지금 서양 세력이 동양으로 침략의 손길을 뻗쳐 오고 있는데, 이 재앙을 동양인이 일치단결해서 막아 내는 것이 가장 좋은 방법임은 어린아이라도 다 아는 일이다. 그런데도 무슨 이유로 일본은 이러한 너무나도 당연한 형세를 무시하고, 같은 인종인 이웃 나라를 꺾고 친구의 정을 끊어, 서양 세력이 애쓰지 않고 이득을 얻도록 한단 말인가. …… 그래서 동양 평화를 위한 의로운 전쟁을 하얼빈에서 개전하고, 담판하는 자리를 뤼순으로 정했다.

① 이완용을 습격하여 중상을 입혔다.
② 쓰시마 섬으로 압송된 후 순국하였다.
③ 초대 통감인 이토 히로부미를 사살하였다.
④ 샌프란시스코에서 외교 고문 스티븐스를 사살하였다.

06회 핵심 키워드 마무리 체크

☑ 빈칸에 들어갈 알맞은 키워드를 골라 채워보세요.

눌지 마립간	최익현	권문세족	삼정이정청
원산 학사	청동기 시대	공노비	신한 공사
박위	한인 애국단	문화 주택	진성 여왕
2·8 독립 선언문	동의보감	직전법	안중근

선사~조선 후기

01 _____에는 정교하고 날카로운 간돌검을 사용하였다.

02 신라의 _____은 왕위의 부자 상속제를 확립하였다.

03 신라 _____ 때 적고적이 봉기하여 수도까지 위협하였다.

04 고려 창왕 때 ____가 왜구의 소굴인 쓰시마 섬을 정벌하였다.

05 고려 후기의 _____은 주로 음서로 관직에 진출하였다.

06 _____은 관리에게 지급할 토지가 부족해지자 세조 때 실시되었다.

07 광해군 때 허준이 완성한 『_____』을 간행하였다.

08 조선 순조 때는 _____ 6만 6천여 명을 해방시켰다.

09 조선 철종 때는 삼정 문제를 해결하기 위해 _____을 설치하였다.

근대~현대

10 _____은 쓰시마 섬으로 압송된 후 순국하였다.

11 _____은 초대 통감인 이토 히로부미를 사살하였다.

12 _____는 우리나라 최초의 근대식 사립 학교이다.

13 도쿄에서 유학생들이 _____을 발표하였다.

14 _____은 침체된 임시 정부의 활동에 활기를 불어넣고자 김구가 결성하였다.

15 일제 강점기에는 상류층이 거주하는 2층 양옥의 _____이 곳곳에 지어졌다.

16 1946년에 일제의 귀속 재산을 관리하기 위해 _____가 설치되었다.

정답 | 01 청동기 시대 02 눌지 마립간 03 진성 여왕 04 박위 05 권문세족 06 직전법 07 동의보감 08 공노비 09 삼정이정청 10 최익현 11 안중근 12 원산 학사 13 2·8 독립 선언문 14 한인 애국단 15 문화 주택 16 신한 공사

07회 실전동형모의고사

01 밑줄 친 '북국'에 대한 설명으로 옳은 것은?

> 북국(北國)에 사신을 보냈다. …… 요동 땅에서 일어나 고구려의 북쪽 땅을 병합하고 신라와 더불어 경계를 서로 맞대었지마는, 교빙한 일이 역사에는 전하는 것이 없었다. 이때에 와서 일길찬 백어(伯魚)를 보내어 교빙하였다.

① 관리를 감찰하는 기관으로 사정부를 설치하였다.
② 당나라 제도를 수용하여 3성 6부제를 운영하였다.
③ 지배층은 왕족인 부여씨와 8성의 귀족으로 구성되었다.
④ 주민 중 다수를 차지한 말갈인은 지배층에 편입되지 못하였다.

02 고려 시대의 문학에 대한 설명으로 옳지 않은 것은?

① 임춘은 『국순전』에서 술을 의인화하여 현실을 풍자하였다.
② 이제현의 『역옹패설』은 고려 시대의 대표적인 패관 문학에 해당한다.
③ 이인로는 『파한집』을 보완하기 위한 시화집으로 『보한집』을 저술하였다.
④ 이규보는 삼국 시대부터 고려 시대까지의 여러 시화를 모은 『백운소설』을 저술하였다.

03 (가), (나) 사이 시기의 사실로 옳은 것은?

> (가) 왕은 대신에서부터 대간과 시종에 이르기까지 거의 다 죽이거나 귀양을 보내어 조정이 텅 비었다. (어머니를) 폐비한 일을 원망하며 선왕인 성종의 후궁들을 매질하여 죽이고 그 자녀는 귀양 보내거나 죽였으며, 그 며느리는 남의 첩으로 보내거나 여러 군과 부마에게 주었다.
> (나) 이덕응이 자백하기를 …… 계속 추궁하자 그는 "윤임이 제게 이르되 경원 대군이 왕위에 올라 윤원로가 권력을 차지하게 되면 자신의 집안은 멸족될 것이니 봉성군을 옹립하자고 하였습니다."라고 실토하였다.

① 김종직이 부관참시 되었다.
② 허적과 윤휴 등의 남인이 축출되었다.
③ 정여립 모반 사건으로 기축옥사가 일어났다.
④ 부산포, 제포, 염포의 왜인들이 난을 일으켰다.

04 다음 중 유네스코(UNESCO)에 등재된 우리나라의 세계 기록유산으로 옳은 것을 모두 고른 것은?

> ㉠ 한국의 유교 책판
> ㉡ 『목민심서』
> ㉢ 『삼국유사』
> ㉣ 『일성록』
> ㉤ 『난중일기』

① ㉠, ㉡
② ㉠, ㉢
③ ㉠, ㉣, ㉤
④ ㉡, ㉢, ㉤

05 밑줄 친 '이 시기'에 해당하는 사실로 옳은 것은?

이 시기에 집터의 형태는 대체로 직사각형이며, 움집은 점차 지상 가옥으로 바뀌어 갔다. 움집 중앙에 있는 화덕은 한쪽 벽으로 옮겨지고, 저장 구덩이도 따로 설치하거나 한쪽 벽면을 밖으로 돌출시켜 만들었다.

① 정치 권력을 가진 군장이 출현하였다.
② 철제 무기로 주변 나라를 정복하였다.
③ 덧무늬 토기, 이른 민무늬 토기 등을 사용하였다.
④ 동물의 뼈나 뿔로 만든 도구와 뗀석기를 사용하였다.

06 밑줄 친 '왕'의 업적으로 옳은 것은?

어느 날 왕이 부인과 함께 용화산 밑의 큰 연못 근처에 이르니 미륵삼존이 못 가운데서 나타나므로 수레를 멈추고 절을 올렸다. 부인이 왕에게 말하기를, "모름지기 이곳에 큰 절을 지어 주십시오."라고 하니, 그것을 허락했다. …… 이에 미륵 삼회를 법상으로 하여 전(殿)·탑(塔)·낭무(廊廡)를 각각 세 곳에 세우고, 절 이름을 미륵사라고 하였다.

① 부여씨의 왕위 세습제를 확립하였다.
② 중앙 관청을 22부로 확대·정비하였다.
③ 탐라국을 복속하고, 중국 남제와 수교를 맺었다.
④ 일본에 관륵을 파견하여 불교, 천문학 서적을 전달하였다.

07 다음 주장을 한 인물에 대한 설명으로 옳은 것은?

예로부터 나라의 역사가 중기에 이르면 인심이 반드시 편안만 탐해 나라가 점점 쇠퇴한다. 그때 현명한 임금이 떨치고 일어나 천명을 연속시켜야만 국운이 영원할 수 있다. 우리나라도 200여 년을 지내 지금 중쇠(中衰)에 이미 이르렀으니, 바로 천명을 연속시킬 때이다.

① 서리망국론을 통해 서리의 폐단을 비판하였다.
② 『천명도설』의 해석을 둘러싸고 기대승과 논쟁하였다.
③ 향촌 사회의 교화를 위해 예안 향약을 만들었다.
④ 존화주의적 역사관을 바탕으로 『기자실기』를 저술하였다.

08 밑줄 친 '이 법'에 대한 설명으로 옳은 것은?

이 법은 역(役)을 고르게 하여 백성을 편안케 하기 위한 것이니 실로 시대를 구할 수 있는 좋은 계책입니다. 비록 여러 도(道)에 두루 행하지는 못하더라도 기전(畿甸, 경기도)과 관동(關東)에 이미 시행하여 힘을 얻었으니 만약 또 양호(兩湖) 지방에서 시행하면 백성을 편안케 하고 나라에 도움이 되는 방도로 이것보다 더 큰 것이 없습니다.

① 재정 감소분을 결작, 어염세 등으로 보충하였다.
② 이 법이 실시된 뒤 현물 징수가 완전히 없어졌다.
③ 토산물로 징수하던 공물을 쌀이나 무명, 동전 등으로 대신하였다.
④ 운영 과정에서 유치미(留置米)는 증가하고 상납미(上納米)는 감소하였다.

09 다음은 고대 일본과의 문화 교류에 대한 설명이다. 옳은 것을 모두 고른 것은?

㉠ 고구려의 승려 혜관은 일본에 종이와 먹의 제작 방법을 전해 주었다.
㉡ 신라인들은 일본에 배와 제방을 만드는 기술을 전해 주었다.
㉢ 가야 토기는 일본에 전해져 스에키 토기에 영향을 주었다.
㉣ 통일 신라의 유·불교 문화는 일본의 아스카 문화 발달에 영향을 주었다.

① ㉠, ㉡
② ㉠, ㉣
③ ㉡, ㉢
④ ㉡, ㉣

10 밑줄 친 '왕'의 업적으로 옳은 것은?

발해는 우리 국경과 인접하여 있었는데, 거란과는 대대로 원수지간이었다. 거란주(契丹主)가 군사를 크게 일으켜 발해를 공격하여 홀한성을 포위하고 발해를 멸망시켜 동단국이라 고쳐 부르니, 발해국의 세자 대광현 등이 나머지 무리들을 이끌고 왔으며, 전후로 도망쳐 온 자가 수만 호였다. 왕은 이들을 매우 후하게 대접했는데, 대광현에게는 왕계(王繼)라는 성명을 내려 주었다.

① 주현공거법을 시행하였다.
② 물가 조절을 위해 상평창을 설치하였다.
③ 개경을 황도로, 서경을 서도로 칭하였다.
④ 역분전이라는 토지 제도를 처음으로 시행하였다.

11 (가) 정부 시기의 사실로 옳은 것을 모두 고른 것은?

인민 혁명당 사건, 민청학련 사건 등에 대한 조사를 진행하여 왔다. …… 이 사건들은 학생들의 반정부 시위로 궁지에 몰린 (가) 정권이 독재 권력을 유지하기 위해 중앙정보부를 동원하여 고문 등을 통해 민주 인사와 학생들을 탄압한 대표적인 사례들로서, 특히 민청학련의 배후로 지목된 '인혁당 재건위 사건'의 경우 8명의 피고인들이 사형 선고를 받은 지 불과 18시간 만에 처형되어 사법 살인의 논란을 불러 일으켰다.

㉠ 서독에 간호사와 광부를 파견하였다.
㉡ 국가 보위 비상 대책 위원회가 구성되었다.
㉢ 천주교 정의 구현 전국 사제단이 조직되었다.
㉣ 잡지 『사상계』가 창간되었다.

① ㉠, ㉡
② ㉠, ㉢
③ ㉡, ㉢
④ ㉢, ㉣

12 1920년대 문화 예술계에 대한 설명으로 옳지 않은 것은?

① 도쿄 유학생들을 중심으로 토월회가 조직되었다.
② 「진달래꽃」, 「님의 침묵」 등의 작품이 발표되었다.
③ 조선 영화령이 제정되어 민족 영화가 탄압받았다.
④ 식민지 현실의 계급 모순을 비판하는 신경향파 문학이 등장하였다.

13 다음을 주장한 인물에 대한 설명으로 옳은 것은?

> 대개 한 나라가 자강할 수 없어서 여러 나라와의 조약에 의지해 간신히 자국을 보존하고자 하는 계책도 매우 구차한 것이니 어찌 즐겨 할 바이겠는가. …… 오직 중립 한 가지만이 진실로 우리나라를 지키는 방책이다. 그러나 이를 우리가 먼저 제창할 수 없으니 그것은 중국에 요청하여 처리하도록 해야 한다. …… 중국이 맹주가 되어 영국·프랑스·일본·러시아 등 아시아 지역과 관계가 있는 여러 나라와 회동하고 이 자리에 우리나라를 보내어 공동으로 맹약을 체결하기를 구해야 한다.

① 초대 우정국 총판에 임명되었다.
② 군국기무처의 총재를 역임하였다.
③ 철종의 부마로 갑신정변에 참여하였다.
④ 『서유견문』과 『조선문전』 등을 집필하였다.

14 고려 시대의 가족 제도에 대한 설명으로 옳은 것은?

① 결혼할 때 부인이 데려온 노비의 소유권은 부인에게 있었다.
② 아들이 없는 경우 양자를 들여 제사를 지내는 것이 일반적이었다.
③ 여성의 재가는 자유로웠으나 그 자식은 과거 응시에 큰 제한을 받았다.
④ 원의 영향을 받아 여러 처와 첩을 두는 다처병첩이 법적으로 허용되었다.

15 밑줄 친 '왕' 대의 사실로 옳은 것은?

> 왕이 금원에 단(壇)을 설치해 의종 황제를 멀리서 제사하였으니, …… 또 궁성 북쪽의 정결한 곳에 단(壇)을 마련할 것을 명하여 '대보단'이라 이름하고 신종 황제를 해마다 제사 지냈으니, 임진년에 나라를 다시 세운 은혜를 잊을 수 없기 때문이었다.

① 수도 외곽의 방어를 위하여 총융청을 설치하였다.
② 준천사를 설치하여 청계천 준설 사업을 추진하였다.
③ 백두산 정계비를 세워 청나라와 국경을 확정하였다.
④ 북벌 계획에 따라 어영청을 정비하여 화포병과 기병을 늘렸다.

16 다음 개헌안에 대한 설명으로 옳은 것은?

> 제31조 입법권은 국회가 행한다. 국회는 민의원과 참의원으로써 구성한다.
> 제53조 대통령과 부통령은 국민의 보통, 평등, 직접, 비밀투표에 의하여 각각 선거한다.
> 부 칙 이 헌법은 공포한 날로부터 시행한다. 단, 참의원에 관한 규정과 참의원의 존재를 전제로 한 규정은 참의원이 구성된 날로부터 시행한다.

① 사사오입의 논리로 통과되었다.
② 초대 대통령의 중임 제한을 철폐하였다.
③ 국회의 국무위원 불신임제를 규정하였다.
④ 통일 주체 국민 회의의 설치를 명시하였다.

17 (가)에 들어갈 내용으로 적절하지 않은 것은?

> 한국사 강좌
>
> 우리 대학에서는 고종이 황제로 즉위한 이후 구본신참의 원칙에 입각하여 추진한 많은 정책들을 주제로 강좌를 개최하고자 합니다. 많은 관심과 참여 바랍니다.
>
> ◎ 강좌 내용 ◎
> 제1강 대한국 국제 반포와 황제 중심 정치 구조 형성
> 제2강 지계 발급과 근대적 토지 소유권 성립
> 제3강 (가)
>
> ● 일시: ○○○○년 ○월 ○○일 14:00~16:00
> ● 장소: △△대학교 인문학관 1강의실

① 원수부 설치와 군사력 증강
② 경의선 부설과 서북 철도국 개설
③ 화폐 조례 제정과 금 본위제 시도
④ 교육 입국 조서 반포와 학교 설립

18 (가)~(라) 시기의 사실로 옳지 않은 것은?

	(가)		(나)		(다)		(라)	
	한·일 병합		자유시 참변		한인 애국단 조직		중·일 전쟁 발발	조선어 학회 사건

① (가) - 조선식산은행이 설립되었다.
② (나) - 경성 제국 대학이 설립되었다.
③ (다) - 국민 정신 총동원 조선 연맹이 조직되었다.
④ (라) - 소학교가 국민학교로 개칭되었다.

19 (가) 신문에 대한 설명으로 옳은 것은?

> 영국인 베델이 서울에 신문사를 창설하여 (가) (이)라고 하고, 박은식을 주필로 맞이하였다. …… 각 신문사에서도 의병들을 폭도나 비류(匪類)로 칭하였지만 오직 (가) 은/는 의병으로 칭하며, 그 논설도 조금도 굴하지 않고 일본인의 악행을 게재하여 들으면 들은 대로 모두 폭로하였다.

① 우리나라 최초의 신문으로 10일에 한 번씩 간행되었다.
② 을사늑약이 무효임을 선언하는 고종의 친서를 게재하였다.
③ 순한글판으로 발간되어 부녀자 및 일반 서민들에게 인기가 있었다.
④ 천도교 측에서 발행하였으며, 일진회 등의 매국 행위를 주로 비판하였다.

20 (가), (나) 사이에 있었던 사실로 옳지 않은 것은?

> (가) 제3조 조선국은 5만원을 내어 해를 당한 일본 관리들의 유족 및 부상자에게 주도록 한다.
> 제5조 일본 공사관에 군사 몇 명을 두어 경비를 서게 한다. 병영을 설치하고 수리하는 것은 조선국이 맡아 한다.
> (나) 제1조 청국은 조선국이 완전무결한 독립 자주국임을 확인한다. 아울러 조선의 청에 대한 공물 헌납 등은 장래에 완전히 폐지한다.
> 제4조 청국은 군비 배상금으로 은 2억 냥을 일본국에 지불할 것을 약정한다.

① 군국기무처 설치
② 독립 협회 창립
③ 14개조 혁신 정강 발표
④ 조·청 상민 수륙 무역 장정 체결

07회 핵심 키워드 마무리 체크

☑ 빈칸에 들어갈 알맞은 키워드를 골라 채워보세요.

대동법	무왕	발췌 개헌	이이
국순전	한성순보	백두산 정계비	박정희
국민학교	대한매일신보	통일 주체 국민 회의	군장
신경향파	조식	역분전	유길준

선사~조선 후기

01 청동기 시대에는 정치 권력을 가진 ____이 출현하였다.

02 백제의 ____은 일본에 관륵을 파견하여 불교, 천문학 서적을 전달하였다.

03 태조 왕건은 _____이라는 토지 제도를 처음으로 시행하였다.

04 고려 시대에 임춘은 『____』에서 술을 의인화하여 현실을 풍자하였다.

05 ____은 서리망국론을 통해 서리의 폐단을 비판하였다.

06 ____는 존화주의적 역사관을 바탕으로 『기자실기』를 저술하였다.

07 _____이 시행되어 토산물로 징수하던 공물을 쌀이나 무명, 동전 등으로 대신하였다.

08 조선 숙종 때 _____를 세워 청나라와 국경을 확정하였다.

근대~현대

09 ____은 『서유견문』과 『조선문전』 등을 집필하였다.

10 _____는 우리나라 최초의 신문으로 10일에 한 번씩 간행되었다.

11 _____는 을사늑약이 무효임을 선언하는 고종의 친서를 게재하였다.

12 1920년대에는 식민지 현실의 계급 모순을 비판하는 _____ 문학이 등장하였다.

13 1941년에는 소학교가 _____로 개칭되었다.

14 _____에서는 국회의 국무위원 불신임제를 규정하였다.

15 유신 헌법에서는 _____의 설치를 명시하였다.

16 _____ 정부 시기에는 천주교 정의 구현 전국 사제단이 조직되었다.

정답 | 01 군장 02 무왕 03 역분전 04 국순전 05 조식 06 이이 07 대동법 08 백두산 정계비 09 유길준 10 한성순보 11 대한매일신보 12 신경향파 13 국민학교 14 발췌 개헌 15 통일 주체 국민 회의 16 박정희

08회 실전동형모의고사

01 밑줄 친 '왕'의 재위 기간에 있었던 사실로 옳은 것은?

> 영동대장군 백제 사마<u>왕</u>은 62세가 되는 계묘년 5월 임진일인 7일에 돌아가셨다. 을사년 8월 갑신일인 12일에 안장하여 대묘에 모시며, 기록하기를 이와 같이 한다.

① 박사 고흥이 『서기』를 편찬하였다.
② 노리사치계가 왜에 불상과 불경을 전파하였다.
③ 지방에 22담로를 설치하고 왕족을 파견하였다.
④ 고구려의 남진 정책에 맞서 나·제 동맹을 결성하였다.

02 다음의 시무책을 제시한 인물에 대한 설명으로 옳은 것은?

> 엎드려 보건대 적신 이의민은 성품이 사납고 잔인하여 윗사람을 업신여기고 아랫사람을 능멸하여 …… 신 등이 폐하의 위령을 힘입어 단번에 쓸어버렸습니다. …… 이에 삼가 열 가지 일을 조목으로서 아뢰나이다.
> 1조 왕은 참위설을 믿어 새로 지은 궁궐에 들지 않고 있는데, 길일을 택하여 들어갈 것
> ⋮
> 9조 함부로 사찰을 건립하는 것을 금할 것
> 10조 신하의 간언을 용납할 것

① 치안 유지를 위해 야별초를 조직하였다.
② 진강후라는 벼슬을 받고 흥녕부라는 기구를 설치하였다.
③ 김생, 탄연, 유신과 더불어 신품사현(神品四賢)이라 불렸다.
④ 자신의 생일을 인수절이라 칭하였으며, 척준경과 함께 난을 일으켰다.

03 (가) 시대에 대한 설명으로 옳은 것은?

> 공주 석장리 유적은 광복 이후 남한에서 최초로 발굴된 (가) 시대의 유적지로, (가) 시대를 대표하는 주먹도끼, 찍개 등의 유물이 출토되었다.

① 명도전, 반량전 등의 중국 화폐가 사용되었다.
② 대표적인 유적으로는 양양 지경리, 서울 암사동 등이 있다.
③ 동굴이나 바위 그늘에서 살거나 강가에 막집을 짓고 살았다.
④ 마을 주위에 목책이나 환호 등의 방어 시설이 조성되기 시작하였다.

04 다음에 해당하는 나라에 대한 설명으로 옳은 것은?

> 구릉과 넓은 못이 많아 동이 지역 중에서 가장 넓고 평탄한 곳이다. 토질은 오곡을 가꾸기에는 알맞지만 과일은 생산되지 않는다. 사람들 체격이 매우 크고, 성품이 강직하고 용맹하며, 근엄하고 후덕하여 다른 나라를 노략질하지 않았다.

① 소도라고 불리는 신성 구역이 존재하였다.
② 매년 10월에 동맹이라는 제천 행사를 열었다.
③ 읍락 간의 경계를 중시하는 책화라는 풍습이 있었다.
④ 왕 아래의 마가, 우가, 저가, 구가가 사출도를 다스렸다.

05 (가)~(라)에 대한 설명으로 옳지 않은 것은?

한국사 대탐험
비석으로 만나는 삼국 시대

우리나라에 있는 삼국 시대의 비석을 통해 당시의 모습을 알아가는 한국사 대탐험에 초대합니다. 많은 참여와 관심 부탁 드립니다.

■ 탐방 일정표
○ 일시: ○○○○년 ○월 4일~7일
○ 세부 일정

날짜	1일차	2일차	3일차	4일차
지역	충주	포항	경주	단양
문화재	(가) 충주 고구려비	(나) 냉수리 신라비	(다) 남산 신성비	(라) 적성비

① (가) – 신라 왕을 '매금'이라고 칭하였다.
② (나) – 현재 발견된 신라 비석 중 가장 오래되었다.
③ (다) – 3년 이내에 성이 무너지면 처벌한다는 내용이 있다.
④ (라) – 공을 세운 야이차와 그 가족들을 포상한다는 내용이 있다.

06 다음의 자료에 보이는 시기의 경제 상황에 대한 설명으로 옳지 않은 것은?

도회지 주변에는 파밭, 마늘밭, 배추밭, 오이밭 등이 많다. 특히 서도 지방의 담배밭, 북도의 삼밭, 한산의 모시밭, 전주의 생강밭, 강진의 고구마밭 등의 수확은 모두 상상등전의 논에서 나는 수확보다 그 이익이 10배에 이른다.

① 도고라 불리는 독점적 도매 상인이 활동하였다.
② 정부의 적극적인 광산 개발 정책으로 잠채가 사라졌다.
③ 상품 화폐 경제가 발달하면서 상평통보가 전국적으로 유통되었다.
④ 공장안에서 벗어난 납포장이 장인세를 납부하면서 상품 생산을 확대하였다.

07 다음 담화문을 발표한 정부의 경제 정책으로 옳은 것은?

우리가 광복 50주년을 맞아 일제의 잔재인 옛 조선 총독부 건물을 철거하기 시작한 것도 역사를 바로잡아 민족 정기를 확립하기 위한 것입니다. 역사 바로 세우기의 참뜻을 이해하고 전폭적인 지지와 성원을 보내주신 국민 여러분께 깊은 감사드립니다.

① 한·미 원조 협정을 체결하였다.
② 칠레와 자유 무역 협정(FTA)을 체결하였다.
③ 경제 협력 개발 기구(OECD)에 가입하였다.
④ 미국의 잉여 농산물을 가공하는 삼백 산업을 육성하였다.

08 고려와 조선의 과거 제도에 대한 설명으로 옳은 것을 모두 고른 것은?

㉠ 고려 시대에는 문과와 무과가 정기적으로 시행되었다.
㉡ 고려 시대의 과거 제도에서는 제술업이 명경업보다 중시되었다.
㉢ 문과는 예조에서 주관하였고, 정기 시험은 3년마다 실시되는 것이 원칙이었다.
㉣ 조선 시대에는 소과와 대과의 복시에서 합격자를 각 도의 인구 비율에 따라 선발하였다.

① ㉠, ㉡
② ㉡, ㉢
③ ㉡, ㉣
④ ㉢, ㉣

09 다음 법령이 제정된 정부 시기의 사실로 옳은 것은?

> 제2조 본 법에서 귀속 재산이라 함은 …… 대한민국 정부에 이양된 일체의 재산을 지칭한다. 단, 농경지는 따로 농지 개혁법에 의하여 처리한다.
> 제3조 귀속 재산은 본 법과 본 법의 규정에 의하여 발하는 명령의 정하는 바에 의하여 국용 또는 공유 재산, 국영 또는 공영 기업체로 지정되는 것을 제한 외에는 대한민국의 국민 또는 법인에게 매각한다.

① YH 무역 사건이 일어났다.
② 소급 입법 개헌이 통과되었다.
③ 여수·순천 10·19 사건이 일어났다.
④ 최고 소작료 결정의 건이 공포되었다.

10 다음 전교를 내린 왕에 대한 설명으로 옳은 것은?

> 붕당의 폐단이 요즈음보다 심한 적이 없었다. …… 관리의 임용을 담당하는 관서에서는 탕평하게 거두어 쓰도록 하라.

① 금위영을 설치하여 5군영 체제를 완성하였다.
② 수령이 군현 단위의 향약을 직접 주관하게 하였다.
③ 신경준에게 명하여 동국여지도를 편찬하도록 하였다.
④ 민간의 광산 개발 참여를 허용하는 설점수세제를 처음 실시하였다.

11 (가), (나)를 저술한 인물에 대한 설명으로 옳은 것은?

> (가) 유교계에 3대 문제가 있는지라. 그 3대 문제에 대하여 개량(改良) 구신(求新)을 하지 않으면 우리 유교는 흥왕할 수가 없을 것이며 …… 여기에 감히 외람됨을 무릅쓰고 3대 문제를 들어서 개량 구신의 의견을 바치노라.
> (나) 조선의 시조는 단군이시니 단군은 신이 아니요 사람이시라. 백두의 높은 산과 송화의 장강을 터전으로 하여 조선을 만드시매 조선 민족은 단군으로부터 생기고, 조선의 정교(正敎) 단군으로조차 열리었다.

① (가) – 실증적 입장에서 한국사를 연구하는 진단 학회를 조직하였다.
② (가) – 김원봉의 요청으로 「조선혁명선언」을 작성하였다.
③ (나) – 민족 정신으로 '조선심'을 강조하였다.
④ (나) – '얼' 사상을 강조하였고 조선학 운동을 펼쳤다.

12 다음은 어느 서적의 서문이다. 이 서적이 편찬된 왕의 재위 시기에 일어난 사실로 옳은 것은?

> 우리 동방의 문(文)은 송(宋)과 원(元)의 문도 아니고 한(漢)과 당(唐)의 문도 아니며 바로 우리나라의 문입니다. 마땅히 중국 역대의 문과 나란히 천지의 사이에 행하게 하여야 합니다. …… 우리 동방의 문은 삼국 시대에서 비롯하여 고려에서 번성하였고 아조(我朝)에 와서 극(極)에 이르렀습니다. 천지 기운의 성쇠와 관계된 것을 또한 알 수 있습니다.

㉠ 약재 이론서인 『향약채취월령』을 편찬하였다.
㉡ 성균관 안에 서적을 보관하는 존경각을 설치하였다.
㉢ 백성들이 억울한 일을 호소할 수 있도록 신문고를 처음으로 설치하였다.
㉣ 정읍사, 처용가 등이 한글로 수록된 『악학궤범』을 편찬하였다.

① ㉠, ㉡
② ㉡, ㉢
③ ㉡, ㉣
④ ㉢, ㉣

13 밑줄 친 '그'에 대한 설명으로 옳지 않은 것은?

> 무신 집권 이후의 사회 변동기를 지나며 불교계에서도 본연의 자세 확립을 주창하는 새로운 종교 운동인 결사 운동이 일어났다. 그는 명리에 집착하는 당시 불교계의 타락상을 비판하고 승려 본연의 자세로 돌아가 독경과 선 수행, 노동에 고루 힘쓰자는 개혁 운동인 수선사 결사를 제창하였다.

① 『목우자수심결』을 저술하였다.
② 수행 방법으로 정혜쌍수와 돈오점수를 주장하였다.
③ 『보현십원가』 등의 향가를 지어 국문학 사상 큰 업적을 남겼다.
④ 선종을 중심으로 교종을 포용하여 교와 선의 대립을 극복하고자 하였다.

14 다음 취지서를 발표한 단체에 대한 설명으로 옳은 것은?

> 무릇 나라의 독립은 오직 자강(自强)의 여하에 달려 있는 것이다. …… 그러나 자강의 방도를 강구하려 할 것 같으면 다른 곳에 있지 않고 교육을 진작하고 산업을 일으키는 데 있으니 무릇 교육이 일어나지 않으면 민지(民智)가 열리지 않고 산업이 일어나지 않으면 국부가 증가하지 못하는 것이다. 교육과 산업의 발달이 곧 자강의 방도임을 알 수 있는 것이다.

① 월보를 간행하고 지회를 설치하였다.
② 송수만, 심상진 등을 중심으로 결성되었다.
③ 러시아가 절영도 조차를 요구하자 이에 반대하였다.
④ 보부상 중심의 단체로 독립 협회를 탄압하는 데 이용되었다.

15 밑줄 친 '이 운동'에 대한 설명으로 옳은 것은?

> 이 운동의 사상적 도화수가 된 것이 누구인가? 저들의 사회적 지위로 보나 계급적 의식으로 보나 결국 중산 계급임을 벗어나지 못하였으며, 적어도 중산 계급의 이익에 충실한 대변인인 지식 계급이 아닌가. 실상을 말하면 노동자에게는 이제 새삼스럽게 말할 필요가 없는 것이다. 그들은 자본가 중간 계급이 양복이나 비단옷을 입는 대신 무명과 베옷을 입었고, 저들 자본가가 위스키나 브랜디나 정종을 마시는 대신 소주나 막걸리를 먹지 않았는가? …… 저들은 민족적·애국적인 척하는 감상적 미사여구로 눈물을 흘리며 저들과 이해관계가 전혀 다른 노동 계급의 후원을 갈구하는 것이다.

① 조선 총독부가 회사령을 폐지하는 계기가 되었다.
② 대한매일신보, 황성신문 등의 적극적인 지원을 받았다.
③ 조만식 등에 의해 평양에서 시작되어 전국적으로 확산되었다.
④ '한민족 1천만이 한 사람이 1원씩'이라는 구호로 모금 운동을 전개하였다.

16 밑줄 친 '이 종교'에 대한 설명으로 옳은 것은?

> 이 종교는 불로장생과 현세의 구복을 추구한 것으로, 여러 가지 신을 모시면서 재앙을 물리치고 복을 빌며 나라의 안녕과 왕실의 번영을 기원하였다.

① 백제 금동 대향로와 사신도에는 이 종교의 사상이 반영되어 있다.
② 고구려 연개소문은 귀족들을 견제하기 위해 이 종교를 탄압하였다.
③ 이 종교와 관련된 신라의 유물로는 산수무늬 벽돌과 임신서기석이 있다.
④ 신라 말기에 호족이 자기 지역의 중요성을 자부하는 근거로 이용하였다.

17 (가)~(라) 시기에 볼 수 있는 모습으로 옳은 것은?

(가)	(나)	(다)	(라)
강화도 조약	조·미 수호 통상 조약	아관 파천	을사 늑약	한·일 병합 조약

① (가) - 화폐 발행 기관으로 전환국이 설립되었다.
② (나) - 서대문에서 청량리 사이에 전차 운행이 시작되었다.
③ (다) - 고딕 양식의 명동 성당이 건립되었다.
④ (라) - 경복궁에 전등이 처음 가설되었다.

18 밑줄 친 '왕'에 대한 설명으로 옳은 것은?

원나라 황제가 왕에게 명하여 원나라 수도에 머무르라고 하자 왕은 연경에 있는 저택 안에 만권당을 짓고 당시의 저명한 학자들인 염복·요수·조맹부·우집 등을 초청하여 교유하며 학문을 연구하는 것으로 즐거움을 삼았다.

① 정치도감을 두어 개혁을 추진하고자 하였다.
② 사림원을 설치하여 왕명 출납을 담당하게 하였다.
③ 군을 통솔하는 기관인 삼군도총제부를 설치하였다.
④ 도병마사를 도평의사사로 개편하여 국정을 총괄하게 하였다.

19 밑줄 친 '난'에 대한 설명으로 옳은 것은?

갑술년 이후 대궐에서 쓰이는 경비가 끝이 없었다. 호조와 선혜청의 창고도 고갈되어 서울의 관리들은 봉급이 지급되지 않았으며, 5군영의 병사도 종종 급식을 받지 못하여 …… 서울 군영의 군사들은 완력으로 난을 일으키려고 하였다.

① 보국안민, 제폭구민의 구호를 내세워 봉기하였다.
② 조선과 일본 사이에 한성 조약이 체결되는 계기가 되었다.
③ 조선에 주둔하던 청군의 일부가 철수한 틈을 타 전개되었다.
④ 정부의 개화 정책에 반대하던 서울의 하층민들도 참여하였다.

20 다음 시대별 교육 기관에 대한 설명으로 옳은 것을 모두 고른 것은?

㉠ 백제 - 우리나라 최초의 교육 기관인 태학이 설립되었다.
㉡ 신라 - 국학에 공자와 72제자의 초상화를 안치하였다.
㉢ 고려 - 주자감에서 유학 경전과 한문학 등을 가르쳤다.
㉣ 조선 - 성균관에 강학을 위한 명륜당과 공자의 위패를 모신 대성전이 있다.

① ㉠, ㉡
② ㉡, ㉢
③ ㉡, ㉣
④ ㉢, ㉣

08회 핵심 키워드 마무리 체크

☑ 빈칸에 들어갈 알맞은 키워드를 골라 채워보세요.

무령왕	사림원	성종	부여
최충헌	구석기 시대	물산 장려 운동	동국여지도
임오군란	김영삼	도고	정인보
대한 자강회	이승만	지눌	황국협회

선사~조선 후기

01 _____에는 동굴이나 바위 그늘에서 살거나 강가에 막집을 짓고 살았다.

02 ___에서는 왕 아래의 마가, 우가, 저가, 구가가 사출도를 다스렸다.

03 ___은 지방에 22담로를 설치하고 왕족을 파견하였다.

04 ___은 진강후라는 벼슬을 받고 흥녕부라는 기구를 설치하였다.

05 ___은 수행 방법으로 정혜쌍수와 돈오점수를 주장하였다.

06 충선왕은 _____을 설치하여 왕명 출납을 담당하게 하였다.

07 조선 ___ 때 성균관 안에 서적을 보관하는 존경각을 설치하였다.

08 영조는 신경준에게 명하여 _____를 편찬하도록 하였다.

09 조선 후기에는 ___라 불리는 독점적 도매 상인이 활동하였다.

근대~현대

10 _____에는 정부의 개화 정책에 반대하던 서울의 하층민들도 참여하였다.

11 _____는 보부상 중심의 단체로 독립 협회를 탄압하는 데 이용되었다.

12 _____는 월보를 간행하고 지회를 설치하였다.

13 _____은 조만식 등에 의해 평양에서 시작되어 전국적으로 확산되었다.

14 _____는 '얼' 사상을 강조하였고 조선학 운동을 펼쳤다.

15 _____ 정부 시기에 여수·순천 10·19 사건이 일어났다.

16 _____ 정부 때 경제 협력 개발 기구(OECD)에 가입하였다.

정답 | 01 구석기 시대 02 부여 03 무령왕 04 최충헌 05 지눌 06 사림원 07 성종 08 동국여지도 09 도고 10 임오군란 11 황국협회 12 대한 자강회 13 물산 장려 운동 14 정인보 15 이승만 16 김영삼

09 실전동형모의고사

01 (가) 유물이 처음 사용되던 시대에 대한 설명으로 옳은 것은?

> (가) 은/는 가운데에 구멍이 뚫려있고, 이 구멍에 긴 둥근 막대를 끼워 축을 만들고 섬유를 축에 이어 회전시켜 꼬여진 실을 만드는 도구이다. 방추차라고도 부르며 형태는 원판형, 구슬형, 원추형, 주판알형 등 다양하다. 원판형은 대부분이 돌로 만든 것이지만 두께가 두꺼운 것은 흙으로 만든 것이고 일부는 토기 저부를 이용한 것도 있다.

① 검은 간 토기를 주로 사용하였다.
② 정착 생활을 시작하면서 움집이 제작되었다.
③ 우리나라에서는 기원전 약 70만 년 전에 시작되었다.
④ 밭농사가 중심이었으나 일부 저습지에서는 벼농사를 지었다.

02 (가) 시기에 있었던 사실로 옳은 것은?

```
        ┌─────── (가) ───────┐
        ↑                    ↑
   광개토 대왕릉비          관산성
      건립                   전투
```

① 황초령 순수비가 건립되었다.
② 고구려가 부여를 복속하였다.
③ 비담, 염종 등이 반란을 일으켰다.
④ 아직기가 일본 태자에게 한자를 가르쳤다.

03 (가)~(다)에 대한 설명으로 옳지 않은 것은?

> **한국사 교양 강좌**
> 화폐 박물관에서 성인(대학생 포함)을 대상으로 "고려의 화폐"에 대한 강좌를 개최합니다. 많은 관심과 참여 부탁 드립니다.
> ◎ 강의 주제 ◎
> 1. 우리나라 최초의 화폐, (가)
> 2. 숙종! 화폐를 만들기 위한 (나) 을/를 세우다!
> 3. 공양왕 때 등장한 지폐, (다)
> ■ 일시: ○○○○년 ○○월 ○○일
> ■ 장소: 화폐박물관 세미나실

① (가)는 철전과 동전의 두 종류가 있었다.
② (나)에서는 해동통보 등이 주조되었다.
③ (다)는 조선 시대에도 제작되었다.
④ (나)에서 (가)를 주조하기도 하였다.

04 (가) 왕의 재위 기간에 있었던 사실로 옳은 것은?

> (가) 원년 윤 2월 연등회를 다시 열었다. 나라 풍속에 왕궁과 국도부터 향읍까지 정월 보름부터 두 밤을 연등하였는데, 선대왕 때 이를 번잡하고 소란하며 온당치 못하다 하여 없앤 것을 이때 회복한 것이다.

① 개경에 국립 대학인 국자감을 설치하였다.
② 지방관이 없는 속군에 감무를 파견하기 시작하였다.
③ 이자겸의 난을 진압한 뒤 15개조의 유신령을 발표하였다.
④ 태조부터 목종에 이르는 『7대실록』을 편찬하기 시작하였다.

05 ㉠~㉣과 관련된 사실로 옳지 않은 것은?

> 후금은 점차 세력을 키워 나라 이름을 청으로 고치고, 조선에 군신 관계를 요구해 왔다. 이에 조선에서는 ㉠주화론과 ㉡척화론이 대립하였으나 척화론에 기울어졌다. 결국 청 태종은 군대를 이끌고 조선에 쳐들어왔고, 왕과 대신들은 ㉢피란하여 항전하였으나 ㉣청에 굴복하고 군신 관계를 맺었다.

① ㉠ - 현실에 바탕을 둔 실리적인 외교 정책을 표방하였다.
② ㉡ - 전쟁 이후 정권에서 완전히 축출되었다.
③ ㉢ - 인조는 남한산성으로 피란하여 항전하였다.
④ ㉣ - 두 왕자와 삼학사가 청으로 압송되었다.

06 밑줄 친 '나' 집권 시기의 사실로 옳지 않은 것은?

> "나는 천리(千里)를 끌어다 지척(咫尺)으로 삼겠으며, 태산(泰山)을 깎아 내려 평지를 만들고, 또한 남대문을 3층으로 높이려 한다."

① 일본에서 보낸 서계의 접수를 거부하였다.
② 어재연이 이끄는 수비대가 광성보에서 항전하였다.
③ 법률 체제를 정비하기 위해 『대전통편』을 편찬하였다.
④ 최익현이 서원 철폐 정책을 비판하는 상소를 올렸다.

07 밑줄 친 '임금'의 업적으로 옳은 것을 모두 고른 것은?

> 임금이 말하길, "타고난 착한 마음을 잘 지켜가는 것은 모든 백성들이 다같이 해야 할 일이고, 윤리를 후하게 하고 풍습을 바로잡는 것은 임금이 먼저 힘써야 할 일이다. …… 생각건대, 옛날의 훌륭한 임금들은 몸소 실천하여 따르도록 인도함으로써 모든 사람을 다 훌륭한 인격자로 만들었다. 나는 박덕하여 비록 만에 하나도 그것을 기대할 수는 없지만 뜻만은 지녀왔다. …… 이에 신하들에게 명하여 예로부터 지금까지 법으로 삼을 만한 충신, 효자, 열녀들의 걸출한 사적을 일에 따라 기록하고 아울러 시와 찬도 지어서 신게 하였다. 그러고도 어리석은 백성들이 쉽게 이해하지 못할까 염려되어 도형을 그려서 붙이고 『삼강행실』이란 이름으로 널리 중외에 반포하였다.

> ㉠ 주자소를 설치하고 계미자를 주조하였다.
> ㉡ 이종무로 하여금 쓰시마 섬을 정벌하게 하였다.
> ㉢ 토지 측량 기구인 인지의와 규형을 제작하였다.
> ㉣ 학문 활동 장려를 위해 사가 독서제를 실시하였다.

① ㉠, ㉡
② ㉡, ㉢
③ ㉡, ㉣
④ ㉢, ㉣

08 ㉠~㉣을 일어난 순서대로 바르게 나열한 것은?

> ㉠ 강감찬이 거란의 군대를 귀주에서 물리쳤다.
> ㉡ 양규의 활약으로 흥화진 전투에서 승리하였다.
> ㉢ 서희가 외교 담판으로 거란군을 철수시켰다.
> ㉣ 국경 지역에 천리장성을 쌓아 외적의 침입에 대비하였다.

① ㉡ - ㉢ - ㉣ - ㉠
② ㉡ - ㉣ - ㉢ - ㉠
③ ㉢ - ㉠ - ㉡ - ㉣
④ ㉢ - ㉡ - ㉠ - ㉣

09 ㉠과 ㉡에 대한 설명으로 옳은 것은?

"학교란 인재에 관계되는 곳이며 풍화(風化)에 앞장서는 곳입니다. 국가에서 안으로 성균관과 ㉠ 을/를 설치하고, 밖으로 ㉡ 을/를 설치했으니 인재를 양성하는 도리가 지극합니다. 다만 외방의 …… 모두 배우지 못하고 용렬하여 가르칠 줄을 모르며, 교생(校生)이라고 이름하는 자들도 역시 모두 군역을 피하려는 무뢰한들이기 때문에 학교가 헛된 기구가 되었습니다. ……"

① ㉠ - 성적 우수자에게는 문과의 초시가 면제되었다.
② ㉠ - 공자를 모시는 문묘가 설치되었다.
③ ㉡ - 승보시를 통해 성균관에 입학할 수도 있었다.
④ ㉡ - 시험을 치러 성적 미달자는 군역을 지도록 하였다.

10 (가)에 대한 설명으로 옳지 않은 것은?

(가) 은/는 조선 왕실의 중요 행사를 글·그림으로 기록한 의례서로, 1975년 박병선 박사에 의해 프랑스 국립 도서관에 보관되어 있음이 알려졌다. 이후 1990년대 초 한국 정부가 반환을 공식 요청하여 2011년에 '5년마다 갱신이 가능한 대여 방식'으로 반환되었다.

① 현재 임진왜란 이후에 제작된 것만 남아 있다.
② 왕이 보는 용도와 보관하는 용도로 나누어 제작하였다.
③ 「사초」·「시정기」·「승정원일기」 등을 바탕으로 제작하였다.
④ 이두와 차자 및 우리의 고유한 한자어 연구에 귀중한 자료이다.

11 밑줄 친 '그'의 활동으로 옳은 것은?

그는 을사늑약 이후 고종의 밀서를 가지고 미국에 가서 국무장관과 대통령을 면담하려 했으나 실현하지 못하였다. …… 또한 이상설 등 헤이그 특사보다 먼저 도착하여 「회의시보」에 한국 대표단의 호소문을 싣게 하는 등 한국의 국권 회복을 위해 노력하였다.

① 광혜원의 설치를 건의하였다.
② 육영 공원에서 학생들을 가르쳤다.
③ 우리나라 최초의 서양인 고문이었다.
④ 일제가 저지른 제암리 학살 사건을 세계에 알렸다.

12 삼국 통일 과정에서 나타난 사건을 일어난 순서대로 바르게 나열한 것은?

㉠ 신라가 황산벌 전투에서 백제군을 격파하였다.
㉡ 신라가 매소성에서 당나라 군대를 크게 물리쳤다.
㉢ 신라는 사비성을 탈환하고 웅진 도독부를 대신하여 소부리주를 설치하였다.
㉣ 평양성 전투에서 고구려가 나·당 연합군에게 패배하였다.

① ㉠ - ㉣ - ㉡ - ㉢
② ㉠ - ㉣ - ㉢ - ㉡
③ ㉣ - ㉠ - ㉢ - ㉡
④ ㉣ - ㉢ - ㉠ - ㉡

13 다음 주장을 한 인물에 대한 설명으로 옳은 것은?

본래 무장(無障)·무애(無碍)·법계(法界)·법문(法門)이란 것은 법이 없으면서도 법이 아닌 것이 없고, 문(門)이 아니면서도 문이 아닌 것이 없다. 이것이 바로 크지도 않고 작지도 않으며, 모자라지도 않고 넘치지도 않으며, 움직이지도 않고 고요하지도 않으며, …… 넘치지 않기 때문에 전체를 들어 일찰(一刹)에 들어가며, 움직이지도 않고 고요하지도 않기 때문에 생사가 열반이 되고 열반이 생사가 되며, 하나도 아니고 많지도 않기 때문에 한 법이 바로 일체의 법이요, 일체의 법이 바로 한 법이니 …….

① 왕의 요청으로 향가인 '안민가'를 지었다.
② 고선사 서당화상비에 일대기가 기록되어 있다.
③ 질병 등 현실적 재난 구제에 치중하는 밀교를 전파하였다.
④ '일즉다 다즉일(一卽多 多卽一)'의 원융 사상을 주장하였다.

14 밑줄 친 '이 단체'에 대한 설명으로 옳은 것은?

<u>이 단체</u>는 고종의 밀지를 받아 의병과 유생들을 중심으로 조직한 비밀 단체이다. 이 단체에서는 한·일 합방의 부당성을 밝히고, 국권 반환과 일본군 철병을 요구하기 위해 일본의 총리 대신과 조선 총독에게 국권 반환 요구서의 발송을 추진하였다.

① 신흥 무관 학교를 설립하였다.
② 임병찬을 중심으로 조직되었다.
③ 입헌 군주제 국가 수립을 지향하였다.
④ 비밀 행정 조직으로 연통제를 운영하였다.

15 다음과 같은 인식을 지닌 정치 세력에 대한 설명으로 옳은 것은?

우리 조정은 정학(正學)을 숭상하고 이단을 물리침으로써 만백성을 바르게 이끌어 오늘에 이르렀습니다. …… 기계에 관한 기술과 농림에 대한 책과 같은 것이 만약 이익이 될 수 있다면 또한 반드시 선택하여 행하고 그들의 것이라 해서 좋은 법까지 함께 배척할 필요는 없는 것입니다.

① 청과의 사대 관계를 청산할 것을 주장하였다.
② 대표적인 인물로는 박영효, 홍영식 등이 있다.
③ 중국의 양무운동을 본받아 점진적인 개혁을 추진하였다.
④ 전근대적인 토지 제도를 개혁하고 신분제를 폐지하려 하였다.

16 다음과 같은 식민 통치 방침이 적용된 시기의 사실로 옳은 것을 모두 고른 것은?

문화적 제도 혁신으로 조선인을 유도함으로써 조선인의 행복·이익의 증진을 도모하며, 장차 문화의 발달과 민력(民力)의 충실을 기하고, 정치상·사회상의 대우에 있어서도 내지인과 똑같이 취급을 해야 한다는 것이 궁극의 목적이며 이것이 달성되기를 간절히 바란다.

㉠ 국내로 들어오는 일본 상품에 대한 관세가 철폐되었다.
㉡ 하와이에서 군사 양성 기관인 대조선 국민 군단이 창설되었다.
㉢ 의열단의 일부 단원들이 황포 군관 학교에 입교하였다.
㉣ 서당 설립을 신고제에서 허가제로 전환하는 서당 규칙이 제정되었다.

① ㉠, ㉡
② ㉠, ㉢
③ ㉡, ㉢
④ ㉡, ㉣

17 (가) 정부 시기에 있었던 사실로 옳은 것은?

> (가) 정부 때 남북 정상들은 분단 역사상 처음으로 열린 이번 상봉과 회담이 서로 이해를 증진시키고 남북 관계를 발전시키며 평화 통일을 실현하는데 중대한 의의를 가진다고 평가하고 다음과 같이 선언하였다.
> 1. 남과 북은 나라의 통일 문제를 그 주인인 우리 민족끼리 서로 힘을 합쳐 자주적으로 해결해 나가기로 하였다.
> 2. 남과 북은 나라의 통일을 위한 남측의 연합제 안과 북측의 낮은 단계의 연방제 안이 서로 공통성이 있다고 인정하고 앞으로 이 방향에서 통일을 지향시켜 나가기로 하였다.

① 금강산 해로 관광이 시작되었다.
② 10·4 남북 공동 성명이 발표되었다.
③ 한반도 비핵화 공동 선언이 채택되었다.
④ 최초로 남북한 이산가족의 상봉이 이루어졌다.

18 밑줄 친 ㉠의 결과 나타난 현상으로 옳지 않은 것은?

> 일본 내 농민들이 도시에 몰려 식량 공급에 차질이 빚어지고 있다. 일본 인구는 해마다 70만 명씩 늘어나고, 국민 생활이 향상되면 1인당 소비량도 점차 늘어나게 될 것이므로 앞으로 쌀은 계속 모자랄 것이다. 따라서 이를 대비하기 위한 ㉠계획을 추진하여 식량 문제를 해결해야 한다.

① 쌀 농사 중심의 단작형 농업 구조가 형성되었다.
② 만주로부터 조, 수수, 콩 등의 잡곡 수입이 증가하였다.
③ 쌀 생산량의 증가로 한국인의 1인당 연간 쌀 소비량이 이전보다 증가하였다.
④ 농민들은 고율의 소작료와 함께 수리 조합비, 비료 대금 등 여러 비용을 부담해야 했다.

19 다음과 같은 격문이 발표된 사건에 대한 설명으로 옳은 것을 모두 고른 것은?

> 조정에서는 관서를 버림이 분토(糞土)와 다름없다. 심지어 권세 있는 집의 노비들도 서로의 사람을 보면 반드시 "평안도 놈"이라 말한다. 어찌 억울하고 원통하지 않은 자 있겠는가. …… 지금 임금이 나이가 어려 권세 있는 간신배가 그 세를 날로 떨치고 김조순, 박종경의 무리가 국가 권력을 오로지 갖고 노니 어진 하늘이 재앙을 내린다.

> ㉠ 한때 청천강 이북 지역을 거의 장악하였다.
> ㉡ 집강소를 설치하고 폐정 개혁을 추진하였다.
> ㉢ 우병사 백낙신의 수탈에 반발하여 봉기를 일으켰다.
> ㉣ 신흥 상공업 세력과 광산 노동자가 대거 참여하였다.

① ㉠, ㉡
② ㉠, ㉣
③ ㉡, ㉢
④ ㉡, ㉣

20 밑줄 친 '조약'이 체결된 시기로 옳은 것은?

> 본 조약의 당사국은 모든 국민과 모든 정부와 평화적으로 생활하고자 하는 희망을 재확인하며 또한 태평양 지역에 있어서의 평화 기구를 공고히 할 것을 희망하고, …… 또한 태평양 지역에 있어서 더욱 포괄적이고 효과적인 지역적 안전 보장 조직이 발달될 때까지 평화와 안전을 유지하고자 집단적 방위를 위한 노력을 공고히 할 것을 희망하여 다음과 같이 동의한다.
> …
> 제4조 상호적 합의에 의하여 미합중국의 육군, 해군과 공군을 대한민국의 영토 내와 그 부근에 배치하는 권리를 대한민국은 이를 허여하고 미합중국은 이를 수락한다.

	(가)		(나)		(다)		(라)	
대한민국 정부 수립		6·25 전쟁		휴전 협정 조인		진보당 사건		4·19 혁명

① (가)
② (나)
③ (다)
④ (라)

09회 핵심 키워드 마무리 체크

☑ 빈칸에 들어갈 알맞은 키워드를 골라 채워보세요.

흥선 대원군	세종	독립 의군부	원효
산미 증식 계획	신석기 시대	온건 개화파	홍경래의 난
현종	김대중 정부	황산벌 전투	전두환 정부
급진 개화파	강감찬	신흥 무관 학교	향교

선사~조선 후기

01 _____에는 정착 생활을 시작하면서 움집이 제작되었다.

02 신라가 _____에서 백제군을 격파하였다.

03 고선사 서당화상비에 ____의 일대기가 기록되어 있다.

04 고려 ____ 때 태조부터 목종에 이르는 「7대실록」을 편찬하기 시작하였다.

05 _____이 거란의 군대를 귀주에서 물리쳤다.

06 조선 ____은 학문 활동 장려를 위해 사가 독서제를 실시하였다.

07 ____에서는 시험을 치러 성적 미달자는 군역을 지도록 하였다.

08 _____에는 신흥 상공업 세력과 광산 노동자가 대거 참여하였다.

근대~현대

09 _____ 집권 시기에 어재연이 이끄는 수비대가 광성보에서 항전하였다.

10 _____는 중국의 양무운동을 본받아 점진적인 개혁을 추진하였다.

11 _____는 청과의 사대 관계를 청산할 것을 주장하였다.

12 _____는 임병찬을 중심으로 조직되었다.

13 신민회는 _____를 설립하였다.

14 _____의 결과 만주로부터 조, 수수, 콩 등의 잡곡 수입이 증가하였다.

15 _____ 시기에 최초로 남북한 이산가족의 상봉이 이루어졌다.

16 _____ 시기에 금강산 해로 관광이 시작되었다.

정답 | 01 신석기 시대 02 황산벌 전투 03 원효 04 현종 05 강감찬 06 세종 07 향교 08 홍경래의 난 09 흥선 대원군 10 온건 개화파 11 급진 개화파 12 독립 의군부 13 신흥 무관 학교 14 산미 증식 계획 15 전두환 정부 16 김대중 정부

10회 실전동형모의고사

제한시간: 15분 시작 시 분 ~ 종료 시 분 점수 확인 개/ 20개

01 (가), (나) 국가에 대한 설명으로 옳은 것은?

(가) 남녀가 음란한 짓을 하거나 질투하는 부인은 모두 죽였다. 투기는 더욱 미워하여 죽이고 나서 시체를 나라의 남산 위에 버려서 썩게 했다. 친정 집에서 그 시체를 가져가려면 소와 말을 바쳐야 하였다.

(나) 나라가 작아 큰 나라와의 사이에서 압박을 받다가 마침내 고구려에 예속되었다. …… 고구려는 대가로 하여금 조세를 책임지도록 하였고, 이 나라의 맥포(貊布)·어염(魚鹽) 및 해중 식물 등을 천리 길을 지어 날랐다.

① (가) - 국왕의 장례에 옥갑을 사용하였다.
② (나) - 목지국의 지배자가 왕으로 추대되었다.
③ (가) - 5부가 있었으며, 계루부에서 왕위를 차지하였다.
④ (나) - 같은 씨족끼리는 혼인하지 않는 족외혼의 풍습이 있었다.

02 밑줄 친 '왕'의 업적으로 옳은 것은?

왕이 백제를 치려고 모의하면서, 백제에 가서 첩자 노릇을 할 만한 자를 구하였다. 이때 승려 도림이 이에 응하여 말하였다. "어리석은 소승이 아직 도는 알지 못하지만 나라의 은혜에 보답하고자 합니다." 왕이 기뻐하여 비밀리에 그를 보내 백제를 속이도록 하였다. 이에 도림은 거짓으로 죄를 지어 도망하는 체하고 백제로 들어왔다. 당시의 백제 왕 근개루는 장기와 바둑을 좋아하였다. …… 근개루가 아들 문주에게 일러 말하기를, "내가 어리석고 밝지 못하여 간사한 사람의 말을 믿어 이 지경이 되었다."

① 수도를 국내성에서 평양으로 옮겼다.
② 유학 교육 기관인 태학을 설립하였다.
③ 진휼 제도인 진대법을 처음 실시하였다.
④ 숙신과 비려를 정벌하여 만주 일대를 차지하였다.

03 다음 자료와 관련된 학문에 대한 설명으로 옳지 않은 것은?

○ 알았다고 행하지 아니하였다면 그 앎은 진정한 앎이 아니다. 앎은 행함의 시작이요, 행함은 앎의 완성이다.
○ 인간의 마음 밖에 따로 이치가 존재한다고 볼 수는 없다. 마음이 있으므로 이치가 있는 것이다.

① 정제두 등이 강화 학파를 형성하였다.
② 박은식, 정인보 등의 국학자들에게 영향을 주었다.
③ 청에서 전해진 고증학과 서양 과학의 영향으로 발달하였다.
④ 정권에서 소외된 소론 집안의 후손과 인척을 중심으로 하여 계승되었다.

04 간도에 대한 사실로 옳은 것을 모두 고른 것은?

㉠ 일본이 남만주의 철도 부설권을 얻는 대가로 청의 영토로 인정하였다.
㉡ 고종이 칙령 제41호를 발표하여 영유권을 표명하였다.
㉢ 어윤중이 서북 경략사, 이중하가 토문 감계사로 파견되었다.
㉣ 19세기 이후 우리 민족의 생활 터전으로 바뀌면서 청과의 영유권 분쟁이 발생하였다.

① ㉠, ㉡
② ㉢, ㉣
③ ㉠, ㉢, ㉣
④ ㉠, ㉡, ㉢, ㉣

05 (가) 인물에 대한 설명으로 옳은 것은?

처음에 ⬜(가)⬜ 와/과 남은이 임금을 날마다 뵙고 요동을 공격하기를 권고하고 진도(陣圖)를 익히게 하는 고로 그 급함이 이와 같았다. 이에 앞서 좌정승 조준이 휴가를 청하여 집에 돌아가 있으니, ⬜(가)⬜ 와/과 남은이 조준의 집에 찾아가서 말하기를 "요동을 공격하는 일은 이미 결정되었으니 공은 다시 말하지 마십시오."라고 하였다.

① 백성들의 윤리서인 『삼강행실도』를 편찬하였다.
② 『조선경국전』을 편찬하여 왕조의 통치 규범을 마련하였다.
③ 초학자를 위한 성리학 입문서인 『입학도설』을 저술하였다.
④ 일본의 풍속, 지리 등을 정리한 『해동제국기』를 편찬하였다.

06 밑줄 친 '왕'의 재위 시기의 사실로 옳은 것은?

신(臣) 부식은 아뢰옵니다. 고대 여러 나라들도 역시 각각 사관을 두어 일을 기록하였습니다. 생각건대 우리 해동 삼국도 역사가 길고 오래되어 마땅히 그 사실이 책으로 기록되어야 하므로 왕께서 이 늙은 신하에게 명하시어 편집하도록 하신 것인데, 스스로 돌아보건대 부족함이 많아 어찌 할 바를 모르겠습니다.

① 장학 재단인 양현고를 설치하였다.
② 개경에 현화사 7층 석탑을 건립하였다.
③ 서적의 보관과 출판을 위해 서적포를 설치하였다.
④ 송나라 사신 서긍이 고려를 방문하고 『고려도경』을 지었다.

07 신라 하대의 사회 모습으로 옳지 않은 것은?

① 지방에서는 호족 세력이 성장하였다.
② 원종과 애노의 난 등의 농민 봉기가 발생하였다.
③ 골품제가 없어져 6두품 출신들의 관직 진출이 활발해졌다.
④ 진골 귀족들이 사병을 거느리고 왕위 쟁탈전을 전개하였다.

08 밑줄 친 '왕'에 대한 설명으로 옳은 것은?

갑인일에 고제덕 등이 왕의 교서와 방물을 바쳤다. 그 교서에서 다음과 같이 말하였다. "나는 황송스럽게도 대국을 맡아 외람되게 여러 번(蕃)을 함부로 총괄하며, 고려의 옛 땅을 회복하고 부여의 습속을 가지고 있습니다."

① 수도를 동경 용원부에서 상경 용천부로 옮겼다.
② 당으로부터 발해 군왕의 책봉호를 처음으로 받았다.
③ 장문휴로 하여금 당의 산동 지방을 공격하게 하였다.
④ 전륜성왕을 자처하고 황상이라는 칭호를 사용하였다.

09 (가) 인물에 대한 설명으로 옳은 것은?

　　(가) 은/는 도화서 화원으로 호(號)는 단원이다.
　　(가) 은/는 왕이 화성으로 행차할 때의 광경을 병풍, 행렬도, 의궤 등으로 그리는 등 궁중 풍속을 많이 남겼다.

① 금강전도, 인왕제색도 등을 그렸다.
② 안평대군의 꿈을 바탕으로 몽유도원도를 그렸다.
③ 씨름, 서당 등 서민의 생활을 익살스럽게 묘사하였다.
④ 양반층의 풍류와 남녀 사이의 애정 등을 해학적으로 묘사하였다.

10 다음 사건이 발생한 시기에 볼 수 있는 모습으로 옳은 것은?

　　일제는 안악 사건을 데라우치 총독 암살을 위한 군자금 모집으로 날조하여 관련 인사 600여 명을 검거하여 고문을 자행하고, 그 중에서 105명을 기소하였다.

① 당오전을 발행하는 기사
② 제중원에서 치료를 받는 환자
③ 대한 광복군 정부의 군사 훈련에 참여한 청년
④ 회사 설립에 대한 총독부의 허가를 기다리는 상인

11 밑줄 친 '조약'에 대한 설명으로 옳은 것을 모두 고른 것은?

　　지난번에 이토 후작이 한국에 왔을 때, 어리석은 우리 인민은 서로 말하기를, "후작은 평소 동양 삼국의 정족(鼎足)의 안녕을 주선하겠다고 자처하던 사람이었다. …… 이 조약은 비단 우리 한국뿐만 아니라 동양 삼국이 분열하는 조짐을 만들어낼 것인즉, 그렇다면 이토 후작의 본의는 어디에 있는가. …… 아, 원통하고 분하도다. 우리 2000만 남의 노예가 된 동포여, 살았는가, 죽었는가. 단군과 기자 이래의 4000년 국민정신이 하룻밤 사이에 갑자기 멸망하고 말 것인가.

㉠ 덕수궁 중명전에서 체결되었다.
㉡ 고종이 도장을 찍거나 서명을 하지 않았다.
㉢ 조선 총독부를 설치한다는 조항이 포함되어 있다.
㉣ 헤이그 특사 사건 이후 일제의 강요로 체결되었다.

① ㉠, ㉡
② ㉡, ㉢, ㉣
③ ㉡, ㉢
④ ㉠, ㉡, ㉢

12 다음 (가)~(라)에 들어갈 내용으로 옳지 않은 것은?

〈한국사 교양 강좌〉
인물로 보는 고려의 성리학

　　우리 대학에서는 '인물로 보는 고려의 성리학'을 주제로 한국사를 이해하는 자리를 마련했습니다. 많은 관심과 참여 부탁드립니다.

제1강. 안향, 　(가)
제2강. 김문정, 　(나)
제3강. 이색, 　(다)
제4강. 정몽주, 　(라)

■ 일시: ○○○○년 ○○월 ○○일
■ 장소: △△ 대학교 대강당

① (가) - 성리학을 고려에 처음 소개하다.
② (나) - 원에서 공자의 화상과 각종 서적을 구해오다.
③ (다) - 권근, 정도전 등을 가르치며 성리학을 더욱 확산시키다.
④ (라) - 원으로 건너가 성리학을 배워 와 이제현 등에게 전수하다.

13 밑줄 친 '왕'의 재위 기간에 있었던 사실로 옳은 것은?

> 왕은 8세에 봉림 대군에 봉해졌다. …… 정축년 정월에 강화도가 함락당하였고 소현 세자와 함께 인질로 심양에 갔다. 소현 세자와 같은 관사에 거처하고 있었는데 형제 사이의 정성과 우애가 지극하였으므로 간간이 난처한 일이 있었어도 정성을 다하여 주선하여 기미가 밖으로 드러나는 경우가 없었으며 화기애애하여 사람들이 이간할 수 없었다.

① 일본과 기유약조를 체결하였다.
② 장용영이라는 친위 부대를 창설하였다.
③ 『속오례의』, 『동국문헌비고』 등을 편찬하였다.
④ 청의 요구에 따라 조총 부대를 영고탑으로 파견하였다.

14 다음 개헌안에 대한 설명으로 옳은 것은?

> 제55조 대통령과 부통령의 임기는 4년으로 한다. 단, 재선에 의하여 1차 중임할 수 있다. 대통령이 궐위된 때에는 부통령이 대통령이 되고 잔임 기간 중 재임한다.
> 부 칙 이 헌법 공포 당시의 대통령에 대하여는 제55조 제1항 단서의 제한을 적용하지 아니한다.

① 6·25 전쟁 중에 공포되었다.
② 대통령 간선제를 규정하였다.
③ 이 개헌안에 따라 이승만이 제3대 대통령으로 당선되었다.
④ 대통령이 국회의원의 3분의 1을 지명할 수 있음을 명시하였다.

15 다음 법령이 공포된 이후에 전개된 사실로 옳은 것은?

> 제1조 국체를 변혁 또는 사유 재산제를 부인할 목적으로 결사를 조직하거나 또는 사정을 알고 이에 가입하는 자는 10년 이하의 징역 또는 금고에 처함
> 제2조 전조의 제1항의 목적으로 그 목적한 사항의 실행에 관하여 협의한 자는 7년 이하의 징역 또는 금고에 처함

① 호남선 철도가 개통되었다.
② 암태도 소작 쟁의가 일어났다.
③ 대동 단결 선언이 발표되었다.
④ 조선 농민 총동맹이 조직되었다.

16 다음과 같은 불교 사상에 대한 설명으로 옳은 것을 모두 고른 것은?

> ○ 불립문자(不立文字)·견성오도(見性悟道) 등을 중시하였다.
> ○ 구체적인 실천 수행을 통하여 각자의 마음속에 내재된 깨달음을 얻는 것을 강조하였다.

㉠ 전제 왕권을 강화해주는 이념적 도구로 크게 작용하였다.
㉡ 신라 왕실은 이 사상을 포섭하려는 노력에 관심을 기울이지 않았다.
㉢ 신라 하대에 유행하였으며, 지방 문화의 발전에 기여하였다.
㉣ 승려의 사리를 모신 승탑과 탑비가 유행하는 데 영향을 주었다.

① ㉠, ㉡
② ㉠, ㉢
③ ㉡, ㉣
④ ㉢, ㉣

17 밑줄 친 '나'가 집권하여 추진한 교육 정책으로 옳은 것은?

> 나는 우리 국민이 선천적으로 타고난 재질을 최대한으로 활용하여 다각적인 생산 활동을 더욱 활발하게 하고, …… 공산품 수출을 진흥시키는 데 가일층 노력할 것을 요망합니다. 끝으로 나는 오늘 제1회 수출의 날 기념식에 즈음하여 …… 이 뜻깊은 날이 자립 경제를 앞당기는 또 하나의 계기가 될 것을 기원합니다.

① 대학 수학 능력 시험을 처음 실시하였다.
② 국민학교라는 명칭을 초등학교로 변경하였다.
③ 과외 금지와 대학 졸업 정원제를 시행하였다.
④ 국가주의 이념을 강조한 국민 교육 헌장을 제정하였다.

18 밑줄 친 '왕' 대의 사실로 옳은 것은?

> 왕이 교지(敎旨)를 내려 이르기를, "경사교수도감을 설치하여 한 가지 경전에 통달하고 한 가지 기술을 습득한 자는 우대하여 발탁하라."라고 하였다.

① 찰리변위도감을 설치하였다.
② 각염제를 처음으로 시행하였다.
③ 홍자번이 편민 18사를 건의하였다.
④ 신돈을 등용하고 전민변정도감을 설치하였다.

19 다음 글을 작성한 인물에 대한 설명으로 옳지 않은 것은?

> 역사란 무엇이뇨? 인류 사회의 아(我)와 비아(非我)의 투쟁이 시간부터 발전하며 공간부터 확대하는 심적 활동 상태의 기록이니, 세계사라 하면 세계 인류의 그리되 상태의 기록이며, 조선사라면 조선 민족의 그리되어 온 상태의 기록이니라. 무엇을 '아'라 하며 무엇을 '비아'라 하느뇨? … 그러므로 역사는 아와 비아의 투쟁의 기록이니라.

① 대한매일신보에 「독사신론」을 연재하였다.
② 「동국고대선교고」, 「꿈하늘」 등을 저술하였다.
③ 신대한을 창간하여 이승만의 외교 중심 독립운동을 비판하였다.
④ 태백광노(太白狂奴) 또는 무치생(無恥生)이라는 별호를 사용하기도 하였다.

20 다음 서적을 편찬된 순서대로 바르게 나열한 것은?

> ㉠ 『향약구급방』
> ㉡ 『태산요록』
> ㉢ 『마과회통』
> ㉣ 『동의수세보원』

① ㉠ - ㉡ - ㉢ - ㉣
② ㉠ - ㉡ - ㉣ - ㉢
③ ㉠ - ㉢ - ㉡ - ㉣
④ ㉡ - ㉠ - ㉢ - ㉣

10회 핵심 키워드 마무리 체크

☑ 빈칸에 들어갈 알맞은 키워드를 골라 채워보세요.

효종	을사늑약	정선	원종과 애노의 난
장수왕	무왕	간도	박은식
사사오입	신채호	국민 교육 헌장	정도전
정제두	선종	부여	유신 헌법

선사~조선 후기

01 ____는 국왕의 장례에 옥갑을 사용하였다.

02 고구려 _____은 수도를 국내성에서 평양으로 옮겼다.

03 발해 ____은 장문휴로 하여금 당의 산동 지방을 공격하게 하였다.

04 신라 하대에는 _____ 등의 농민 봉기가 발생하였다.

05 ____은 승려의 사리를 모신 승탑과 탑비가 유행하는 데 영향을 주었다.

06 _____은 『조선경국전』을 편찬하여 왕조의 통치 규범을 마련하였다.

07 조선 ____ 때는 청의 요구에 따라 조총 부대를 영고탑으로 파견하였다.

08 조선 후기에는 _____ 등이 강화 학파를 형성하였다.

09 ____은 금강전도, 인왕제색도 등을 그렸다.

근대~현대

10 _____은 덕수궁 중명전에서 체결되었다.

11 ____에는 어윤중이 서북 경략사, 이중하가 토문 감계사로 파견되었다.

12 _____는 대한매일신보에 「독사신론」을 연재하였다.

13 _____은 태백광노(太白狂奴) 또는 무치생(無恥生)이라는 별호를 사용하기도 하였다.

14 _____ 개헌안에 따라 이승만이 제3대 대통령으로 당선되었다.

15 _____에는 대통령이 국회의원의 3분의 1을 지명할 수 있음을 명시하였다.

16 박정희 정부 시기에는 국가주의 이념을 강조한 _____ _____을 제정하였다.

정답 | 01 부여 02 장수왕 03 무왕 04 원종과 애노의 난 05 선종 06 정도전 07 효종 08 정제두 09 정선 10 을사늑약 11 간도 12 신채호 13 박은식 14 사사오입 15 유신 헌법 16 국민 교육 헌장

11회 실전동형모의고사

01 (가) 나라에 대한 설명으로 옳지 않은 것은?

> 주나라가 쇠약해지자 연나라가 스스로 왕을 칭하고 동쪽으로 침략하려 하였다. (가) 의 후(侯) 역시 스스로 왕을 칭하고 군사를 일으켜 연나라를 공격하려 하였는데, 대부인 예(禮)가 간하여 중지하였다.

① 중국의 요(堯)가 재위하던 시기에 건국하였다고 전해진다.
② 부왕, 준왕과 같은 강력한 왕이 등장하여 왕위를 세습하였다.
③ 요령 지방을 중심으로 성장하여 점차 한반도까지 발전하였다.
④ 매년 나라 동쪽의 동굴에 수신(隧神)을 모시고 제사를 지냈다.

02 밑줄 친 '왕'의 정책에 대한 설명으로 옳은 것은?

> 왕은 명령하여 노비를 안검하여 시비를 살펴 분별하게 하였다. (이 때문에) 종이 그 주인을 배반하는 자가 헤아릴 수 없을 정도였다. 이 때문에 윗사람을 능멸하는 기풍이 크게 행해지니, 사람들이 모두 원망하였다. 왕비가 간절히 말렸는데도 듣지 않았다.

① 관리들에게 문신월과법을 실시하였다.
② 지방 교육을 위해 경학 박사를 파견하였다.
③ 현직 관료를 대상으로 하는 경정 전시과를 시행하였다.
④ 주현 단위로 해마다 공물과 부역을 책정하여 징수하였다.

03 다음 글을 쓴 인물에 대한 설명으로 옳은 것을 모두 고른 것은?

> 다만 옛 현인과 군자들이 성학(聖學)을 밝히고 심법(心法)을 얻어서 도(圖)를 만들고 설(說)을 만들어 남들에게 도에 들어가는 문과 덕을 쌓는 토대를 보여 준 것이 오늘날 세상에 유행하고 있어서 해와 별같이 밝습니다. …… 이에 그 림을 만들고 설명을 만들어 겨우 열 폭의 종이 위에 서술해 놓았습니다. …… 오직 전하께서는 정신을 모으고 뜻을 더하여 반복하기를 시종 계속하시어 경미한 것이라고 소홀히 하지 마시고 싫증나고 번거롭다 하여 그만두지 않으신다면, 종묘사직으로서도 매우 다행한 일이며 신하와 백성에게도 매우 다행한 일입니다.

㉠ 『격몽요결』, 『동호문답』 등을 저술하였다.
㉡ 일본의 성리학 발달에 영향을 미쳤다.
㉢ 이기 철학에서 이(理)의 절대성을 주장하였다.
㉣ 노장 사상을 포용하고 학문의 실천성을 강조하였다.

① ㉠, ㉡ ② ㉠, ㉢
③ ㉡, ㉢ ④ ㉢, ㉣

04 다음 법령을 발표한 내각이 추진한 개혁의 내용으로 옳은 것은?

> 제1조 국내의 육군을 친위와 진위 2종으로 나눈다.
> 제2조 친위는 경성에 주둔하여 왕성 수비를 전적으로 맡는다.
> 제3조 진위는 부(府) 혹은 군(郡)의 중요한 지방에 주둔하여 지방 진무와 변경 수비를 전적으로 맡는다.

① 내각제를 도입하고 8아문을 7부로 개편하였다.
② 청의 연호를 폐지하고 개국 기년을 사용하였다.
③ 도량형을 통일하기 위하여 평식원을 설치하였다.
④ 태양력을 채택하고 우체사를 설치하여 우편 사무를 재개하였다.

05 밑줄 친 '그'가 집권한 시기에 일어난 사건으로 옳은 것은?

그는 경주 사람이다. 아버지는 소금과 체(篩)를 파는 일을 하였고, 어머니는 연일현 옥령사의 노비였다. … 그는 수박(手搏)을 잘했기에 의종의 총애를 받아 대정에서 별장으로 승진하였고, … 그가 무신 정변 때 참여하여 죽인 사람이 많으므로 중랑장으로 임명되었다가 얼마 후 장군으로 승진하였다.

① 망이·망소이가 공주 명학소에서 봉기하였다.
② 이연년 형제가 백제 부흥을 주장하며 봉기하였다.
③ 김사미와 효심이 신라 부흥을 표방하며 난을 일으켰다.
④ 동북면 병마사 김보당이 의종 복위를 주장하며 봉기하였다.

06 (가) 인물에 대한 설명으로 옳은 것은?

왕이 고구려가 자주 국경을 침략하는 것을 걱정하여 수나라에 군사를 요청해 고구려를 치고자 (가) 에게 명하여 걸사표를 짓도록 하였다. (가) 이/가 말하기를, "자기가 살고자 남을 멸하는 것은 출가한 승려로서 적합한 행동은 아니지만, 제가 대왕의 땅에서 살고 대왕의 물과 풀을 먹고 있으니 감히 명을 따르지 않겠습니까."라고 하면서 글을 지어 아뢰었다.

① 화랑의 행동 규범을 제시하였다.
② 당의 현장으로부터 유식학을 전수받았다.
③ 인도 등을 순례하고 『왕오천축국전』을 저술하였다.
④ 대국통에 임명되어 출가자의 규범과 계율을 주관하였다.

07 (가) 단체에 대한 설명으로 옳은 것을 모두 고른 것은?

이제 대조선국이 독립국이 되어 세계만방으로 어깨를 겨누니 이는 우리 군주 폐하의 위덕(威德)이 떨침이요, 우리 대조선국의 유사 이래의 광명이요, 우리 동포 형제 2천만 인구의 행복이다. 그러나 아직까지 기념할 실적이 없으므로 이에 공공의 의견으로 (가) 을/를 발기하여 전 영은문 유지에 독립문을 새로이 세우고 전 모화관을 새로 고쳐 독립관이라 하여 옛날의 치욕을 씻고 후인의 표준을 만들고자 함이요, 그 부근의 땅에 독립 공원을 이루어 그 문과 관을 보관코자 하니 성대한 일이라 아니할 수 없는지라.

㉠ 공화정체의 국가 수립을 추구하였다.
㉡ 일본의 황무지 개간권 요구를 저지하였다.
㉢ 자유 민권 운동과 국민 참정권 운동을 전개하였다.
㉣ 헌의 6조를 결의하여 고종의 재가를 받았다.

① ㉠, ㉡   ② ㉠, ㉢
③ ㉡, ㉢   ④ ㉢, ㉣

08 밑줄 친 '왕'의 업적으로 옳은 것은?

고구려가 군사를 동원하여 공격해 왔다. 왕이 이를 듣고 패하(浿河)에 복병을 배치하고 그들이 오기를 기다렸다가 불시에 공격하였다. …… 겨울에 왕이 태자와 함께 정예군 3만 명을 거느리고 고구려에 침입하여 평양성을 공격하였다. 고구려 왕 사유가 힘을 다해 싸워 이를 막았으나 날아오는 화살에 맞아 죽었다.

① 수도를 웅진으로 옮겼다.
② 왕위의 부자 상속을 확립하였다.
③ 마라난타를 통해 불교를 수용하였다.
④ 16관등제를 정비하고 율령을 반포하였다.

09 다음 유물에 대한 설명으로 옳지 않은 것은?

도자기의 빛깔이 푸른 것을 사람들은 비색(翡色)이라고 부른다. 근년에 와서 만드는 솜씨가 교묘하고 빛깔도 더욱 예뻐졌다. 술병의 모양은 참외와 같은데, 위에 작은 뚜껑이 있고 연꽃이나 엎드린 오리 모양을 하고 있다.

① 주로 평민들의 생활용품으로 제작되었다.
② 전라도 강진과 부안이 생산지로 유명하였다.
③ 12세기에는 독창적인 기법인 상감법이 적용되었다.
④ 원으로부터 북방 가마 기술이 도입되면서 제작 기법이 퇴조하였다.

10 다음 기사에 보도된 민주화 운동에 대한 설명으로 옳은 것은?

역사 신문
제△△호   ○○○○년 ○○월 ○○일

"독재 타도!"를 외치며 거리로 나선 시민들

정부는 현행 헌법 유지 방침으로 일체의 개헌 논의를 금지한다는 내용의 4·13 호헌 조치를 발표하였다. 이에 맞서 시민들은 대통령의 장기 집권에 반대하며 '호헌 철폐', '독재 타도'를 외치며 거리로 나섰다. 이에 경찰은 최루탄과 물대포를 동원하여 진압해 나섰고, 이 과정에서 시위에 참가한 대학생 이한열 군이 경찰이 쏜 최루탄에 맞아 쓰러졌다. 그는 병원으로 옮겨져 치료를 받았지만 결국 사망하였다. 그의 죽음은 민주화 운동의 기폭제가 되어 전국적으로 민주화를 요구하는 시위가 확산되는 결과를 가져왔다.

① 과도 정부가 구성되는 결과를 낳았다.
② 5년 단임의 대통령 직선제 개헌을 이끌어냈다.
③ 국가 보위 비상 대책 위원회가 설치되는 계기가 되었다.
④ 정부가 전국에 계엄령을 선포하고 모든 정치 활동을 정지시켰다.

11 우리나라의 불교 건축물에 대한 설명으로 옳지 않은 것은?

① 봉정사 극락전은 우리나라에서 가장 오래된 목조 건축물이다.
② 수덕사 대웅전은 주심포 양식과 맞배 지붕으로 구성되어 있다.
③ 법주사 팔상전은 내부가 하나로 통하는 통층 구조로 되어 있다.
④ 무위사 극락전은 다포 양식으로 지어진 조선 전기의 대표적인 건축물이다.

12 밑줄 친 '수호 조약'의 내용으로 옳지 않은 것은?

저번에 사절선이 온 것은 오로지 수호(修好) 때문이니 우리가 선린(善隣)하는 뜻에서도 이번에는 사신을 전위(專委)하여 수신(修身)해야겠습니다. 사신의 호칭은 수신사라 하고 김기수를 특별히 차출하고 따라가는 인원은 일을 아는 자로 적당히 가려서 보내십시오. 이는 수호 조약을 체결한 뒤에 처음 있는 일이니, 이번에는 특별히 당상관을 시켜 서계(書契)를 가지고 들어가게 하고, 이 뒤로는 서계를 옛날처럼 동래부에 내려 보내어 에도로 옮겨 보내는 것이 어떠하겠습니까.

① 조선은 자주국이며 일본과 평등한 권리를 가진다.
② 양국은 다른 나라의 압박을 받으면 서로 거중조정한다.
③ 부산 외에 두 곳의 항구를 추가로 개항하여 통상을 허가한다.
④ 양국 관리는 양국 인민의 자유로운 무역 활동에 간섭하지 않는다.

13 다음 자료와 관련된 사업의 결과로 옳지 않은 것은?

> 지세의 부담을 공평히 하고 지적을 명확히 하여 그 소유권을 보호하고, 그 매매·양도를 간편·확실하게 함으로써 토지의 개량 및 이용을 자유롭게 하고 또 그 생산력을 증진시키려는 것으로서 조선의 긴요한 시책이라는 것은 말할 필요도 없다.

① 조선인 대지주들이 가장 큰 타격을 입었다.
② 일본에서 한국으로의 농업 이민이 증가하였다.
③ 문중 소유의 토지나 마을의 공유지는 조선 총독부의 소유가 되었다.
④ 농민들은 관습적인 경작권을 인정받지 못해 기한부 소작농으로 전락하였다.

14 (가), (나) 인물에 대한 설명으로 옳지 않은 것은?

> ○ (가)은/는 머리를 깎고 승려가 되어 스스로 선종(善宗)이라고 이름하였다. …… 신해년에 죽주의 도적 괴수 기훤에게 의탁하였다. 기훤이 얕보고 거만하게 대하자, 경복 원년 임자년에 북원의 도적 양길에게 의탁하였다.
> ○ (나)은/는 상주 가은현 사람이다. 아버지 아자개(阿慈介)는 농사를 지으며 생활하다가 뒤에 집안을 일으켜 장군이 되었다. …… 반란하려는 뜻을 품고 무리를 불러 모으니, 가는 곳마다 호응하여 한 달 만에 무리가 5천 명에 달하였다. 드디어 무진주(武珍州)를 습격하여 스스로 왕이 되었으나 감히 공공연히 왕이라고 일컫지는 못하였다.

① (가) - 스스로 미륵불의 화신임을 주장하였다.
② (가) - 무태, 성책, 수덕만세 등의 연호를 사용하였다.
③ (나) - 부석사에 있는 신라 왕의 그림을 훼손하였다.
④ (나) - 오월, 후당 등 대중국 외교에 적극적이었다.

15 밑줄 친 '이 제도'에 대한 설명으로 옳은 것은?

> 임금이 양역(良役)의 절반을 감하라고 명령하였다. 임금이 명정전에 나아가 전직·현직 대신과 비국 당상 및 육조 당상, 양사 제신을 불러 두루 양역의 변통에 대한 대책을 물었다. …… "호포나 결포나 모두 구애되는 단서가 있기 마련이다. 이제 1필을 감하는 이 제도를 시행할 것이니, 1필을 감한 대안을 경 등은 잘 강구하라" 하였다.

① 어용 상인인 공인이 등장하는 계기가 되었다.
② 이를 관리하는 기관으로 선혜청이 설치되었다.
③ 족징, 인징 등의 폐단을 해결하기 위해 시행되었다.
④ 군포를 호 단위로 부과하여 양반도 군역을 부담하게 되었다.

16 (가)에 대한 설명으로 옳은 것은?

> 근일에 요사스럽고도 흉패한 (가) 이/가 열화(烈火)같이 치열해져서 형세의 위급함이 하늘을 뒤덮고 있으니, 진실로 국가의 화급한 근심이 되었습니다. …… 그런데 아! 저 정약전·정약용 형제는 정약종의 동기로서, 몰래 이승훈에게 요사스러운 책을 받아 밤낮으로 탐혹하여 유교를 어지럽히고 윤리를 멸절 시켰다고 세상에서 지목받은 지 여러 해가 되었습니다.

① 서양 선교사가 국내에 들어와 처음 전파하였다.
② 우리나라 최초의 신부인 이승훈은 병오박해 때 처형되었다.
③ 서울에 거주하는 일부 남인 학자들에 의해 신앙으로 수용되었다.
④ 정조는 천주교에 관대하여 진산 사건의 관계자를 처벌하지 않았다.

17. 다음 법령에 근거하여 추진된 개혁의 내용으로 옳지 않은 것은?

> 제1장 총칙
> 제1조 본법은 헌법에 의거하여 농지를 농민에게 적절히 분배함으로써 농가 경제의 자립의 목적과 농업 생산력의 증진으로 인한 농민 생활의 향상 내지 국민 경제의 균등과 발전을 기함을 목적으로 한다.
> ⋮
> 제12조 농지의 분배는 농지의 종목, 등급 및 농가의 능력 기타에 기준한 점수제에 의거하되 1가구 당 총 경영 면적 3정보를 초과하지 못한다.

① 이 개혁은 북한의 토지 개혁에 영향을 주었다.
② 산림과 임야 등 비경지는 매수 대상에서 제외되었다.
③ 3정보 이상의 농지로 이미 매도된 경우 매수 대상에서 제외하였다.
④ 농지 매수자는 연평균 생산량의 30%씩을 5년간 나누어 상환하도록 하였다.

18. 다음 자료와 관련된 민족 운동에 대한 설명으로 옳은 것은?

> 만세 시위가 확산되자, 일제는 헌병 경찰은 물론이고 군인까지 긴급 출동시켜 시위 군중을 무차별 살상하였다. 일제의 군경은 정주, 사천, 맹산, 수안, 남원, 합천 등지에서 수십 명의 사상자를 냈으며, 화성 제암리에서는 전 주민을 교회에 집합, 감금하고 불을 질러 학살하였다.

① 순종의 인산일을 계기로 전개되었다.
② 국내에서 민족 유일당 운동이 촉발되는 계기가 되었다.
③ 세계 약소 민족의 독립운동에도 커다란 자극을 주었다.
④ 신간회에서 진상 조사단을 파견하는 등 적극적으로 후원하였다.

19. 밑줄 친 '이 기구'에 대한 설명으로 옳은 것은?

> 이 기구는 일시적인 전쟁 때문에 설치한 것으로서 국가의 중요한 모든 일들을 참으로 다 맡긴 것은 아니었습니다. 그런데 오늘에 와서는 큰 일이건 작은 일이건 중요한 것으로 취급되지 않는 것이 없습니다. 그 결과 정부는 한갓 헛이름만 지니고 육조는 모두 그 직임을 상실하였습니다. 명칭은 '변방의 방비를 담당하는 것'이라고 하면서 과거 시험에 대한 판하(判下)나 비빈(妃嬪)을 간택하는 등의 일까지도 모두 여기를 경유하여 나옵니다.

① 비국, 묘당이라고도 불렸다.
② 6조의 모든 판서와 훈련대장 등이 참여하였다.
③ 을묘왜변이 일어나자 임시 기구로 설치되었다.
④ 세도 정치 시기에 기능이 약화되었다.

20. (가) 부대에 대한 설명으로 옳은 것은?

> [(가)]은/는 1개 총대와 3개의 분대로 편성되었는데 100여 명의 대원은 대부분 조선 민족 혁명당원이다. 총대장은 황포 군관 학교 제4기 출신인 진국빈이며, [(가)]은/는 대일 선전 공작과 대일 유격전을 수행함을 목적으로 한다.

① 일부 병력이 한국광복군에 합류하였다.
② 중국 본토의 한커우에서 김구가 조직하였다.
③ 미국 전략 정보처와 함께 국내 진공 작전을 계획하였다.
④ 러시아 자유시에서 독립군 간의 대립으로 큰 피해를 입었다.

11회 핵심 키워드 마무리 체크

☑ 빈칸에 들어갈 알맞은 키워드를 골라 채워보세요.

비변사	을미개혁	이황	균역법
강화도 조약	고조선	조선 의용대	3·1 운동
근초고왕	토지 조사 사업	궁예	원광
독립 협회	광종	6월 민주 항쟁	농지 개혁

선사~조선 후기

01 _____은 요령 지방을 중심으로 성장하여 점차 한반도까지 발전하였다.

02 백제 _____은 왕위의 부자 상속을 확립하였다.

03 ___은 화랑의 행동 규범을 제시하였다.

04 ___는 무태, 성책, 수덕만세 등의 연호를 사용하였다.

05 ___은 주현 단위로 해마다 공물과 부역을 책정하여 징수하였다.

06 ___은 이기 철학에서 이(理)의 절대성을 주장하였다.

07 _____는 비국, 묘당이라고도 불렸다.

08 _____은 족징, 인징 등의 폐단을 해결하기 위해 시행되었다.

근대~현대

09 _____에는 조선은 자주국이며 일본과 평등한 권리를 가진다는 내용이 있다.

10 _____ 때 태양력을 채택하고 우체사를 설치하여 우편 사무를 재개하였다.

11 _____는 자유 민권 운동과 국민 참정권 운동을 전개하였다.

12 _____의 결과 농민들은 관습적인 경작권을 인정받지 못해 기한부 소작농으로 전락하였다.

13 _____은 세계 약소 민족의 독립운동에도 커다란 자극을 주었다.

14 _____는 일부 병력이 한국광복군에 합류하였다.

15 _____ 때 산림과 임야 등 비경지는 매수 대상에서 제외되었다.

16 _____은 5년 단임의 대통령 직선제 개헌을 이끌어냈다.

정답 | 01 고조선 02 근초고왕 03 원광 04 궁예 05 광종 06 이황 07 비변사 08 균역법 09 강화도 조약 10 을미개혁 11 독립 협회 12 토지 조사 사업 13 3·1 운동 14 조선 의용대 15 농지 개혁 16 6월 민주 항쟁

12회 실전동형모의고사

01 (가)~(라) 시기에 고구려에서 있었던 사실로 옳지 않은 것은?

(가)	(나)	(다)	(라)
진대법 실시	평양 천도	온달 전사	안시성 전투	안동 도호부 설치

① (가) – 낙랑군을 몰아내고 대동강 유역을 차지하였다.
② (나) – 후연을 격파하며 요동 지역을 확보하였다.
③ (다) – 이문진이 『신집』 5권을 편찬하였다.
④ (라) – 대신 연정토가 신라에 투항하였다.

02 밑줄 친 '난'에 대한 설명으로 옳은 것은?

최근 남쪽에서 일어나는 난은 양민이 일으키는 것이 아니라 궁민(窮民)이 일으킨다. 이들은 생활할 만한 자산이 없으므로 밤낮 원망하고 난을 생각한 지 오래되었다. 비록 의리를 말하면서 그들을 타일러도 따르지 않는다. 요사이 남쪽 농민들의 소란은 대개 이들이 주동한 것이며 양민은 단지 협조자일 뿐이다.

① 지역 차별과 특권 어용 상인에 대한 불만을 표출하였다.
② 전라도 고부 군수 조병갑의 수탈에 항거하기 위해 일어났다.
③ 정부는 사건을 수습하기 위해 지주제를 부분적으로 개혁하였다.
④ 흰 수건을 머리에 둘렀기 때문에 '백건당의 난'이라고도 불렀다.

03 (가) 기구에 대한 설명으로 옳은 것은?

(가) 를 다시 세우는 것이 좋은지의 여부를 의논하게 하였다. 노사신 등이 논하기를 "과거 (가) 의 사람들이 향촌에서 그 권위를 남용하여 불의를 저질렀으므로 그 폐단이 많았습니다. 그래서 선왕 세조께서 폐지시켰던 것입니다. …… 단지 한 고을에 큰 폐단만 될 뿐이고 정치에는 도움이 되지 않을 것입니다." 라고 하였다. 심회 등이 논하기를, " (가) 를 폐지한 이후로 시골의 풍속이 날로 악화되었으니, 폐단이 더 커지기 전에 막아야 합니다. 신들의 생각으로는 다시 세우는 것이 좋을 듯합니다." …… 라고 하였다.

① 중앙과 지방의 연락 업무를 맡았다.
② 향안을 작성하고 향규를 제정하였다.
③ 선현에 대한 제사와 교육을 담당하였다.
④ 국가의 사액을 받아 면세의 특권을 누리기도 하였다.

04 ㉠~㉢에 대한 설명으로 옳지 않은 것은?

• 신문왕 7년, 문무 관리들에게 ㉠ 을/를 차등 있게 지급하였다.
• 성덕왕 21년, 처음으로 백성에게 ㉡ 을/를 지급하였다.
• 소성왕 원년, 청주 거로현을 국학생의 ㉢ 으로 삼았다.

① ㉠ – 왕권이 약화되는 배경이 되었다.
② ㉡ – 왕토 사상에 근거하여 지급되었다.
③ ㉢ – 조세를 수취하고 노동력을 징발할 권리를 부여하였다.
④ ㉢ – 신문왕 때 폐지되었다가 경덕왕 때 다시 지급되었다.

05 다음 사건이 발생한 시기로 옳은 것은?

내시지후 김찬과 내시녹사 안보린이 동지추밀원사 지녹연, 상장군 최탁, 오탁, 대장군 권수, 장군 고석 등과 함께 이자겸과 척준경을 암살하려고 시도하였으나 이루지 못하였다. 이자겸과 척준경이 군사를 동원하여 궁궐을 침범하였다.

	(가)		(나)		(다)		(라)	
귀주 대첩		별무반 조직		묘청의 난		최충헌 집권		개경 환도

① (가)
② (나)
③ (다)
④ (라)

06 밑줄 친 '왕'의 업적으로 옳지 않은 것은?

왕이 복주에 이르렀다. 정세운은 성품이 충성스럽고 청렴하였는데, 파천한 이래 밤낮으로 근심하고 분하게 여겨서 홍건적을 소탕하고 개경을 회복하는 것을 자신의 임무로 여겨 여러 차례 왕에게 청하여 말하기를, "민심을 위로하시고, 또 여러 도(道)에 사신을 보내어 군사를 징발하는 것을 독려하십시오."라고 하였다. 왕이 마침내 정세운을 총병관(摠兵官)으로 삼고 교서를 내렸다.

① 정동행성 이문소를 폐지하였다.
② 기철 등 친원 세력을 제거하였다.
③ 원에 의해 격하된 관제를 복구하였다.
④ 쌍성총관부, 동녕부, 탐라총관부를 수복하였다.

07 ㉠에 들어갈 교육 기관에 대한 설명으로 옳지 않은 것은?

㉠ 은/는 예부(禮部)에 속하였는데, 신문왕 2년에 설치하였다. 경덕왕이 태학(감)으로 고쳤으나 혜공왕이 옛 이름대로 하였다.

① 유학부와 기술학부로 나누어 교육하였다.
② 박사와 조교를 두고 유교 경전을 가르쳤다.
③ ㉠의 학생들을 대상으로 독서삼품과가 실시되었다.
④ 성덕왕 때 공자와 그 제자들의 화상을 ㉠에 안치하였다.

08 (가) 인물에 대한 설명으로 옳은 것은?

[역사 르포]

고려 시대 최고의 외교관 (가)
국가의 운명을 바꾼 한 사람의 지혜

10세기 말, 강대국으로 성장한 거란의 침략 위기 속에서 (가) 은/는 단 한 번의 외교 협상으로 고려의 영토와 주권을 지켜냈다. 당시 거란군을 이끌고 온 소손녕은 압도적인 군사력으로 위협했지만, (가) 은/는 직접 적진에 들어가 협상을 이끌며 고려의 독립성을 지켜냈다. 그의 외교적 성과는 고려가 거란의 대규모 침략을 피하고 국가의 기반을 다질 수 있는 결정적인 계기가 되었다. 또한 군사적 힘이 아닌 지혜와 외교력으로 국가의 운명을 바꾼 사례라 할 수 있다.

① 문헌공도를 설립하였다.
② 별무반의 조직을 건의하였다.
③ 5대 왕의 치적을 평가한 글을 작성하였다.
④ 강동 6주 지역을 고려의 영토로 확보하였다.

09 다음 자료에 나타난 사상에 대한 설명으로 옳은 것은?

『신지비사』에 이르기를 '저울로 비유하자면, 저울대는 부소(扶疎)이며 저울추는 오덕(五德)을 갖춘 땅, 저울 접시는 백아강이다. 이 세 곳에 도읍하면 70개 나라가 조공하여 올 것이고 그 지덕에 힘입어 신성한 기운을 보존할 수 있을 것이다. 저울의 머리와 꼬리를 정밀히 하여 수평을 잘 잡으면 나라가 흥하고 태평성대를 보장받을 것이요, 알려준 세 곳에 도읍하지 않는다면 왕업이 쇠퇴하리라' 하였습니다.

① 참선과 수행을 통해 깨달음을 얻고자 하였다.
② 업설 등을 통해 전제 왕권 강화에 기여하였다.
③ 각지에 비보 사찰과 비보 탑이 건립되는 배경이 되었다.
④ 국가와 왕실의 안녕과 번영을 기원하는 초제로 행해졌다.

10 밑줄 친 '그'에 대한 설명으로 옳은 것은?

이준이 국내에서 광무 황제의 비밀 칙령을 가지고 와서 직접 헤이그 평화 회의에 참석할 것을 상의하자 그는 의기가 북받쳐 분하고 슬픈 마음으로 그 뜻을 따랐다. 이에 바로 이준과 시베리아를 거쳐 러시아 수도에 도착하였고, 이위종을 만나 일의 진행을 자세히 상의하였다. …… 합방 조약 소식이 밖에서 들려왔다. 그는 유인석, 김학만 등과 성명회를 조직하였는데, 단체의 이름은 저들의 죄를 소리치고 우리의 원통함은 울린다는 의미였다.

① 『동양평화론』을 집필하였다.
② 샌프란시스코에서 흥사단을 조직하였다.
③ 대한 광복군 정부의 정통령을 역임하였다.
④ 파리 강화 회의에 독립 청원서를 제출하였다.

11 고려의 형률 제도에 대한 설명으로 옳지 않은 것은?

① 처벌에 있어서 배상제를 실형주의보다 우위에 두었다.
② 태형, 장형, 도형, 유형, 사형의 5형 체제를 기본으로 하였다.
③ 귀양형을 받은 자가 부모상을 당하면 7일간의 휴가를 주었다.
④ 당나라의 법률을 바탕으로 하였으나 대부분 관습법을 따랐다.

12 다음 민주화 운동에 대한 사실로 옳은 것은?

정부 당국에서는 18일 아침에 각 학교에 공수 부대를 투입하고 이에 반발하는 학생들에게 대검을 꽂고 '돌격, 앞으로'를 감행하였고, 이에 우리 학생들은 다시 거리로 뛰쳐나와 정부 당국의 불법처사를 규탄하였던 것입니다. 그러나, 아! 이럴 수가 있단 말입니까? 정부 당국은 18일 오후부터 공수 부대를 대량 투입하여 시내 곳곳에서 학생, 젊은이들에게 무차별 살상을 자행하였으니!

① 대통령이 하야하는 계기가 되었다.
② 계엄령 철폐와 김대중 석방 등을 요구하였다.
③ 여당 대통령 후보가 개헌을 약속하는 계기가 되었다.
④ 김종필과 오히라의 비밀 교섭 내용이 폭로되어 전개되었다.

13 다음은 조선 후기에 집필된 역사서의 일부이다. 이 역사서에 대한 설명으로 옳은 것은?

> 고구려의 강대하고 현저함은 백제에 비할 바가 아니며, 신라가 자처한 당의 일부는 남쪽에 불과할 뿐이다. 그러므로 김씨는 신라사에 쓰여진 고구려 땅을 근거로 했을 뿐이다. … 정통(正統)은 단군·기자·마한·신라 문무왕 9년 이후·고려 태조 19년 이후를 말한다. 무통(無統)은 삼국이 병립한 때를 말한다.

① 백제의 첫 도읍지가 서울인 것을 고증하였다.

② 한치윤이 500여 종의 중국 및 일본의 자료를 참고하여 저술하였다.

③ 역사적 사실들을 치밀하게 고증하여 고증 사학의 토대를 마련하였다.

④ 우리나라와 중국의 문화를 5개 부문으로 나누어 백과사전식으로 소개하였다.

14 밑줄 친 '개화당'이 발표한 개혁안의 내용으로 옳은 것은?

> 개화당의 실패는 우리에게 매우 애석한 일이다. …… 일류 수재들이 일본인에게 이용당해 그처럼 크나큰 착오를 저질렀으니 참으로 애석한 일이라고 하였다. 어찌 일본인이 진심으로 김옥균을 성공하게 하고, 성의 있게 조선의 운명을 위해 노력하겠는가?

① 토지의 평균 분작을 실현한다.

② 모든 재정은 탁지부에서 관할한다.

③ 각 도의 환곡 제도를 영원히 없앤다.

④ 조혼을 금지하고 과부의 재가를 허용한다.

15 다음 법령이 제정된 이후의 사실로 옳지 않은 것은?

> 제4조 제국 신민을 징용하여 총동원 업무에 종사하게 할 수 있다. 단 병역법의 적용을 방해하지 않는다.
> 제7조 노동 쟁의의 예방 혹은 해결에 관하여 필요한 명령을 내리거나 작업소의 폐쇄, 작업 혹은 노무의 중지 등 노동 쟁의에 관한 행위의 제한 혹은 금지를 행할 수 있다.
> 제8조 물자의 생산·수리·배급·양도 기타의 처분, 사용·소비·소지 및 이동에 관하여 필요한 명령을 내릴 수 있다.

① 학도 지원병제를 통해 학생들을 전쟁에 동원하였다.

② 일본식 성과 이름으로 고치는 창씨개명을 시행하였다.

③ 농민의 소작권 확립을 위해 조선 농지령을 제정하였다.

④ 조선 미곡 배급 조정령을 공포하여 식량 배급제를 실시하였다.

16 위정척사 운동에 대한 설명으로 옳지 않은 것은?

① 1860년대 – 이항로, 기정진 등이 서양과의 교역을 반대하는 통상 반대 운동을 전개하였다.

② 1870년대 – 최익현 등이 왜양 일체론을 주장하며 개항 반대 운동을 전개하였다.

③ 1880년대 – 유생들이 영남 만인소, 만언 척사소 등의 상소를 올리며 개화 반대 운동을 전개하였다.

④ 1890년대 – 일본의 침략에 적극적으로 저항하는 을사의병이 전개되었다.

17. 다음 시조를 지은 인물의 업적으로 옳은 것은?

> 이런들 어떠하리 저런들 어떠하리,
> 만수산 드렁칡이 얽혀진들 어떠하리.
> 우리도 이처럼 얽혀 백 년까지 누리리라.

① 『동국통감』의 편찬을 지시하였다.
② 집현전을 혁파하고 경연을 폐지하였다.
③ 문하부 낭사를 사간원으로 독립시켰다.
④ 의학 백과사전인 『의방유취』를 편찬하게 하였다.

18. 다음 경제 조치에 대한 설명으로 옳은 것을 모두 고른 것은?

> 제1조 구 백동화 교환에 관한 사무는 금고로 처리케 하여 탁지부 대신이 이를 감독함.
> 제3조 구 백동화의 품위(品位)·양목(量目)·인상(印象)·형체(形體)가 정화(正貨)에 준할 수 있는 것은 매 1개에 대하여 금 2전 5푼의 가격으로 새 화폐로 교환함이 가함.

㉠ 한·일 신협약을 계기로 추진되었다.
㉡ 국내 중소 상공업자들이 성장하는 계기가 되었다.
㉢ 일본 제일은행이 중앙 은행의 역할을 하게 되었다.
㉣ 액면가대로 바꾸어 주는 화폐 교환 방식을 따랐다.

① ㉢
② ㉠, ㉢
③ ㉡, ㉣
④ ㉠, ㉡, ㉣

19. 밑줄 친 '이들'에 대한 설명으로 옳지 않은 것은?

> 이들의 집에는 녹이 끊이지 않으며, 노비가 3천 명이나 되고, 병사와 소·말·돼지도 이에 맞먹는다. 가축은 바다의 섬에 방목을 하였다가 필요할 때에 활을 쏘아서 잡는다. 곡식을 남에게 빌려 주어서 늘리는데, 기간 안에 다 갚지 못하면 노비로 삼아 일을 시킨다.

① 식읍, 전장 등을 경제적 기반으로 하였다.
② 금입택이라 불린 호화 저택에서 생활하였다.
③ 죄를 지으면 본관지로 돌려보내는 형벌이 적용되었다.
④ 중앙 관청의 장관직을 독점하였으며, 국가의 중대사를 결정하였다.

20. 다음 선언을 발표한 정부 시기의 사실로 옳은 것은?

> 이제 본인은 임기 중 개헌이 불가능하다고 판단하고 현행 헌법에 따라 내년 2월 25일 본인의 임기 만료와 더불어 후임자에게 정부를 이양할 것을 천명하는 바입니다.

① 푸에블로호 사건이 일어났다.
② 상록수 부대가 동티모르에 파병되었다.
③ 3당 통합으로 민주 자유당이 창당되었다.
④ 해외 여행이 자유화되었으며, 통행 금지가 해제되었다.

12회 핵심 키워드 마무리 체크

☑ 빈칸에 들어갈 알맞은 키워드를 골라 채워보세요.

국학	태종	녹읍	임술 농민 봉기
세조	이상설	왜양 일체론	학도 지원병제
민주 자유당	영양왕	유향소	의방유취
공민왕	4·19 혁명	5·18 민주화 운동	화폐 정리 사업

선사~조선 후기

01 고구려 _____ 때 이문진이 『신집』 5권을 편찬하였다.

02 ____은 신문왕 때 폐지되었다가 경덕왕 때 다시 지급되었다.

03 성덕왕 때 공자와 그 제자들의 화상을 ____에 안치하였다.

04 _____은 정동행성 이문소를 폐지하였다.

05 조선 ____은 문하부 낭사를 사간원으로 독립시켰다.

06 조선 세종은 의학 백과사전인 『_____』를 편찬하게 하였다.

07 조선 ____는 집현전을 혁파하고 경연을 폐지하였다.

08 _____에서는 향안을 작성하고 향규를 제정하였다.

09 _____는 흰 수건을 머리에 둘렀기 때문에 '백건당의 난'이라고도 불렸다.

근대~현대

10 1870년대에 최익현 등이 _____을 주장하며 개항 반대 운동을 전개하였다.

11 _____으로 일본 제일은행이 중앙 은행의 역할을 하게 되었다.

12 ____은 대한 광복군 정부의 정통령을 역임하였다.

13 일제는 _____를 통해 학생들을 전쟁에 동원하였다.

14 _____은 대통령이 하야하는 계기가 되었다.

15 _____에서는 계엄령 철폐와 김대중 석방 등을 요구하였다.

16 노태우 정부 때 3당 통합으로 _____이 창당되었다.

정답 | 01 영양왕 02 녹읍 03 국학 04 공민왕 05 태종 06 의방유취 07 세조 08 유향소 09 임술 농민 봉기 10 왜양 일체론 11 화폐 정리 사업 12 이상설 13 학도 지원병제 14 4·19 혁명 15 5·18 민주화 운동 16 민주 자유당

13 실전동형모의고사

01 다음 선사 시대의 유적과 생활 모습이 바르게 연결된 것을 모두 고른 것은?

㉠ 서울 암사동 유적 – 주로 동굴이나 바위 그늘에서 살았다.
㉡ 양양 오산리 유적 – 조개 껍데기 가면과 짐승의 뼈로 만든 치레걸이 등을 만들었다.
㉢ 여주 흔암리 유적 – 거친무늬 거울을 이용하여 제사 의식을 치렀다.
㉣ 제주 빌레못 유적 – 가락바퀴나 뼈바늘을 사용하여 옷과 그물을 만들어 사용하였다.

① ㉠, ㉡
② ㉡, ㉢
③ ㉡, ㉣
④ ㉢, ㉣

02 (가)에 들어갈 내용에 대한 설명으로 옳은 것은?

명화 특별 전시회
(가) 의 정수를 체험하다.

(가) 의 대가인 겸재의 여러 작품을 특별 전시회로 공개합니다. 많은 참여와 관람 부탁 드립니다.
■ 일시: ○○○○년 ○월 ○일~○월 ○일
■ 장소: 국립 중앙 박물관 특별 전시관

① 안견이 그린 몽유도원도가 대표적이다.
② 중국 남종과 북종의 화법을 고루 수용하였다.
③ 대표적인 화가로는 김홍도, 신윤복 등이 있다.
④ 민중의 미적 감각과 소박한 정서를 표현하였다.

03 (가) 인물이 재위하던 시기의 사실로 옳은 것은?

진덕왕이 돌아가매 뭇 신하들이 이찬 알천에게 섭정을 청하였다. 알천은 짐짓 사양하되 "나는 늙고 이렇다 할 만한 덕행도 없다. 지금 덕망이 높기는 (가) 만한 이가 없으니 실로 제세의 영웅이라 할 수 있다."라고 하였다. 군신이 드디어 (가) 을/를 추대하여 왕을 삼으니 (가) 은/는 재삼 사양하다가 마지못하여 왕위에 올랐다.

① 김흠돌의 반란이 일어났다.
② 정전을 지급하기 시작하였다.
③ 갈문왕 제도를 사실상 폐지하였다.
④ 중시의 명칭이 시중으로 격상되었다.

04 (가) 인물에 대한 설명으로 옳은 것은?

현종 이후에 전란이 겨우 멈추었으나 학문으로 교화하는 것에는 미처 겨를 내지 못하였다. 이때, (가) 이/가 후진들을 모으자 학도들이 줄지어 모여들어 거리에 차고 넘쳤다. 이에 9개의 학당을 마련하여 그 명칭을 낙성·대중·성명·경업·조도·솔성·진덕·대화·대빙이라 하였다.

① 왕에게 시무 28조의 개혁안을 올렸다.
② 『불씨잡변』을 지어 불교를 비판하였다.
③ 만권당에서 중국의 학자들과 교류하였다.
④ 9경과 3사를 중심으로 학생들을 교육하였다.

05 ㉠, ㉡에 대한 설명으로 옳은 것은?

> 18세기에 노론 내부에서는 '인간과 사물의 본성을 어떻게 볼 것인가'라는 문제를 두고 인물성동론(人物性同論)을 주장하는 ㉠ 와/과, 인물성이론(人物性異論)을 주장하는 ㉡ 간의 논쟁이 전개되었다.

① ㉠은 정통 주기설의 입장에 있었다.
② ㉡의 주장은 북학파 실학 사상으로 계승되었다.
③ ㉠은 오랑캐인 청의 문물을 배척할 것을 주장하였다.
④ ㉡은 대의명분론을 바탕으로 조선을 소중화로 인식하였다.

06 다음 조약이 체결된 시기로 옳은 것은?

> 제2조 조선의 개항장에서 청의 상무 위원이 청의 상인에 대한 재판권을 행사한다.
> 제3조 조선의 평안도, 황해도와 청나라의 산동, 봉천 연안에서 양국의 어선들이 내왕하면서 고기를 잡을 수 있다.
> 제4조 북경과 한성, 양화진에서 청과 조선 양국 상인의 무역을 허용한다. 지방관이 발행한 여행 허가증이 있으면 내륙까지 들어갈 수 있다.

(가)	(나)	(다)	(라)
신미양요	운요호 사건	임오군란	갑신정변	청·일 전쟁

① (가) ② (나)
③ (다) ④ (라)

07 1920년대 만주에서 결성된 3부에 대한 설명으로 옳은 것은?

① 정의부는 대한민국 임시 정부의 직할 부대였다.
② 신민부는 오동진, 지청천 등을 중심으로 남만주에서 결성되었다.
③ 참의부는 대한 독립 군단 등을 중심으로 북만주에서 결성되었다.
④ 민족 유일당 운동의 결과 3부는 국민부와 혁신 의회로 개편되었다.

08 다음 주장을 한 세력에 대한 설명으로 옳은 것을 모두 고른 것은?

> 지방에서는 감사와 수령, 서울에서는 홍문관과 육경, 대간에게 재주와 행실이 훌륭하여 관직에 등용할 만한 사람을 천거하게 합니다. 그러면 이들을 궁궐에 불러 직접 정책에 대한 평소 생각을 시험한다면 훌륭한 인물들을 많이 얻을 수 있을 것입니다. 이는 조종이 하지 않았던 일이요. 한(漢)나라의 현량방정과의 뜻을 이은 것입니다. 덕행은 여러 사람이 천거하는 바이므로 반드시 헛되거나 그릇되는 것이 없을 것이요, 또 정책에 대한 평가를 통해 그가 하려고 하는 방법을 알게 될 것이니, 두 가지가 모두 손실이 없을 것입니다.

㉠ 향촌 자치와 왕도 정치를 강조하였다.
㉡ 급진파 사대부를 계승하여 형성되었다.
㉢ 성리학 이외의 타 사상에 대해 개방적이었다.
㉣ 영남과 기호 지방의 중소 지주 출신들이 많았다.

① ㉠, ㉡ ② ㉠, ㉣
③ ㉡, ㉢ ④ ㉢, ㉣

09 밑줄 친 '그'에 대한 설명으로 옳은 것은?

그가 처음 보현도량을 결성하고 법화삼매를 수행하여, 극락정토에 왕생하기를 구하였는데, 모두 천태삼매의를 그대로 따랐다. …… 대중의 청을 받아 교화시키고 인연을 맺은 지 30년이며, 결사에 들어온 자들이 3백여 명이 되었다.

① 『해동고승전』을 편찬하였다.
② 귀법사의 초대 주지로 임명되었다.
③ 국청사를 창건하고 해동 천태종을 창시하였다.
④ 강진의 토호 세력의 도움으로 백련사를 결성하였다.

10 다음 고대의 문화재에 대한 설명으로 옳은 것을 모두 고른 것은?

㉠ 상원사 동종 – 우리나라에 현존하는 가장 오래된 동종이다.
㉡ 영광탑 – 고구려 불탑 양식의 영향을 받아 축조된 전탑이다.
㉢ 서산 용현리 마애 여래 삼존상 – '백제의 미소'라는 별칭을 가지고 있다.
㉣ 금동 연가 7년명 여래 입상 – 동경 용원부의 절터에서 발견된 발해의 불상이다.

① ㉠, ㉡
② ㉠, ㉢
③ ㉡, ㉣
④ ㉢, ㉣

11 밑줄 친 '임금' 대에 편찬된 서적으로 옳은 것은?

임금이 창덕궁에 나아가 세자를 폐하여 서인(庶人)으로 삼고, 안에다 엄히 가두었다. 효장 세자가 죽고 오랫동안 후사가 없다가 탄생한 세자는 매우 총명하여 사랑을 받았는데, 10여 세 이후부터 점차 학문에 태만하기 시작하였고, 대리청정을 한 후부터 질병이 생겨 천성을 잃었다. 처음에는 대단치 않았기 때문에 모두가 세자의 병이 낫기를 바랐었다. 정축년·무인년 이후부터 병의 증세가 더욱 심해져서 병이 발작할 때에는 궁녀와 내시를 죽이고, 죽인 후에는 문득 후회하곤 하였다. 임금이 엄한 하교로 절실하게 책망하니, 세자가 의구심에서 질병이 더하게 되었다.

① 『자휼전칙』
② 『아방강역고』
③ 『동국지리지』
④ 『속병장도설』

12 (가)~(다)를 일어난 순서대로 바르게 나열한 것은?

(가) 이항 등이 "지금 왕자의 명호를 원자(元子)로 정하는 것은 간사한 마음을 품은 자가 아니라면 다른 말이 없어야 마땅합니다. 송시열은 방자하게도 상소를 올려 민심을 어지럽혔으니, 멀리 유배 보내소서."라고 하였다.
(나) 인평 대군의 아들 여러 복(복창군, 복선군, 복평군)이 본래 교만하고 억세었는데, 임금이 초년에 자주 병을 앓았으므로 그들이 몰래 못된 생각을 품고서 바라서는 안 될 자리를 넘보았다. …… 김석주가 남몰래 그 기미를 알고 옥사를 일으켰다.
(다) 비망기를 내려, "국운이 안정되어 왕비가 복위하였으니, 백성에게 두 임금이 없는 것은 고금을 통한 의리이다. 장씨의 왕후 지위를 거두고 옛 작호인 희빈을 내려주되, 세자가 조석으로 문안하는 예는 폐하지 않도록 하라."라고 하였다.

① (가) – (나) – (다)
② (나) – (다) – (가)
③ (나) – (가) – (다)
④ (다) – (나) – (가)

13 다음 선언이 발표된 지역에서 전개된 독립운동으로 옳은 것은?

> 융희 황제(순종)가 삼보(토지·인민·정치)를 포기한 경술년 8월 29일은 즉 우리 동지가 이를 계승한 8월 29일이니, 그 동안에 한 순간도 숨을 멈춘 적이 없음이라. 우리 동지는 완전한 상속자니 저 황제권 소멸의 때가 즉 민권 발생의 때요, 구한국의 마지막 날은 즉 신한국의 최초의 날이니, 무슨 까닭인가. 우리 대한은 무시(無始) 이래로 한인의 한이요 비(非)한인의 한이 아니니라.

① 신규식이 박달 학원을 설립하여 청년 교육을 실시하였다.
② 중광단이 북로 군정서로 개편되어 무장 투쟁을 전개하였다.
③ 박용만이 한인 소년병 학교를 설립하여 독립군을 양성하였다.
④ 한인 동포들이 해조신문을 발간하여 독립 투쟁 의지를 고취시켰다.

14 (가) 인물의 활동으로 옳지 않은 것은?

> 아침 8시, (가) 은/는 조선 총독부 엔도 정무총감을 만나 다섯 가지 요구 사항을 제시하였다.
> 첫째, 전국에 구속되어 있는 정치·경제범을 즉시 석방하라.
> 둘째, 3개월간의 식량을 확보하여 달라.
> 셋째, 치안 유지와 건설 사업에 아무 간섭하지 말라.
> 넷째, 학생 훈련과 청년 조직에 대해 간섭하지 말라.
> 다섯째, 전국 사업장에 있는 노동자를 우리들의 건설 사업에 협력시키며 아무 괴로움을 주지 말라.

① 조선 인민당을 창당하였다.
② 5·10 총선거에 참여하였다.
③ 조선 건국 동맹을 결성하였다.
④ 좌·우 합작 위원회를 결성하였다.

15 다음 사건들을 시간 순으로 바르게 나열한 것은?

> ㉠ 고구려에서 연개소문의 정변이 일어났다.
> ㉡ 백제의 개로왕이 한성에서 전사하였다.
> ㉢ 신라가 금관가야를 정복하였다.
> ㉣ 고구려의 수도가 모용황의 침입을 받아 함락되었다.

① ㉠ - ㉡ - ㉢ - ㉣
② ㉡ - ㉣ - ㉢ - ㉠
③ ㉢ - ㉠ - ㉡ - ㉣
④ ㉣ - ㉡ - ㉢ - ㉠

16 조선 전기의 군사 제도에 대한 설명으로 옳은 것을 모두 고른 것은?

> ㉠ 중앙군을 정군과 갑사로 구성하였다.
> ㉡ 진관 체제를 바탕으로 지방군을 구성하였다.
> ㉢ 예비군인 잡색군은 농민을 제외하여 편성하였다.
> ㉣ 평안도와 함경도에 속한 몇 개 군을 군익도로 나누었다.

① ㉠, ㉡
② ㉠, ㉡, ㉢
③ ㉡, ㉢, ㉣
④ ㉠, ㉡, ㉢, ㉣

17 다음 협정에 대한 설명으로 옳지 않은 것은?

1. 한 개의 군사 분계선을 확정하고 쌍방이 이 선으로부터 각기 2km씩 후퇴함으로써 적대 군대 간에 한 개의 비무장 지대를 인정한다. 한 개의 비무장 지대를 설정하여 이를 완충 지대로 함으로써 적대 행위의 재발을 초래할 수 있는 사건의 발생을 방지한다.
12. 적대 쌍방 사령관들은 육·해·공군의 모든 부대와 인원을 포함한 그들의 통제하에 있는 모든 군사력이 한국에 있어서의 일체 적대 행위를 완전히 정지할 것을 명령하고 또 이를 보장한다.

① 중립국 감시 위원단의 구성에 합의하였다.
② 공산군은 38도선을 경계로 휴전할 것을 주장하였다.
③ 유엔군은 제네바 협정에 따른 포로의 자동 송환을 주장하였다.
④ 소련이 먼저 제안하였고 유엔군과 공산군이 받아들여 체결되었다.

18 밑줄 친 '정책'에 대한 설명으로 옳은 것은?

대공황의 여파로 빈농의 증가와 소작 쟁의가 극심해지고, 사회주의 세력이 확산되자 일제는 농민을 회유하기 위한 정책을 시행하였다. 일제는 춘궁 퇴치, 농가 부채 근절 등을 명분으로 개별 농가를 철저히 파악하여 농촌을 통제하기 시작하였으며, 소작농과 지주 사이의 분쟁 중재 및 소작농 보호의 명분으로 조선 소작 조정령을 발표하였다.

① 농민의 자력 갱생을 강조하였다.
② 흥남 질소 비료 공장을 건설하였다.
③ 임시 토지 조사국에서 전담하여 추진하였다.
④ 전쟁에 필요한 자원을 확보하기 위해 공출제를 실시하였다.

19 (가)에 들어갈 기구로 옳은 것은?

조선 정부는 적극적인 개화 정책을 추진하기 위해 청의 제도를 모방하여 (가) 을/를 설치하고 그 아래 사대, 교린, 군무, 변정, 통상, 어학 등 12사를 두어 각기 해당 사무를 관장하도록 하였다.

① 교정청
② 탁지아문
③ 군국기무처
④ 통리기무아문

20 다음 조서가 발표된 시기의 사회 모습으로 옳은 것을 모두 고른 것은?

조서에 이르기를 "여러 왕씨들이 동성 간에 결혼하는데 이것은 무슨 도리인가? 이미 우리와 더불어 한 집안이 되었으니 우리와 서로 통혼해야 한다. 만일 그렇게 하지 않는다면 어찌 일가로 된 의리라고 하겠는가? …… 왕이 아직 왕으로 되기 전에는 태자라고 하지 않고 세자라고 불러야 하며, 관직 칭호도 우리 조정과 같은 것은 고쳐야 한다."

㉠ 조혼 풍속이 성행하였다.
㉡ 향·소·부곡 등 특수 행정 구역이 모두 폐지되었다.
㉢ 향리 이하의 계층도 문·무반으로 신분 상승이 가능하였다.
㉣ 농민들의 도망과 이탈 방지를 위해 오가작통법을 실시하였다.

① ㉠, ㉡
② ㉠, ㉣
③ ㉡, ㉢
④ ㉢, ㉣

13회 핵심 키워드 마무리 체크

☑ 빈칸에 들어갈 알맞은 키워드를 골라 채워보세요.

갈문왕	호론	공출제	사림
농촌 진흥 운동	균여	진관 체제	3부
소련	상하이	38도선	여운형
북로 군정서	요세	진경 산수화	최충

선사~조선 후기

01 태종 무열왕 때는 _____ 제도를 사실상 폐지하였다.

02 _____은 9경과 3사를 중심으로 학생들을 교육하였다.

03 _____는 귀법사의 초대 주지로 임명되었다.

04 _____는 강진의 토호 세력의 도움으로 백련사를 결성하였다.

05 _____은 향촌 자치와 왕도 정치를 강조하였다.

06 조선 전기에는 _____를 바탕으로 지방군을 구성하였다.

07 _____은 대의명분론을 바탕으로 조선을 소중화로 인식하였다.

08 _____는 중국 남종과 북종의 화법을 고루 수용하였다.

근대~현대

09 _____에서는 농민의 자력 갱생을 강조하였다.

10 일제는 전쟁에 필요한 자원을 확보하기 위해 _____를 실시하였다.

11 북만주에서 중광단이 _____로 개편되어 무장 투쟁을 전개하였다.

12 _____에서 신규식이 박달 학원을 설립하여 청년 교육을 실시하였다.

13 민족 유일당 운동의 결과 _____는 국민부와 혁신 의회로 개편되었다.

14 _____은 조선 인민당을 창당하였다.

15 휴전 협정은 _____이 먼저 제안하였고 유엔군과 공산군이 받아들여 체결되었다.

16 공산군은 _____을 경계로 휴전할 것을 주장하였다.

정답 | 01 갈문왕 02 최충 03 균여 04 요세 05 사림 06 진관 체제 07 호론 08 진경 산수화 09 농촌 진흥 운동 10 공출제 11 북로 군정서 12 상하이 13 3부 14 여운형 15 소련 16 38도선

14회 실전동형모의고사

제한시간: 15분 시작 시 분 ~ 종료 시 분 점수 확인 개/20개

01 다음 자료에 해당하는 유적으로 옳은 것은?

○ 동아시아에서 처음으로 아슐리안형 주먹 도끼가 발견되었다.
○ 한탄강변에 위치한 대표적인 구석기 시대 유적이다.

① 단양 수양개 유적
② 연천 전곡리 유적
③ 양구 상무룡리 유적
④ 단양 상시리 바위 그늘 유적

02 다음 자료에 해당하는 나라에 대한 설명으로 옳은 것은?

산천을 중시하였으며, 산천마다 각각 읍락의 구분이 있어 함부로 서로 건너거나 들어갈 수 없었다. 읍락을 서로 침범하면 노비, 소, 말로 배상하게 하였는데 이를 책화라고 한다.

① 영고라는 제천 행사가 있었다.
② 집집마다 부경이라는 작은 창고가 있었다.
③ 특산물로 단궁, 과하마, 반어피 등이 유명하였다.
④ 철이 많이 생산되어 낙랑, 왜 등으로 수출하였다.

03 (가)의 업적으로 옳은 것을 모두 고른 것은?

기미일에 아버지의 무덤을 이장하고 이름을 '현륭'이라고 고쳤습니다. 아, 불효한 (가) 이/가 하늘과 땅에 사무치는 원한을 품어 죽지 못하고 오늘에 와서 보니, 아득하고 완고한 토석과 같도다. 낳으신 보답의 큰 축복을 이루었으니 하늘이여, 인간의 소망을 하늘이 따라 주셨습니다.

㉠ 무위영을 설치하였다.
㉡ 신문고 제도를 부활시켰다.
㉢ 인재를 양성하기 위해 초계문신제를 시행하였다.
㉣ 한구자(韓構字)와 정리자(整理字)를 주조하였다.

① ㉠, ㉡
② ㉠, ㉢
③ ㉡, ㉣
④ ㉢, ㉣

04 발해의 중앙 통치 조직에 대한 설명으로 옳지 않은 것은?

① 정당성의 장관인 대내상이 국정을 총괄하였다.
② 중정대는 관리들의 비리를 감찰하는 기능을 담당하였다.
③ 중앙의 주요 관서에 각각 복수(複數)의 장관을 임명하였다.
④ 6부의 이름은 충·인·의·예·지·신 등 유교의 덕목을 따서 만들었다.

05 조선 시대의 지도에 대한 설명으로 옳은 것을 모두 고른 것은?

㉠ 혼일강리역대국도지도는 중국에서 들여온 곤여만국전도를 참고하였다.
㉡ 요계관방지도는 각 군현의 도별로 색을 다르게 표시하였다.
㉢ 동국지도는 정상기가 100리 척을 적용하여 제작하였다.
㉣ 대동여지도는 10리마다 눈금을 표시한 분첩 절첩식 지도이다.

① ㉠, ㉡
② ㉡, ㉢
③ ㉡, ㉣
④ ㉢, ㉣

06 밑줄 친 '왕'의 정책으로 옳은 것은?

"태사의 지시에 복종하지 않은 사람들을 군사를 일으켜 응징하자, 고려에서는 우리들이 국경을 침범한 것으로 생각하고 군사를 내어 정벌하였지만 다시 수호를 허락하였습니다. 이 때문에 우리는 그것을 믿고 조공을 끊임없이 바쳤는데, 생각지도 못하게 지난해에 대규모로 군사를 일으켜 쳐들어와 우리의 늙은이와 어린아이들을 죽이고 9성을 설치하여 유랑민들이 돌아가 의지할 곳이 없어졌습니다. 이에 태사가 우리를 보내어 옛 땅을 청하게 되었습니다. 만약 9성을 되돌려주어 우리의 생업을 편안하게 해주시면, 우리는 하늘에 맹세하여 자손대대에 이르기까지 공물을 정성껏 바칠 것이며 감히 기와 조각 하나라도 국경에 던지지 않겠습니다."라고 하였다. 왕이 잘 타이르고 술과 음식을 하사하였다.

① 주전도감을 설치하였다.
② 도교 사원인 복원궁을 건립하였다.
③ 한양을 남경(南京)으로 승격시켰다.
④ 빈민 구제를 위해 구급도감을 설치하였다.

07 밑줄 친 '이들'에 대한 설명으로 옳지 않은 것은?

신라 말에 모든 읍의 이들이 그 읍을 다스리고 호령하였다. 그런데 고려 왕조 통합 이후 이들에게 직호를 내리고 해당 지방의 백성을 다스리게 하였으니 이를 호장이라 하였다.

① 현종 때 이들에 대한 공복이 제정되었다.
② 직역에 대한 대가로 외역전을 지급받았다.
③ 이들의 자제는 기인이 되어 수도로 차출되었다.
④ 지방의 사심관으로 임명되어 실무를 담당하였다.

08 다음은 임진왜란의 주요 사건이다. (가)~(라) 시기에 있었던 사실로 옳지 않은 것은?

동래성 전투	(가)	제1차 진주성 전투	(나)	행주 대첩	(다)	정유재란 발발	(라)	명량 대첩

① (가) – 신립이 충주 탄금대에서 왜군에 패배하였다.
② (나) – 조·명 연합군이 평양성을 탈환하였다.
③ (다) – 이순신 장군이 한산도 앞바다에서 왜의 수군을 격퇴하였다.
④ (라) – 원균이 이끄는 조선 수군이 칠천량에서 크게 패배하였다.

09 밑줄 친 '선생'에 대한 설명으로 옳은 것은?

> 무오년 2월 청명일에 방외(方外)의 친구 초의는 한 잔의 술을 올리고서 선생의 영전에 고하나이다. 슬프다! 선생은 천도(天道)와 인도(人道)를 닦아 여러 학문을 체득하시고, 글씨 또한 조화를 이루어 왕희지·왕헌지의 필법을 능가하고, 시문에 뛰어나 세월의 영화를 휩쓸고, 금석에서는 작은 것과 큰 것을 모두 규명하여 중국에까지 이름을 떨치셨나이다.

① 흑산도 연해의 어류를 정리한 『자산어보』를 저술하였다.
② 『금석과안록』에서 북한산비가 진흥왕 순수비임을 고증하였다.
③ 산맥, 하천, 포구 등을 정밀하게 표시한 대동여지도를 제작하였다.
④ 왕희지체를 바탕으로 우리의 정서와 개성을 추구하여 동국진체를 창안하였다.

10 (가)~(다)에 해당하는 문화유산을 바르게 연결한 것은?

> (가) 송과 요 등의 대장경 주석서를 모아 간행하였다.
> (나) 대구 부인사에 보관되었다가 몽골의 침입 때 소실되었다.
> (다) 유네스코 세계 기록유산으로 등재되었으며 경판의 총 매수가 8만장이 넘는다.

	(가)	(나)	(다)
①	재조대장경	초조대장경	교장
②	초조대장경	교장	재조대장경
③	교장	재조대장경	초조대장경
④	교장	초조대장경	재조대장경

11 밑줄 친 '왕'의 재위 시기에 있었던 사실로 옳은 것은?

> 왕이 보병과 기병 5만 명을 보내 신라를 구원하게 하였다. 고구려군이 남거성을 통해 신라성에 이르렀는데 그곳에 왜가 가득하였다. 관군이 바야흐로 도착하자 왜적이 퇴각하였다. 그 뒤를 급히 추격하여 임나가라의 종발성에 이르니 성이 곧 항복하였다.

① 졸본에서 국내성으로 천도하였다.
② 영락이라는 독자적인 연호를 사용하였다.
③ 혜자가 일본으로 건너가 쇼토쿠 태자의 스승이 되었다.
④ 지두우 지역을 분할 점령하여 흥안령 일대를 차지하였다.

12 다음 사회 운동에 대한 설명으로 옳지 않은 것은?

> 본사는 시대의 요구보다도 사회의 실정에 응하여 창립되었을 뿐 아니라 우리들도 조선 동포 2천만의 한 사람으로서 갑오년 6월부터 칙령으로써 백정의 칭호가 없어지고 평민이 된 우리들이다. 애정으로서 상호부조하며 생활의 안정을 도모하고 공동의 번영을 기하려 한다. 이에 40여 만의 단결로써 본사의 목적인 그 주지를 선명하게 표방하는 바이다.

① 경상남도 진주에서 시작되었다.
② 민족 해방 운동으로 발전하였다.
③ 조선 형평사의 주도로 전개되었다.
④ 중국의 5·4 운동에 영향을 주었다.

13 밑줄 친 '그'가 실시한 정책으로 옳은 것을 모두 고른 것은?

> 군역에 뽑힌 장정들에게 군포를 거두었는데 그 폐단이 많아 백성들이 뼈를 깎는 원한을 갖고 있었다. 사족들은 한평생 한가하게 놀며 신역이 없었다. …… 갑자년 초에 그가 강력히 나서서 귀천이 동일하게 장정 한 사람마다 세납전 2꾸러미를 바치게 하여, 이를 동포전이라고 하였다.

> ㉠ 만동묘만 남기고 폐단이 큰 서원을 철폐하였다.
> ㉡ 비변사를 혁파하고 의정부와 삼군부의 기능을 강화하였다.
> ㉢ 환곡의 폐단을 개혁하고자 사창제를 실시하였다.
> ㉣ 조선의 재정과 군정에 관한 내용을 정리한 『만기요람』을 편찬하도록 하였다.

① ㉠, ㉣
② ㉡, ㉢
③ ㉡, ㉢, ㉣
④ ㉠, ㉡, ㉢

14 다음 격문과 관련된 민족 운동에 대한 설명으로 옳은 것은?

> 우리들은 3·1 운동 이래 슬픔이 더욱 고조되었으나 통곡할 수 있는 장소가 없어 참고 견뎌 오던 중 드디어 한 번 울지 않으면 안 될 기회를 맞이하였다. 그것은 이척의 죽음이다. …… 왜적이 우리의 울음을 제압하기 전에 우리는 스스로 울음을 그치고 정신을 가다듬지 않으면 안 된다. 우리들의 슬픔에서 벗어나는 유일한 길은 일본 제국주의를 조선에서 몰아내는 것 뿐이다.

① 조선 청년 독립단이 주도하였다.
② 대한민국 임시 정부 수립에 영향을 주었다.
③ 성진회 등의 주도로 동맹 휴학 투쟁이 전개되었다.
④ 준비 과정에서 천도교와 조선 공산당 등이 연대하였다.

15 다음은 일제가 시행한 식민지 교육 정책의 내용이다. 시기 순으로 바르게 나열한 것은?

> ㉠ 기존에 달랐던 한국인 학교와 일본인 학교의 명칭을 통일시켰다.
> ㉡ 보통학교의 수업 연한이 4년에서 6년으로 연장되었다.
> ㉢ 수의 과목으로 존재하였던 한국어·한국사 과목을 폐지시켰다.
> ㉣ 낮은 수준의 실업 교육을 통해 노동 인력을 양성하고자 하였다.

① ㉡ - ㉣ - ㉢ - ㉠
② ㉡ - ㉣ - ㉠ - ㉢
③ ㉣ - ㉡ - ㉠ - ㉢
④ ㉣ - ㉡ - ㉢ - ㉠

16 다음 선언문이 발표된 민주화 운동에 대한 설명으로 옳지 않은 것은?

> 우리 전국 대학교 교수들은 이 비상시국에 대처하여 양심의 호소로서 다음과 같이 우리의 소신을 선언한다.
> 1. 마산, 서울 기타 각지의 데모는 주권을 빼앗긴 국민의 울분을 대신하여 궐기한 학생들의 순수한 정의감의 발로이며 불의에는 언제나 항거하는 민족 정기의 표현이다.
> 2. 이 데모를 공산당의 조종이나 야당의 사주로 보는 것은 고의적인 왜곡이며 학생들의 정의감에 대한 모독이다.

① 3·15 부정 선거가 원인이 되어 일어났다.
② 정부는 시위를 진압하기 위해 계엄령을 선포하였다.
③ 박종철 고문 치사 사건이 이 운동의 도화선이 되었다.
④ 허정을 수반으로 하는 과도 정부가 수립되는 계기가 되었다.

17 다음은 가상의 답사 계획서이다. (가) 지역에 대한 사실로 옳은 것은?

답사 계획서
● 주제: ☐(가)☐의 유적과 역사의 발자취를 찾아서
● 일정: ○○월 ○○일~○○일
● 답사 경로 1일차: 대동문 → 보통문 → 을밀대 2일차: 청암리 토성 → 안학궁 터

① 임진왜란 때 목사 김시민이 왜군을 물리쳤다.
② 궁예가 국호를 마진으로 바꾸고 도읍으로 삼았다.
③ 우리나라 최초의 근대식 사립 학교가 설립되었다.
④ 조위총이 정중부 등의 타도를 위해 반란을 일으킨 곳이다.

18 (가)의 재위 기간에 있었던 사실로 옳은 것은?

> 우륵은 나라가 장차 어지러워질 것이라고 생각하여 악기를 지니고 ☐(가)☐에게 투항하였다. ☐(가)☐은/는 그를 받아 국원(國原)에 안치하고, 대나마 주지·계고와 대사 만덕을 보내 그 업을 전수받게 하였다.

① 황룡사를 창건하였다.
② 상대등을 설치하였다.
③ 인평(仁平)이라는 연호를 사용하였다.
④ 시장 감독 관청인 동시전을 설치하였다.

19 다음 정책을 추진한 국왕 대에 편찬된 서적으로 옳은 것은?

> 옛적에 관가의 노비는 아이를 낳은 지 7일 후에 입역(立役)하였는데, 아이를 두고 입역하면 어린 아이에게 해로울 것이라 걱정하여 100일간의 휴가를 더 주게 하였다. 그러나 출산에 임박하여 일하다가 몸이 지치면 미처 집에 도착하기 전에 아이를 낳는 경우가 있다. 만일 산기에 임하여 1개월간의 일을 면제하여 주면 어떻겠는가. 가령 저들이 속인다 할지라도 1개월까지야 넘길 수 있겠는가. 상정소로 하여금 이에 대한 법을 제정하게 하라.

①『동국병감』
②『총통등록』
③『동국여지승람』
④『향약제생집성방』

20 다음 내용을 발표한 조직에 대한 설명으로 옳은 것은?

> 6. 시장에 외국 상인의 출입을 엄금할 것
> 7. 행상에 징세하는 폐해를 제거할 것
> 8. 금광의 채굴을 엄금할 것
>   ⋮
> 11. 악형의 여러 법을 혁파할 것
> 12. 소 도살을 엄금할 것
> 13. 철도 부설권을 허락하지 말 것

① 평양에 대성 학교, 정주에 오산 학교를 설립하였다.
② 영국의 종교인 것처럼 위장하여 정부의 탄압을 피하고자 하였다.
③ 만민 공동회를 개최하여 러시아의 침략 정책을 강력하게 규탄하였다.
④ '가난한 사람을 살려내는 무리'라는 뜻으로 「홍길동전」에서 이름을 따왔다.

14회 핵심 키워드 마무리 체크

☑ 빈칸에 들어갈 알맞은 키워드를 골라 채워보세요.

제3차 조선 교육령	진흥왕	흥선 대원군	신립
활빈당	예종	중정대	형평 운동
동예	박종철	정조	3·15 부정 선거
김정희	제1차 조선 교육령	향리	광개토 대왕

선사~조선 후기

01 ____는 특산물로 단궁, 과하마, 반어피 등이 유명하였다.

02 _____은 영락이라는 독자적인 연호를 사용하였다.

03 _____ 때 황룡사를 창건하였다.

04 발해의 _____는 관리들의 비리를 감찰하는 기능을 담당하였다.

05 고려 ____은 도교 사원인 복원궁을 건립하였다.

06 고려 현종 때 ____에 대한 공복이 제정되었다.

07 임진왜란 때 ____이 충주 탄금대에서 왜군에 패배하였다.

08 ____는 인재를 양성하기 위해 초계문신제를 시행하였다.

09 _____는 「금석과안록」에서 북한산비가 진흥왕 순수비임을 고증하였다.

근대~현대

10 _____은 비변사를 혁파하고 의정부와 삼군부의 기능을 강화하였다.

11 _____은 '가난한 사람을 살려내는 무리'라는 뜻으로 「홍길동전」에서 이름을 따왔다.

12 _____에서는 낮은 수준의 실업 교육을 통해 노동 인력을 양성하고자 하였다.

13 _____에서는 기존에 달랐던 한국인 학교와 일본인 학교의 명칭을 통일시켰다.

14 _____은 경상남도 진주에서 시작되었다.

15 4·19 혁명은 _____가 원인이 되어 일어났다.

16 _____ 고문 치사 사건이 6월 민주 항쟁의 도화선이 되었다.

정답 | 01 동예 02 광개토 대왕 03 진흥왕 04 중정대 05 예종 06 향리 07 신립 08 정조 09 김정희 10 흥선 대원군 11 활빈당 12 제1차 조선 교육령 13 제3차 조선 교육령 14 형평 운동 15 3·15 부정 선거 16 박종철

15회 실전동형모의고사

01 다음 내용을 통해 알 수 있는 고조선의 사회 모습으로 옳지 않은 것은?

> 백성들에게 금하는 법 8조가 있었다. 그것은 대개 사람을 죽인 자는 즉시 죽이고, 남에게 상처를 입힌 자는 곡식으로 갚는다. 도둑질을 한 자는 노비로 삼는다. 용서받고자 하는 자는 한 사람마다 50만 전을 내야 한다. 비록 용서를 받아 보통 백성이 되어도 세속에서 오히려 그들은 부끄러움을 씻지 못하여 혼인을 하고자 해도 짝을 구할 수 없다. 이러해서 백성은 도둑질을 하지 않아 대문을 닫고 사는 일이 없었다. 여자는 모두 정조를 지키고 신용이 있어 음란하고 편벽된 짓을 하지 않았다.

① 노동력과 생명을 중시하였다.
② 사유 재산과 노비 제도가 있었다.
③ 가부장적 가족 제도가 확립되었다.
④ 중대한 범죄에는 연좌제가 적용되었다.

02 밑줄 친 '나라'에 대한 설명으로 옳은 것은?

> 이 나라 사람들은 배우기를 좋아하여 가난한 마을이나 집안에 이르기까지 서로 힘써 배우므로, 길거리마다 큼지막한 집을 짓고 경당이라고 부른다. 결혼하지 않은 자제들이 무리 지어 머물면서 경전을 암송하고 활쏘기를 익히게 한다.

① 호랑이를 신으로 여겨 제사를 지냈다.
② 특산물로 말, 주옥, 모피 등이 유명하였다.
③ 왕 아래 상가, 고추가 등의 대가들이 있었다.
④ 화백 회의에서 나라의 중대한 일을 결정하였다.

03 (가), (나) 인물에 대한 설명으로 옳지 않은 것은?

> 이 사건을 역대 역사가들은 다만 국왕의 군대가 반란군을 친 전쟁으로만 알고 있었지만 이는 근시안적인 관찰에 불과하다. 그 실상은 이 전역이 낭불 양가 대 유가의 싸움이며, 국풍파 대 한학파의 싸움이며, 독립당 대 사대당의 싸움이며, 진취 사상 대 보수 사상의 싸움이었다. (가) 은/는 전자의 대표요, (나) 은/는 후자의 대표였다.

① (가) - 국호를 장안, 연호를 경운으로 칭하고 반란을 일으켰다.
② (가) - 왕에게 황제를 칭하고 연호를 사용할 것을 건의하였다.
③ (나) - 개경 중심 문벌 귀족의 대표였다.
④ (나) - 영통사 대각국사비의 비문을 지었다.

04 (가)에 대한 설명으로 옳은 것은?

> 청주 흥덕사에서 간행된 (가) 은/는 승려인 백운화상이 역대의 여러 부처를 비롯한 조사와 고승들의 법어, 찬, 설법 등에서 중요한 내용을 뽑아 편찬한 것으로 상하 두 권으로 구성되어 있다. 현재는 하권만 남아 있으며, 2001년에 유네스코 세계 기록유산으로 등재되었다.

① 현재 합천 해인사에 보관되어 있다.
② 몽골의 침략을 물리치기 위해 제작되었다.
③ 불국사 3층 석탑을 보수하는 과정에서 발견되었다.
④ 현존 세계 최고(最古)의 금속 활자본으로 공인받았다.

05 (가)에 대한 설명으로 옳은 것을 모두 고른 것은?

천하는 아주 넓다. 안으로 중국에서부터 밖으로 사해(四海)에 이르기까지 그 거리가 몇 천 몇 만리 인지 알 길이 없다. 이를 줄여 몇 자(尺)의 화폭에 천하를 그리려 하다 보니 상세히 만들기가 어려운 것이다. …… 이번에 이회가 특별히 우리나라의 지도를 보강하고 확대하였으며, 일본의 지도를 덧붙여 (가) 을/를 완성하였다.

㉠ 현존하는 동양 최고(最古)의 세계 지도이다.
㉡ 중국 동북 지방의 군사 요새지가 상세히 그려져 있다.
㉢ 이슬람 지도학의 영향을 받아 제작되었다.
㉣ 우리나라 최초로 100리 척을 사용하였다.

① ㉠, ㉡
② ㉠, ㉢
③ ㉡, ㉢
④ ㉢, ㉣

06 (가)에 들어갈 신문에 대한 설명으로 옳은 것은?

우리는 첫째, 편벽되지 아니한 고로 무슨 당에도 상관이 없고, 상하귀천을 달리 대접하지 아니하고, 모두 조선 사람으로만 알고, 조선만을 위하여 공평히 인민에게 말할 터인데, 우리가 서울 백성만 위한 것이 아니라 조선 인민을 위하여 무슨 일이든지 대신 말하여 주려 함. …… 또 한쪽에 영문으로 기록하기는 외국 인민이 조선 사정을 자세히 모른즉, 혹 편벽된 말만 듣고 조선을 잘못 생각할까 보아 실상 사정을 알게 하고자 하여 영문으로 조금 기록함
- (가) 창간사

① 신문지법에 의하여 폐간되었다.
② 우리나라 최초의 민간 신문이다.
③ 우리나라 신문 최초로 상업 광고를 게재하였다.
④ 이종일 등이 간행한 신문으로 서민 계층에게 인기를 얻었다.

07 (가)에 들어갈 기구의 명칭으로 옳은 것은?

〈○○ 역사 동아리 연극 대본〉
구한말 개혁의 바람이 불다

[1막]
김옥균: (분개하며) 지금 우리 조선은 부패한 관료들과 무능한 왕 때문에 고통받고 있다. 이대로 가다가는 나라가 망하고 말 것이다.
서광범: (고민하며) 하지만 어떻게 개혁을 추진해야 할지 막막하군.
유길준: (자신감 있게) 우선 (가) 을/를 혁파해야 하네. (가) 은/는 보부상들의 특권적 상업 체제를 유지해 주고, 그들만의 이익을 챙기게 하고 있는 기구가 아닌가?
김옥균: (놀라며) 그게 가능하겠는가?
유길준: (확신에 찬 목소리로) 물론이네. 우리 급진개화파가 힘을 모아 (가) 을/를 혁파하고, 새로운 상업 체계를 구축해야 하네.

① 대동상회
② 농광 회사
③ 혜상공국
④ 황국 중앙 총상회

08 (가) 재위 시기의 사실로 옳은 것은?

무예가 죽자 그의 아들 (가) 이/가 왕위에 올라 연호를 대흥으로 고쳤다. 당 현종이 왕위와 도독의 지위를 세습하라는 조서를 내리자, (가) 은/는 나라에 사면령을 내렸다.

① 야율아보기에 의해 홀한성이 포위되었다.
② 5경 15부 62주의 지방 체제를 완비하였다.
③ 중경 현덕부에서 상경 용천부로 도읍을 옮겼다.
④ 대부분의 말갈족을 복속시키고 요동 지역으로 진출하였다.

09 다음 헌법이 제정된 시기로 옳은 것은?

> 제4조 임시 정부는 국무령과 국무원으로 조직한 국무회의의 결정으로 행정과 사법을 통판함. 국무원은 10인 이내 5인 이상으로 함.
> 제5조 국무령은 국무회의를 대표하여 그 결정을 집행 또는 집행케 하고 임시 의정원에 대하여 책임을 지도록 함.
> 제6조 국무원은 국무회의의 일원으로 일체 국무를 의정함.

	(가)	(나)	(다)	(라)	
대한민국 임시 정부 수립		국민 대표 회의 개최		만보산 사건 발발		한국 국민당 창당		대한민국 건국 강령 발표

① (가) ② (나)
③ (다) ④ (라)

10 (가)에 대한 설명으로 옳지 않은 것은?

> 지방 고을의 ⎡(가)⎤은/는 마땅히 금지해야 할 것이다. …… 반드시 가볍고 무거움에 따라 양쪽의 주동자를 먼저 다스려 진정시키고 ⎡(가)⎤을/를 없애는 것을 위주로 하는 것이 옳다. …… 향임을 임명할 때 한쪽 사람을 치우치게 쓰지 않는 것이 좋다.

① 수령의 권한이 강화되는 결과를 가져왔다.
② 재지 사족의 농장 확대로 인하여 발생하였다.
③ 부농층은 수령과 결탁하여 향안에 이름을 올렸다.
④ 세도 정치 아래에서 농민 수탈이 극심해지는 배경이 되었다.

11 조선 전기의 회화에 대한 설명으로 옳은 것은?

① 서양화 기법을 반영한 영통동구도가 그려졌다.
② 원대 북화의 영향을 받은 천산대렵도가 그려졌다.
③ 서민의 일상을 생동감 있게 표현한 무동 등이 그려졌다.
④ 과감한 필치로 인물의 내면 세계를 표현한 고사관수도가 그려졌다.

12 다음과 같이 주장한 정치 세력에 대한 설명으로 옳지 않은 것은?

> 태조로부터 공민왕에 이르기까지 자손들이 서로 이어 종묘와 사직을 받들어왔는데, 불행히도 공민왕이 후사가 없었으니 당시 종실과 여러 신하들이 종실의 현명한 자를 세워야 한다고 의논하였다. 그런데 이인임이 나라의 정권을 오랫동안 잡고서 불의한 일을 많이 행하여 …… 역적 신돈의 아들 우(禑)를 공민왕의 후손이라고 거짓으로 내세워 그 총애를 굳건히 하려고 하였다 …… 우왕은 무고한 이들을 많이 죽여 나라 사람들의 원망을 얻었고, 병사를 일으켜 중국을 어지럽혀 천자에게 죄를 얻었으니, 이때야말로 왕씨가 종사를 회복할 바로 좋은 시기이다.

① 대표적인 인물로 남은, 조준 등이 있다.
② 성리학을 통해 불교의 폐단을 비판하였다.
③ 권력을 앞세워 대규모 농장을 소유하였다.
④ 지방 향리 출신으로 과거를 통해 중앙에 진출하였다.

13 밑줄 친 '주장'의 내용으로 옳은 것을 모두 고른 것은?

아직 돌아가지 않고 남아 있는 자들이 있다니 우려스럽다. 그대들은 얼마 전에 서로 맺은 약속대로 향리로 돌아가도록 하라. 생각해 보건대 며칠 전 상륙한 청국 병사들은 매우 사나운 군대이다. 그들이 자기 나라로 돌아가지 않고 혹시라도 이쪽으로 진군해 온다면 어찌 해를 입지 않겠는가! 본 관찰사는 그대들의 주장을 조정에 상주하기로 하겠다. 그대들이 억울하게 여기는 사안들은 각 지방에 두기로 한 집강소를 통해 아뢰도록 하라.

㉠ 탐관오리는 죄상을 조사하여 엄징한다.
㉡ 문벌과 양반·상민 등의 계급을 타파한다.
㉢ 관리의 채용에는 지벌을 타파하고 인재를 등용한다.
㉣ 납세는 법으로 정하고 함부로 세금을 징수하지 아니한다.

① ㉠, ㉡   ② ㉠, ㉢
③ ㉡, ㉣   ④ ㉢, ㉣

14 다음과 같이 주장한 인물에 대한 설명으로 옳은 것은?

근일에 사용하는 조선학은 …… 넓은 의미로는 종교, 철학, 예술, 민속할 것 없이 조선 연구의 학적 대상이 될 만한 것은 모두 포함된 것이나, 좁은 의미로는 조선어, 조선사를 비롯하여 순 조선 문학 같은 것을 주로 지칭하여야 한다. …… 조선인의 특수성을 표시하는 언어를 비롯하여 조선인의 과거상을 비추어 나타내는 그 역사이며, 또 조선인의 실생활을 조선말로 써 놓은 조선 문학 같은 것이 조선학의 중심 골자가 되어야 한다.

① 『조선상고사감』을 저술하였다.
② 『대미 관계 50년사』를 저술하였다.
③ 민족 정신으로 낭가 사상을 강조하였다.
④ 광개토 대왕릉비에 대한 새로운 해석 방법을 제시하였다.

15 다음은 유네스코에 등재된 우리나라의 문화유산에 대한 설명이다. 옳은 것을 모두 고른 것은?

㉠ 남한산성은 조선 시대에 임시 수도의 역할을 담당하도록 축조되었다.
㉡ 능산리 고분군에는 중국 남조의 영향을 받은 전축분인 6호분과 무령왕릉이 있다.
㉢ 대성동 고분군에서는 철제 갑옷과 금동솥이 출토되었다.
㉣ 해인사 장경판전은 초조대장경을 보관하기 위해 지어진 건축물이다.

① ㉠, ㉡   ② ㉠, ㉢
③ ㉡, ㉣   ④ ㉢, ㉣

16 고려 시대의 불상에 대한 설명으로 옳지 않은 것은?

① 광주 춘궁리 철불은 고려 초기에 제작된 대형 철불이다.
② 안동 이천동 마애여래 입상은 안정성과 균형미가 뛰어난 걸작이다.
③ 영주 부석사 소조 아미타여래 좌상은 신라의 불상 양식을 계승하였다.
④ 논산 관촉사 석조 미륵보살 입상은 '은진 미륵'이라는 별명을 가지고 있다.

17 다음 조약에 대한 설명으로 옳은 것은?

제4조 제3국의 침해 혹은 내란으로 인하여 대한 제국 황실의 안녕과 영토 보전에 위험이 있을 경우에 대일본 제국 정부는 속히 필요한 조치를 취할 수 있다. 그러나 대한 제국 정부는 위 대일본 제국의 행동을 용이하게 하기 위하여 충분한 편의를 제공한다. 대일본 제국 정부는 전항의 목적을 성취하기 위하여 군사 전략상 필요한 지점을 정황에 따라 차지하여 이용할 수 있다.
제5조 대한 제국 정부와 대일본 제국 정부는 상호간에 승인을 거치지 않고 뒷날 본 협정 취지에 어긋나는 협약을 제3국과 맺을 수 없다.

① 서재필이 독립신문을 창간하는 배경이 되었다.
② 메가타가 재정 고문으로 파견되는 계기가 되었다.
③ 일제가 대한 제국의 국외 중립 선언을 무시하고 체결하였다.
④ 중요한 행정상의 처분은 통감의 승인을 거치도록 규정하였다.

18 밑줄 친 '나'에 대한 설명으로 옳은 것은?

"어느 날 꿈에 신인(神人)이 나타나 말하기를, '나는 초나라 회왕의 손자인 심(心, 의제)이다. 서초의 패왕(覇王, 항우)에게 피살되어 빈 강에 빠져 있느라.' 하고는 갑자기 사라져버렸다. 나는 꿈에서 깨어 놀라며 생각하기를 '회왕은 중국 초나라 사람이요, 나는 동이 사람으로 거리가 만 리나 떨어져 있는데, 꿈에 나타난 징조는 무엇일까?' …… 마침내 글을 지어 조문하였다."

① 무오사화로 인해 목숨을 잃었다.
② 『국조오례의』편찬에 관여하였다.
③ 고려 말 정몽주, 길재의 학풍을 이었다.
④ 공납의 폐단을 시정할 것을 주창하였다.

19 다음 사건 이후에 볼 수 있는 모습으로 옳은 것은?

손기정 선수가 마라톤에서 우승하여 전세계가 절찬하는 가운데 월계관을 받고 올림픽 단상에 섰다. 이 좋은 소식을 동아일보도 매일 아침저녁으로 발행하였다. …… 25일에 동아일보가 압수 수색을 당했다. 손 선수 가슴팍에 있어야 할 일장기를 말소한 사진이 게재되었기 때문이다. 신문사 직원 10인을 검거하여 조사한 결과 고의로 일장기를 말소했다는 사실이 탄로되어 27일에 정간 처분을 당하게 되었다.

① 영화 아리랑을 처음 상영하는 단성사 직원
② 매일신보에 연재된 이광수의 「무정」을 읽는 학생
③ 국무회의에 참석하는 대한민국 임시 정부의 부주석
④ 아사 동맹을 맺어 파업을 전개하는 경성 고무 공장 노동자

20 다음 연설이 발표된 정부 시기에 있었던 사실로 옳은 것은?

내무 및 법무 행정에 있어서는 법질서의 확립으로 국민의 권리와 자유를 보장하고, 부정 선거 관련자의 처단과 부정 축재 처리에 있어서는 혁명 정신에 입각하여 현행법을 활용하여 왔으며, 부정 선거 원흉의 처단은 이미 공소 제기와 구형을 한 터이므로 법원의 엄정한 판결이 있을 것을 기대하는 바이다.

① 경부 고속 도로를 개통하였다.
② 민주화 추진 협의회를 조직하였다.
③ 경제 개발 5개년 계획을 수립하였다.
④ 점령지 행정 구호 원조(GARIOA)가 전개되었다.

15회 핵심 키워드 마무리 체크

☑ 빈칸에 들어갈 알맞은 키워드를 골라 채워보세요.

고구려	직지심체요절	문일평	한·일 의정서
신진 사대부	고사관수도	남한산성	문왕
경부 고속 도로	한·일 신협약	경제 개발 5개년 계획	제1차 한·일 협약
혼일강리역대국도지도	독립신문	폐정 개혁안 12개조	선왕

선사~조선 후기

01 _____에는 왕 아래 상가, 고추가 등의 대가들이 있었다.

02 발해 ____ 때 중경 현덕부에서 상경 용천부로 도읍을 옮겼다.

03 발해 ____ 때 5경 15부 62주의 지방 체제를 완비하였다.

04 『_____』은 현존 세계 최고(最古)의 금속 활자본으로 공인받았다.

05 _____는 현존하는 동양 최고(最古)의 세계 지도이다.

06 _____는 지방 향리 출신으로 과거를 통해 중앙에 진출하였다.

07 _____은 조선 시대에 임시 수도의 역할을 담당하도록 축조되었다.

08 조선 전기에 과감한 필치로 인물의 내면 세계를 표현한 _____가 그려졌다.

근대~현대

09 _____에는 탐관오리는 죄상을 조사하여 엄징한다는 내용이 있다.

10 _____는 일제가 대한 제국의 국외 중립 선언을 무시하고 체결하였다.

11 _____은 메가타가 재정 고문으로 파견되는 계기가 되었다.

12 _____에서 중요한 행정상의 처분은 통감의 승인을 거치도록 규정하였다.

13 _____은 우리나라 최초의 민간 신문이다.

14 ____은 『대미 관계 50년사』를 저술하였다.

15 장면 내각 시기에 _____을 수립하였다.

16 박정희 정부 시기에 _____를 개통하였다.

정답 | 01 고구려 02 문왕 03 선왕 04 직지심체요절 05 혼일강리역대국도지도 06 신진 사대부 07 남한산성 08 고사관수도 09 폐정 개혁안 12개조 10 한·일 의정서 11 제1차 한·일 협약 12 한·일 신협약 13 독립신문 14 문일평 15 경제 개발 5개년 계획 16 경부 고속 도로

01 우리나라 철기 시대에 대한 설명으로 옳지 않은 것은?

① 빗살무늬 토기를 만들기 시작하였다.
② 농경에 필요한 수리 시설이 만들어졌다.
③ 부뚜막을 설치하여 생활하기 시작하였다.
④ 널무덤, 독무덤, 주구묘 등을 조성하였다.

02 (가), (나) 국가에 대한 설명으로 옳은 것은?

(가) 이 나라는 요동의 동쪽 천리에 있다. …… 큰 산과 깊은 골짜기가 많고 평원과 연못이 없다. 사람들은 계곡을 따라 사는데 골짜기 물을 식수로 마셨고, 좋은 밭이 없어서 힘들여 일구어도 배를 채우기에는 부족하였다. 사람들의 성품은 흉악하고 급해서 노략질하기를 좋아했다.
(나) 이 나라의 백성들은 토착민으로 곡식을 심으며 누에치기와 뽕나무를 가꿀 줄 알며 면포를 만들었다. 나라마다 각각 장수가 있어서, 세력이 강대한 사람은 스스로 신지라 하고, 그 다음은 읍차라고 하였다.

① (가) - 돌을 쌓아서 봉분을 만들고 그 주위에 송백을 심었다.
② (나) - 도둑질을 하면 그 물건의 12배를 변상하게 하였다.
③ (가) - 선비족의 침입으로 국력이 쇠퇴하여 5세기 말에 멸망하였다.
④ (나) - 해마다 10월에 무천이라는 제천 행사를 시행하였다.

03 다음 조약이 체결된 이후의 사실로 옳은 것은?

제1조 한국 황제 폐하는 한국 전부에 관한 모든 통치권을 완전 또는 영구히 일본국 황제 폐하에게 양여한다.
제2조 일본국 황제 폐하는 앞조에 기재한 양여를 수락하고 완전히 대한 제국을 일본 제국에 병합함을 승낙한다.
제7조 일본국 정부는 성의로써 충실하게 신제도를 존중하는 한국인으로서 상당한 자격을 가진 자를 사정이 허락하는 범위에서 한국에 있어서의 일본국 관리로 등용할 것이다.

① 조선 어업령이 공포되었다.
② 서울에 통감부를 설치하였다.
③ 대한 제국의 군대를 해산하였다.
④ 제2차 영·일 동맹이 체결되었다.

04 (가)에 들어갈 기구로 옳은 것은?

조준 등이 아뢰기를, (가) 은/는 본래 가난한 사람을 구휼하기 위해 설치한 것이니 농사철에 가난한 백성들에게 양식과 종자를 두량(斗量)으로 셈하여 나누어 주고, 추수 후에는 본 수량만 바치게 하여야 합니다.

① 사창
② 의창
③ 경시서
④ 혜민서

05 향도에 대한 설명으로 옳지 않은 것은?

① 불상 및 석탑 조성, 사원 건축 등에 동원되었다.
② 향나무를 바닷가에 묻어 복을 비는 매향 활동을 하였다.
③ 고려 시대에 처음으로 결성되어 조선 시대까지 이어졌다.
④ 고려 후기로 가면서 마을 공동체 성격의 농민 조직이 되었다.

06 다음 글을 저술한 인물에 대한 설명으로 옳은 것은?

> 천하에 두려워할 대상은 오직 백성뿐이다. 백성은 홍수나 화재 또는 호랑이나 표범보다도 더 두려워해야 한다. 그런데도 윗자리에 있는 사람들은 백성들을 업신여기면서 가혹하게 부려먹는데 어째서 그러한가? 이미 이루어진 것을 여럿이 함께 즐거워하고 늘 보아 오던 것에 익숙하여, 그냥 순순하게 법을 받들면서 윗사람에게 부림을 당하는 사람들은 항민(恒民)이다. 이러한 항민은 두려워할 것이 없다. …… 자신의 자취를 푸줏간 속에 숨기고 몰래 딴마음을 품고서, 세상을 흘겨보다가 혹시 그때에 어떤 큰 일이라도 일어나면, 자기의 소원을 실행해 보려는 사람들은 호민(豪民)이다. 이 호민은 몹시 두려워해야 할 존재이다.

① 『반계수록』에서 균전론을 주장하였다.
② 「호질」을 지어 양반의 위선과 부패를 풍자하였다.
③ 「유재론」에서 능력에 따른 인재 등용을 주장하였다.
④ 『우서』를 지어 상공업의 진흥과 기술의 혁신을 주장하였다.

07 밑줄 친 '왕' 재위 시기의 사실로 옳은 것은?

> 왕이 주색에 빠져서 정사가 어지럽고 나라가 위태로웠다. …… 성충이 글을 올려 이르기를 "만약 적이 온다면 육로로는 탄현을 통과하지 못하게 하고, 수군은 기벌포에 들어오지 못하게 할 것이며, 험한 곳에 웅거해서 적을 막은 이후에야 나라의 보존이 가능할 것입니다."라 하였으나 왕은 이를 듣지 아니하였다.

① 수도는 5부, 지방은 5방으로 나누어 정비하였다.
② 신라의 대야성을 함락시키고 40여 성을 탈취하였다.
③ 신라와 연합하여 한강 지역을 일시적으로 회복하였다.
④ 단양이·고안무를 일본으로 파견하여 유교 문화를 전파하였다.

08 밑줄 친 '왕'에 대한 설명으로 옳은 것은?

> 왕이 형리에게 이차돈의 목을 베게 하였다. 이차돈이 죽음에 임하여 말하였다. "나는 불법을 위하여 형벌을 당하는 것이니, 부처의 신령스러움이 있다면 내가 죽고서 반드시 이상한 일이 있을 것이다." 목을 베자, 잘린 곳에서 피가 솟았는데 그 빛깔이 우유처럼 희었다. 사람들이 이를 괴이하게 여겨 다시는 불사를 헐뜯지 않았다.

① 아시촌에 소경을 설치하였다.
② 고령 지역의 대가야를 정복하였다.
③ 거칠부에게 『국사』를 편찬하도록 하였다.
④ 병부를 설치하고, 백관의 공복을 제정하였다.

09 밑줄 친 '이 운동'에 대한 설명으로 옳은 것은?

조선에 계몽 운동이 필요하냐? 이렇게 문제를 내어놓는다면 나는 물론 무조건으로 필요하다고 대답하겠다. 그러나 다시 나에게 그러면 지금 동아일보에서 들고 있는 이 운동이 조선에 필요하냐 하면 유감이나 그것은 필요한 운동이란 것 보다는 도리어 해로운 운동이라 하겠다. 그러면 일반적으로 말해서 조선에 계몽 운동이 필요한데 왜 동아일보에서 하는 이 운동은 불필요한 것일까? 거기에 대한 것을 규명해 가는 것이 이 글을 쓰는 중요한 목표다.

① "아는 것이 힘, 배워야 산다!"라는 구호 아래 전개되었다.
② 이 운동의 결과 서울에서 국채 보상 기성회가 조직되었다.
③ 학생들이 중심이 되어 미신 타파, 구습 제거 등을 추진하였다.
④ 한국인의 반일 감정을 무마하기 위한 문화 통치가 실시되는 계기가 되었다.

10 다음 자료와 관련된 사건에 대한 설명으로 옳은 것은?

"우리나라에서는 경인년과 계사년 이래 고위 관리들이 천민과 노비에서 많이 나왔다. 장군과 재상이 어찌 타고난 씨가 따로 있겠는가? 때만 만나면 누구나 될 수 있는 것이다. …… 우리들은 성 안에서 봉기하여 먼저 각자 자기 주인들을 때려죽이고 호적을 불태워 버리자."

① 최우 집권 시기에 발생하였다.
② 경주에서 신라 부흥을 목표로 봉기하였다.
③ 개경에서 반란을 모의하였으나 실패하였다.
④ 진주의 공·사 노비와 합주의 부곡민이 합세하였다.

11 (가) 단체의 활동으로 옳은 것은?

특별 기획전
한글, 시대를 넘어 마음을 잇다

■ 전시 개요
이번 특별전은 일제 강점기에 우리말과 글을 지키기 위해 노력했던 ⬚(가)⬚의 발자취를 따라갑니다. 1921년 주시경 선생님의 제자들이 모여 시작된 ⬚(가)⬚은/는 강습회·강연회를 개최하고 1927년에는 잡지 『한글』을 간행하는 등 우리글의 체계를 정립하고 널리 보급하는 데 크게 기여했습니다. 이번 전시에서는 그들의 활동과 역사를 다양한 자료와 유물을 통해 만나볼 수 있습니다.

■ 전시 구성
제1부: 탄생과 변화 과정
제2부: 한글의 표준화와 보급
제3부: 한글의 미래와 전망
특별전시: 주시경 선생님의 유품과 자료 전시

① 『우리말 큰사전』을 완성시켰다.
② 한글 맞춤법 통일안을 제정하였다.
③ 한글 기념일인 '가갸날'을 제정하였다.
④ 우리나라 최초의 한글 신문을 발간하였다.

12 다음 인물에 대한 설명으로 옳은 것은?

○ 『중용주해』에서 『중용』을 독자적으로 해석하였다.
○ 청의 정세 변화를 계기로 북벌을 주장하였다.

① 삼남 지방까지 대동법의 확대 실시를 건의하였다.
② 존언, 만물일체설로 지행합일 이론을 체계화하였다.
③ 『청사열전』을 지어 도가(道家) 관련 인물들의 행적을 정리하였다.
④ 기해예송 때 조대비가 3년 동안 상복을 입어야 한다고 주장하였다.

13 밑줄 친 '부대'에 대한 설명으로 옳은 것은?

이번 연합군과의 작전에 모든 운명을 거는 듯하였다. 주석과 우리 부대의 총사령관이 계속 의논하는 것을 옆에서 들었기 때문에 더욱 일의 중대성을 절감하였다. 드디어 시기가 온 것이다! 독립 투쟁 수십 년에 조국을 탈환하는 결정적 시기가 온 것이다. 이때의 긴장감은 내가 일본 군대를 탈출할 때와는 다른 긴장감이었다. 목적은 같으나 그때는 막연한 미지의 세계에 뛰어드는 것이었지만 이번에는 분명히 조국으로 가는 것이 아닌가?

① 중국 팔로군과 연합하여 항일 투쟁을 하였다.
② 조선 민족 전선 연맹의 산하 군대로 창설되었다.
③ 창설 초기에 중국 군사 위원회의 지휘를 받았다.
④ 쌍성보 전투, 동경성 전투에서 일본군을 격퇴하였다.

14 조선 후기 광업에 대한 설명으로 옳지 않은 것은?

① 수령수세제가 시행되면서 민영 광산이 증가하였다.
② 연은분리법이라는 새로운 은 제련법이 발명되었다.
③ 광산 경영 방식에서 덕대제가 유행하기 시작하였다.
④ 광물의 수요가 증가하면서 은광의 개발이 활발해졌다.

15 밑줄 친 '이 문서'에 대한 내용으로 옳지 않은 것은?

이 문서는 1933년에 일본 도다이사 쇼소인에서 발견된 것으로, 서원경 주변 4개 촌락의 호수와 전답 면적, 가축 수와 유실의 수 등이 상세하게 기록되어 있다.

① 호구와는 달리 전답 면적의 증감은 기록되어 있지 않다.
② 인구는 연령에 따라 6등급으로 나누었으며 성별도 구별하였다.
③ 토지는 내시령답, 관모전답, 촌주위답 등으로 나누어 조사하였다.
④ 토착 세력인 촌주가 변동 사항을 조사하여 매년 다시 작성하였다.

16 (가)에 대한 설명으로 옳지 않은 것은?

처음으로 원화(源花)를 받들었다. 처음에 임금과 신하들이 인재를 알아볼 수 있는 방법이 없어 근심하다가, 무리를 지어 놀게 하고 그 행실을 관찰한 연후에 발탁해서 등용하고자 하였다. …… 그 후에 다시 미모의 남자를 선발하여 곱게 꾸미고 (가) (이)라 이름하고 받들었는데, 무리들이 구름같이 모여 들었다. 이들은 도의(道義)로써 서로 연마하고, 혹은 노래와 음악으로써 서로 즐겨서 산과 내를 찾아 노닐며 멀리까지 이르지 않은 곳이 없었다.

① 국선도, 풍류도 등으로 불리기도 하였다.
② 씨족 사회의 청소년 집단에서 기원하였다.
③ 국왕을 추대하거나 왕권을 견제하기도 하였다.
④ 진골 귀족에서 평민까지 여러 계층을 망라하였다.

16회 실전동형모의고사

17 다음 조약이 체결된 시기로 옳은 것은?

제1조 양 체약 당사국 간에 외교 및 영사 관계를 수립한다. 양 체약 당사국 간은 대사급 외교 사절을 지체 없이 교환한다. 또한 양 체약 당사국 간은 양국 정부에 의하여 합의되는 장소에 영사관을 설치한다.
제2조 1910년 8월 22일 및 그 이전에 대한 제국과 대 일본 제국 간에 체결된 모든 조약 및 협정이 이미 무효임을 확인한다.

	(가)	(나)	(다)	(라)	
한·미 상호 방위 조약 체결		5·16 군사 정변		7·4 남북 공동 성명 발표	12·12 사태	6월 민주 항쟁

① (가) ② (나)
③ (다) ④ (라)

18 밑줄 친 '왕' 재위 시기의 사실로 옳은 것을 모두 고른 것은?

왕이 나라를 다스린 지 21년 만에 돌아가시어 유언에 따라 동해 가운데 큰 바위 위에 장사 지냈다. 왕이 평소에 항상 지의법사에게 이르기를, "짐은 죽은 뒤에 호국대룡(護國大龍)이 되어 불법을 받들고 나라를 수호하고자 한다."라고 하였다.

㉠ 안승을 보덕국왕으로 책봉하였다.
㉡ 지방관을 감찰하기 위하여 외사정을 파견하였다.
㉢ 9서당 10정의 군사 제도를 완성하였다.
㉣ 관료들이 지켜야 할 덕목을 담은 『백관잠』이 지어졌다.

① ㉠, ㉡
② ㉠, ㉢
③ ㉡, ㉣
④ ㉢, ㉣

19 밑줄 친 '왕' 대의 과학 기술에 대한 설명으로 옳은 것은?

왕이 말했다. "나는 일찍부터 공법을 시행해 여러 해의 평균을 파악하고 답험(踏驗)의 폐단을 영원히 없애려고 해 왔다. 신하들부터 백성까지 두루 물어보니 반대하는 사람은 적고 찬성하는 사람이 많았으므로 백성의 뜻도 알 수 있다."

㉠ 신기전이라는 화살 100개를 동시에 발사할 수 있는 화차가 개발되었다.
㉡ 『향약집성방』을 편찬하여 약재와 치료법을 정리하였다.
㉢ 밀랍 대신 식자판을 조립하여 인쇄 능률을 향상시켰다.
㉣ 우리나라의 사정에 맞는 『천세력』을 만들어 간행하였다.

① ㉠, ㉣
② ㉡, ㉢
③ ㉠, ㉡, ㉢
④ ㉠, ㉡, ㉢, ㉣

20 (가) 지역에 대한 설명으로 옳은 것은?

원나라 세조가 (가) 에 목장을 설치하고 10만 필의 몽고 말을 풀어놓아 번식하게 하고, 다루가치를 두어 지키게 하였다. …… 왕이 원나라에 조회하고 (가) 을/를 돌려주기를 청하니, 원나라 승상 완택(完澤) 등이 아뢰어 황제의 뜻을 받들어 우리에게 돌려주었다.

① 정묘호란 중 인조가 피난하였다.
② 제1차 남·북 정상 회담이 개최되었다.
③ 영국이 러시아를 견제하기 위해 불법으로 점령하였다.
④ 좌익 단체의 봉기를 진압하던 도중 무고한 주민들이 희생되었다.

정답·해설 _약점 보완 해설집 p.62

모바일 자동 채점 + 성적 분석 서비스 바로 가기
QR코드를 이용해 모바일로 간편하게 채점하고 나의 실력이 어느 정도인지, 취약 부분이 어디인지 바로 파악해 보세요!

16회 핵심 키워드 마무리 체크

☑ 빈칸에 들어갈 알맞은 키워드를 골라 채워보세요.

허균	향도	조선어 연구회	문무왕
제주도	조선 어업령	무천	윤휴
법흥왕	조선어 학회	한국광복군	신라 촌락 문서
통감부	향약집성방	의자왕	브나로드 운동

선사~조선 후기

01 동예는 해마다 10월에 ____이라는 제천 행사를 시행하였다.

02 ____은 병부를 설치하고, 백관의 공복을 제정하였다.

03 ____ 때는 신라의 대야성을 함락시키고 40여 성을 탈취하였다.

04 ____ 때 지방관을 감찰하기 위하여 외사정을 파견하였다.

05 ____에서 토지는 내시령답, 관모전답, 촌주위답 등으로 나누어 조사하였다.

06 ____는 향나무를 바닷가에 묻어 복을 비는 매향 활동을 하였다.

07 조선 세종 때『____』을 편찬하여 약재와 치료법을 정리하였다.

08 ____은「유재론」에서 능력에 따른 인재 등용을 주장하였다.

09 ____는 기해예송 때 조대비가 3년 동안 상복을 입어야 한다고 주장하였다.

근대~현대

10 일제는 서울에 ____를 설치하였다.

11 1911년에 ____이 공포되었다.

12 ____는 한글 기념일인 '가갸날'을 제정하였다.

13 ____는 한글 맞춤법 통일안을 제정하였다.

14 ____은 학생들이 중심이 되어 미신 타파, 구습 제거 등을 추진하였다.

15 ____은 창설 초기에 중국 군사 위원회의 지휘를 받았다.

16 ____에서 좌익 단체의 봉기를 진압하던 도중 무고한 주민들이 희생되었다.

정답 | 01 무천 02 법흥왕 03 의자왕 04 문무왕 05 신라 촌락 문서 06 향도 07 향약집성방 08 허균 09 윤휴 10 통감부 11 조선 어업령 12 조선어 연구회 13 조선어 학회 14 브나로드 운동 15 한국광복군 16 제주도

MEMO

MEMO

해커스공무원 실전동형모의고사 한국사 1 답안지

2025 최신개정판

해커스공무원
실전동형
모의고사
한국사 1

개정 9판 1쇄 발행 2025년 2월 24일

지은이	해커스 공무원시험연구소
펴낸곳	해커스패스
펴낸이	해커스공무원 출판팀
주소	서울특별시 강남구 강남대로 428 해커스공무원
고객센터	1588-4055
교재 관련 문의	gosi@hackerspass.com
	해커스공무원 사이트(gosi.Hackers.com) 교재 Q&A 게시판
	카카오톡 플러스 친구 [해커스공무원 노량진캠퍼스]
학원 강의 및 동영상강의	gosi.Hackers.com
ISBN	979-11-7244-809-7 (13910)
Serial Number	09-01-01

저작권자 ⓒ 2025, 해커스공무원

이 책의 모든 내용, 이미지, 디자인, 편집 형태에 대한 저작권은 저자에게 있습니다.
서면에 의한 저자와 출판사의 허락 없이 내용의 일부 혹은 전부를 인용, 발췌하거나 복제, 배포할 수 없습니다.

공무원 교육 1위,
해커스공무원 gosi.Hackers.com

해커스공무원

- 시험에 나올 시대별 핵심 키워드를 정리한 **시대별 막판 암기 점검 자료**
- 정확한 성적 분석으로 약점 극복이 가능한 **합격예측 온라인 모의고사**(교재 내 응시권 및 해설강의 수강권 수록)
- 내 점수와 석차를 확인하는 **모바일 자동 채점 및 성적 분석 서비스**
- **해커스공무원 학원 및 인강**(교재 내 인강 할인쿠폰 수록)
- 해커스 스타강사의 **공무원 한국사 무료 특강**

한경비즈니스 2024 한국품질만족도 교육(온·오프라인 공무원학원) 1위

공무원 교육 1위* 해커스공무원
모바일 자동 채점 + 성적 분석 서비스

한눈에 보는 서비스 사용법

Step 1.
교재 구입 후 시간 내 문제 풀어보고 교재 내 수록되어 있는 QR코드 인식!

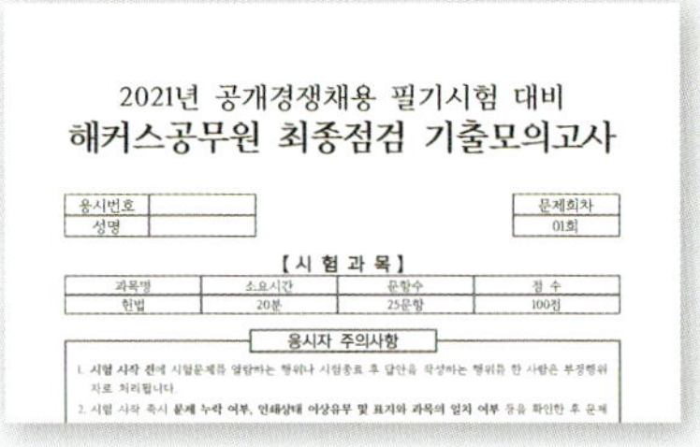

Step 2.
모바일로 접속 후 '지금 채점하기' 버튼 클릭!

Step 3.
OMR 카드에 적어놓은 답안과 똑같이 모바일 채점 페이지에 입력하기!

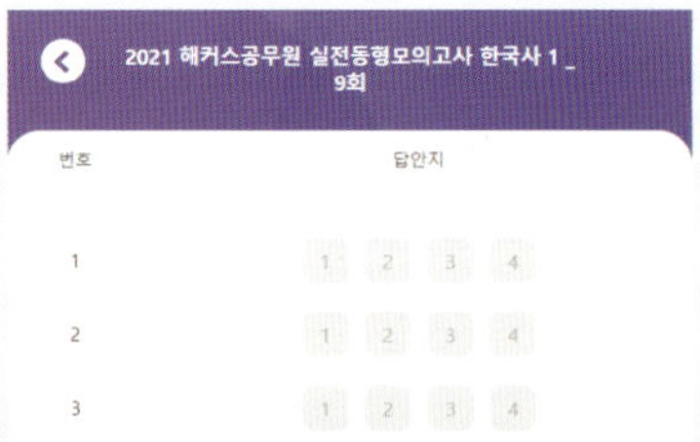

Step 4.
채점 후 내 석차, 문제별 점수, 회차별 성적 추이 확인해보기!

실시간 성적 분석 결과 확인

문제별 정답률 및 틀린 문제 난이도 체크

회차별 나의 성적 변화 확인

* [공무원 교육 1위 해커스공무원] 한경비즈니스 2024 한국품질만족도 교육(온·오프라인 공무원학원) 1위

해커스공무원 gosi.Hackers.com

2025 최신개정판

해커스공무원
**실전동형
모의고사**
한국사 １

약점 보완 해설집

해커스공무원

해커스공무원
**실전동형
모의고사**
한국사 1

약점 보완 해설집

해커스공무원

01회 실전동형모의고사 정답·해설

❯ 정답   p.14

01	④ 선사 시대	11	③ 일제 강점기
02	③ 고대	12	③ 고려 시대
03	④ 조선 후기	13	② 고대
04	④ 고려 시대	14	② 근대
05	② 고대	15	① 조선 후기
06	① 근대	16	② 일제 강점기
07	② 조선 전기	17	④ 일제 강점기
08	④ 조선 전기	18	③ 고려 시대
09	② 조선 후기	19	④ 현대
10	② 근대	20	② 현대

❯ 취약시대 분석표

영역	세부 유형	문항 수
전근대	선사 시대	/1
	고대	/3
	고려 시대	/3
	조선 전기	/2
	조선 후기	/3
근현대	근대	/3
	일제 강점기	/3
	현대	/2
통합	시대 통합	/0
총계		/20

* 취약시대 분석표를 이용해 1개라도 틀린 문제가 있는 시대는 그 시대의 문제만 골라 해설을 다시 한번 꼼꼼히 학습하세요.

---

01 선사 시대 | 신석기 시대의 생활 모습   난이도 하 ●○○

자료분석
농경과 정착 생활이 시작됨 + 움집 → 신석기 시대

정답설명
④ 신석기 시대에는 가락바퀴와 뼈바늘을 만들어 옷과 그물을 제작하는 원시적인 수공업 활동이 전개되었다.

오답분석
① 청동기 시대 후반~초기 철기 시대: 세형동검이 만들어진 것은 청동기 시대 후반~초기 철기 시대이다. 세형동검은 비파형 동검이 한반도에서 독자적으로 발전한 것으로, 한국식 동검이라고도 한다.
② 청동기 시대: 반달 돌칼이 만들어진 것은 청동기 시대이다. 청동기 시대에는 벼농사가 시작되었으며, 반달 돌칼을 사용하여 벼를 수확하였다.
③ 청동기 시대: 송국리식 토기가 만들어진 것은 청동기 시대이다. 한편, 신석기 시대에는 빗살무늬 토기, 덧무늬 토기 등이 만들어졌다.

02 고대 | 최치원   난이도 중 ●●○

자료분석
해인사 「묘길상탑기」 → 최치원

정답설명
③ 최치원이 「사륙집」과 「법장화상전」을 저술한 것은 맞으나, 한산 지방의 풍물 등을 기록한 것으로 추정되는 「한산기」를 저술한 인물은 김대문이다.

오답분석
① 최치원은 고려 현종 때에 '문창후'라는 작호를 받았다.
② 최치원은 황소에게 항복할 것을 권하는 「토황소격문」을 작성하여 당에서 명문장가로 유명해졌다.
④ 최치원은 당에서 신라로 귀국하여 진성 여왕에게 정치·사회 개혁안인 시무 10여 조를 건의하였으나 진골 귀족들의 반대로 시행되지 못하였다.

🖊 이것도 알면 합격!

최치원의 활동

당 유학	· 당의 외국인 대상 시험인 빈공과에 급제 · 「토황소격문」 작성 → 명문장가로 이름을 떨침
시무 10여 조	개혁을 위해 진성 여왕에게 건의하였으나 시행되지 않음
작품	「사륙집」, 「법장화상전」, 「계원필경」, 「제왕연대력」, 「중산복궤집」, 해인사 「묘길상탑기」 등

03 조선 후기 | 서얼과 기술직 중인   난이도 중 ●●○

자료분석
(가) 외가가 하찮아서 대대로 벼슬길이 막힘 → 서얼
(나) 의(醫)에 들어가고 역(譯)에 들어감 → 기술직 중인

정답설명
④ 옳은 것을 모두 고르면 ⓒ, ⓔ이다.
ⓒ 서얼 출신인 이덕무, 유득공, 박제가 등은 조선 후기 정조 때 학문 연구 기관인 규장각 검서관으로 등용되었다.
ⓔ 기술직 중인을 비롯한 중인들은 조선 후기에 시사(詩社)를 결성하여 역대 시인들의 시를 모아 시집을 간행하는 등 활발한 문학 활동을 전개하였다.

오답분석
㉠ 기술직 중인: 철종 때 대규모 소청 운동을 전개하였으나 실패한 신분층은 기술직 중인이다. 한편, 서얼은 조선 후기에 소청 운동에 성공하여 청요직 진출이 가능해졌다.
ⓒ 서얼: 문과 응시가 법적으로 금지되어 있었으나 무과나 잡과에는 응시할 수 있었던 신분층은 서얼이다. 한편, 기술직 중인은 법적으로 문과 응시가 허용되었다.

04 고려 시대 | 별무반 난이도 중 ●●○

자료분석

(가)의 신기군에 편성됨 → (가) 별무반

정답설명

④ 별무반은 윤관의 지휘 아래 여진족을 물리치고, 동북 지방에 9성을 쌓았다. 한편 별무반은 신기군(기병), 신보군(보병), 항마군(승병)으로 구성되었다.

오답분석

① 중앙군: 군인전을 지급받는 상비군이었던 것은 중앙군(2군 6위)이다. 한편 별무반은 여진족을 정벌하기 위해 조직된 임시 군사 조직으로, 군인전을 지급받지 못하였다.
② 광군: 고려 정종(3대) 2년에 설치된 임시 군사 조직이었던 것은 광군이다.
③ 삼별초: 포로 출신으로 구성된 신의군이 포함된 것은 삼별초이다.

05 고대 | 고이왕 때의 사실 난이도 하 ●○○

자료분석

내신좌평을 둠 → 6좌평제 → 고이왕

정답설명

② 고이왕 때는 목지국을 몰아내고 한강 유역을 장악하였으며, 낙랑군과 대방군을 공격하는 등 한 군현과 대립하였다.

오답분석

① 개로왕: 고구려 장수왕의 공격을 막기 위해 중국 북위에 사신을 보내 군사를 요청한 것은 개로왕 때이다.
③ 동성왕: 신라의 소지 마립간과 결혼 동맹을 맺어 신라 이벌찬 비지의 딸을 왕비로 맞이한 것은 동성왕 때이다.
④ 근초고왕: 왕인이 일본에 『천자문』과 『논어』를 전한 것은 근초고왕 때이다.

06 근대 | 장지연 난이도 중 ●●○

자료분석

뜻밖에 5개조(을사늑약) + 이천 만 남의 노예가 된 동포 + 황성신문 → 시일야방성대곡 → 장지연

정답설명

① 장지연은 1906년에 윤효정 등과 함께 헌정 연구회의 후신인 대한 자강회 설립에 참여하였다.

오답분석

② 민영익: 보빙사의 전권대신으로 임명된 인물은 민영익이다. 보빙사는 최초의 구미 사절단으로, 조·미 수호 통상 조약 체결 이후 미국 공사의 파견에 대한 답례로 민영익, 홍영식, 서광범 등이 파견되었다.
③ 김홍집: 『조선책략』을 들여와 국내에 소개한 인물은 김홍집이다. 김홍집은 제2차 수신사로 일본에 다녀오면서 황쭌셴(황준헌)이 쓴 『조선책략』을 가져와 국내에 소개하였다.
④ 민영환 등: 을사늑약이 체결되자 이에 항거하며 자결한 인물은 민영환, 조병세 등이다.

07 조선 전기 | 세조 난이도 하 ●○○

자료분석

시애가 반란을 일으킴 → 이시애의 난(1467) → 세조

정답설명

② 세조는 군사 제도를 개혁하여 실제 군역을 지는 정군과 정군의 복무 비용을 부담하는 보인으로 구성하는 보법을 실시하였다.

오답분석

① 세조는 의정부 서사제를 폐지하고 6조 직계제를 시행하여 6조의 판서들이 국왕에게 직접 업무를 보고하도록 하였다.
③ 세종: 왕후의 명복을 빌기 위해 경복궁 내에 내불당을 세운 왕은 세종이다.
④ 성종: 관료들의 학문 연구를 장려하기 위해 독서당을 처음으로 운영한 왕은 성종이다.

08 조선 전기 | 명종 재위 시기의 사실 난이도 중 ●●○

자료분석

양재역 + 벽에 붙은 글씨 → 양재역 벽서 사건(1547) → 조선 명종

정답설명

④ 명종 즉위 후 수렴청정을 하였던 문정 왕후의 불교 숭상으로 승과 제도가 부활하였다.

오답분석

① 중종: 주세붕이 우리나라 최초의 서원인 백운동 서원을 세운 것은 중종 재위 시기의 사실이다.
② 선조: 함경도 회령에서 여진의 니탕개가 반란을 일으킨 것은 선조 재위 시기의 사실이다.
③ 성종: 국가의 여러 행사에 필요한 의례를 정리한 『국조오례의』가 편찬된 것은 성종 재위 시기의 사실이다.

09 조선 후기 | 이앙법 난이도 중 ●●○

자료분석

모를 조그마한 묶음으로 만듦 + 모를 옮겨 심음 → 이앙법

정답설명

② 이앙법의 시행으로 노동력 대비 경작할 수 있는 경작지가 넓어지면서 생산량이 증가하여 일부 농민은 경영형 부농으로 성장하였지만, 대부분의 농민들은 몰락하여 빈농이나 임노동자가 되는 등 농촌 내 빈부 격차가 심화되었다.

오답분석

① 이앙법의 시행으로 볍씨를 키우는 동안 농지에서 보리를 키울 수 있게 되면서 벼와 보리를 번갈아 심는 이모작이 가능해졌다.
③, ④ 이앙법의 시행으로 적은 노동력으로 넓은 면적의 토지를 경작하는 광작이 가능해지면서 지주들은 노비나 머슴을 통해 농지를 직접 경영하였고, 이에 소작농이 줄어들게 되었다.

10 근대 | 제1차 갑오개혁 난이도 중 ●●○

자료분석

회의 총재는 영의정 김홍집이 맡음 → (가) 군국기무처 → 제1차 갑오개혁

정답설명

② 군제를 개혁하여 신식 군대인 훈련대와 왕의 호위를 위해 조직된 군대인 시위대를 설치한 것은 제2차 갑오개혁 때이다.

오답분석

① 제1차 갑오개혁 때 경찰 업무 수행 기구인 경무청을 신설하여 근대식 경찰 제도를 도입하였다.
③ 제1차 갑오개혁 때 공·사 노비 제도를 폐지하여 신분 제도를 철폐하였다.
④ 제1차 갑오개혁 때 신식 화폐 발행 장정을 반포하여 일본 화폐의 유통을 허용하였다.

11 일제 강점기 | 대한민국 임시 정부 난이도 중 ●●○

자료분석

경제적 곤란으로 유지할 길도 망연함 + 『백범일지』(김구) → 대한민국 임시 정부

정답설명

③ 대한민국 임시 정부가 1940년에 충칭으로 이동한 뒤 산하 부대로 창설한 군대는 한국 독립군이 아닌 한국광복군이다.

오답분석

① 대한민국 임시 정부는 기관지로 독립신문을 발행하였다.
② 대한민국 임시 정부는 국내와의 연락을 위해 비밀 통신 기관인 교통국을 설치하고 비밀 행정 조직인 연통제를 실시하였다.
④ 대한민국 임시 정부는 사료 편찬소(임시 사료 편찬회)를 설치하고, 『한·일 관계 사료집』을 간행하였다.

12 고려 시대 | 혜심 난이도 중 ●●○

자료분석

우리 수선사에 들어옴 + 유교와 불교는 다름이 없다고 봄 → 혜심

정답설명

③ 혜심은 유불 일치설을 통해 심성의 도야를 강조하여 이후 성리학을 수용할 수 있는 사상적 토대를 마련하였다.

오답분석

① 균여: 성상융회를 주창한 승려는 균여이다. 균여는 화엄 사상 속에 법상종을 융합하여 교종 내의 대립을 해소하고자 성상융회를 주창하였다.
② 의천: 우리나라·송·요·일본의 불교 자료들을 모은 목록인 『신편제종교장총록』을 편찬한 승려는 의천이다.
④ 보우: 9산 선문의 통합을 주장한 승려는 보우이다. 보우는 불교계의 폐단을 개혁하기 위해 9산 선문의 통합을 전개하였으나 실패하였다.

13 고대 | 고대의 고분 난이도 중 ●●○

정답설명

② 옳은 것을 모두 고르면 ⓒ, ⓒ이다.
ⓒ 송산리 6호분은 중국 남조의 영향을 받은 백제의 대표적인 벽돌무덤으로, 벽과 천장에 사신도와 일월도 등의 벽화가 그려져 있다.
ⓒ 천마총은 나무 덧널 위에 돌을 쌓은 다음 흙으로 봉분을 쌓아 만든 신라의 대표적인 돌무지덧널무덤이다.

오답분석

㉠ 장군총은 고구려 초기의 무덤으로 내부의 벽면에 현무도와 같은 사신도가 그려져 있지 않다. 사신도와 같은 벽화가 그려진 것은 고구려 후기의 무덤이며, 대표적으로 강서 대묘 등이 있다.
㉢ 정효 공주 묘: 고구려의 영향을 받은 평행 고임 구조로 축조된 것은 정효 공주 묘이다. 한편, 정혜 공주 묘는 고구려의 양식을 계승한 모줄임 구조로 축조되었다.

14 근대 | 열강의 경제적 침탈 난이도 중 ●●○

자료분석

(가) 신의가 서로 두터운 지가 거의 200년이나 되었음 → 청
(나) 우리에게 얽매여 있음 → 일본
(다) 잘 모르던 나라 → 미국
(라) 우리와 아무런 감정도 없음 → 러시아

정답설명

② 일본은 우리나라의 최대 금광 중 하나인 직산 금광 채굴권을 차지하였다.

오답분석

① 일본: 경인선 등의 철도 부설권을 획득한 나라는 일본이다.
③ 미국이 운산 금광 채굴권을 차지한 것은 맞으나, 울릉도 삼림 벌채권을 차지한 나라는 러시아이다.
④ 프랑스: 경의선 부설권을 획득하였으나 자금 부족으로 포기한 나라는 프랑스이다.

15 조선 후기 | 조선 통신사 난이도 상 ●●●

자료분석

대마도에 이르러 배를 댐 + 『동사록』 → (가) 조선 통신사

정답설명

① 연행사라고 불리기도 한 것은 청에 파견된 사절단이다. 조선 후기에 청에 파견된 사신은 '연경(북경)에 간 사신'이라는 뜻으로 연행사라 불렸다.

오답분석

② 조선 통신사는 외교 사절로 국왕의 외교 문서인 서계와 별폭(別幅, 예물의 종류와 수량을 적은 물품 목록)을 가지고 갔다.
③ 조선 통신사는 19세기 초까지 비정기적으로 파견되었다. 조선 통신사는 1607년부터 1811년까지 총 12회에 걸쳐 비정기적으로 파견되었다.
④ 조선 통신사에 대한 기록은 2017년에 유네스코 세계 기록유산으로 등재되었다.

16 일제 강점기 | 의열단의 활동   난이도 중 ●●○

자료분석
천하의 정의의 사를 맹렬히 실행키로 함 → 공약 10조 → 의열단

정답설명
② 의열단원인 김지섭은 1924년에 도쿄 궁성 앞 이중교에 폭탄을 투척하였다.

오답분석
① 대한 애국 청년당: 경성 부민관에 폭탄을 설치한 단체는 대한 애국 청년당이다.
③ 노인 동맹단: 서울역에서 총독 사이토에게 폭탄을 투척한 단체는 노인 동맹단이다.
④ 남화 한인 청년 연맹: 중국 상하이 육삼정에서 일본 공사의 암살을 시도하였던 단체는 남화 한인 청년 연맹이다.

17 일제 강점기 | 백남운   난이도 중 ●●○

자료분석
조선 경제사의 시도 + 사회의 경제적 구성 → 『조선사회경제사』 → 백남운

정답설명
④ 백남운은 해방 이후 「조선 민족의 진로」라는 글을 발표하여 민족 통일 전선을 주장하는 '연합성 신민주주의'를 제창하였다.

오답분석
① 신채호: 『조선상고사』와 『조선사연구초』를 저술한 인물은 신채호이다.
② 안재홍: 정인보, 문일평 등과 함께 조선학 운동을 전개한 인물은 안재홍이다.
③ 이병도 등: 순수 학문을 표방하면서 식민주의 사학에 대항한 인물은 이병도 등의 실증주의 사학자들이다.

이것도 알면 합격!

백남운의 활동
- 민립 대학 설립 운동에 참여
- 광복 이후 좌익 단체인 남조선 신민당, 민주주의 민족 전선 등에 참여
- 주요 저술: 『조선사회경제사』, 『조선봉건사회경제사』, 「조선 민족의 진로」

18 고려 시대 | 고려 시대의 토지 종류   난이도 중 ●●○

정답설명
③ 순서대로 나열하면 (가)는 공해전, (나)는 구분전, (다)는 외역전이다.
(가) 공해전: 고려 시대에는 중앙과 지방의 각 관청의 보수 지급, 빈객 접대 등의 경비를 충당하기 위해 공해전을 지급하였다.
(나) 구분전: 고려 시대에는 하급 관리나 군인의 유가족의 생계 유지를 돕기 위해 구분전을 지급하였다.
(다) 외역전: 고려 시대에는 지방 향리에게 직역에 대한 대가로 세습이 가능한 외역전을 지급하였다.

오답분석
- 내장전: 내장전은 고려 시대에 왕실의 경비를 충당하기 위해 지급한 토지이다.
- 군인전: 군인전은 고려 시대에 중앙군에게 군역의 대가로 지급한 토지이다.
- 별사전: 별사전은 고려 시대에 지리업 종사자와 일정한 법계를 지닌 승려에게 지급한 토지이다.

19 현대 | 조선 건국 준비 위원회   난이도 중 ●●○

자료분석
완전한 독립 국가의 건설을 기함 → 조선 건국 준비 위원회

정답설명
④ 조선 건국 준비 위원회가 전국 인민 대표 회의에서 수립을 발표한 것은 조선 인민 공화국이다. 한편 조선 민주주의 인민 공화국은 1948년에 수립된 북한의 공식 명칭으로, 조선 건국 준비 위원회와는 관련이 없다.

오답분석
① 조선 건국 준비 위원회는 여운형을 중심으로 조직된 조선 건국 동맹이 바탕이 되어 결성된 단체이다.
② 조선 건국 준비 위원회는 결성 당시 여운형이 위원장, 안재홍이 부위원장을 맡았다.
③ 조선 건국 준비 위원회는 치안과 행정을 담당하는 치안대를 설치하고 전국에 145개의 지부를 조직하였다.

이것도 알면 합격!

조선 건국 준비 위원회

조직	중도 우파(안재홍)와 중도 좌파(여운형)가 연합
활동	• 치안대 설치: 치안과 행정을 담당 • 전국에 145개의 지부 조직 • 자주 독립 국가 건설, 민주주의 정권 수립, 대중 생활 확보 주장
의의	광복 이후 최초의 정치 단체

20 현대 | 6·25 전쟁   난이도 중 ●●○

자료분석
(가) 6·25 전쟁 발발(1950. 6. 25.) ~ 인천 상륙 작전 개시(1950. 9. 15.)
(나) 인천 상륙 작전 개시(1950. 9. 15.) ~ 1·4 후퇴(1951. 1. 4.)
(다) 1·4 후퇴(1951. 1. 4.) ~ 휴전 회담 시작(1951. 7.)
(라) 휴전 회담 시작(1951. 7.) ~ 휴전 협정 체결(1953. 7.)

정답설명
② 중국군의 참전(1950. 10.)으로 국군과 유엔군이 남쪽으로 밀려나 퇴로가 차단되는 위기가 발생하자, (나) 시기인 1950년 12월에 대규모 해상 철수 작전인 흥남 철수가 이루어졌다.

오답분석
① (가) 이전: 미국이 태평양 극동 방위선에서 한국과 대만을 제외한 애치슨 선언을 발표한 것은 1950년 1월로, (가) 이전의 사실이다.
③ (라) 시기: 휴전에 불만을 품은 이승만 정부가 반공 포로를 석방한 것은 1953년 6월로, (라) 시기의 사실이다.
④ (라) 이후: 미군의 한반도 주둔 등을 주요 내용으로 하는 한·미 상호 방위 조약이 체결된 것은 1953년 10월로, (라) 이후의 사실이다.

02회 실전동형모의고사 정답·해설

정답

01	② 선사 시대	11	④ 고려 시대
02	③ 고대	12	② 고대
03	④ 고려 시대	13	③ 고려 시대
04	③ 고려 시대	14	④ 근대
05	① 조선 전기	15	③ 일제 강점기
06	④ 고대	16	③ 근대
07	③ 고대	17	② 일제 강점기
08	④ 조선 후기	18	③ 근대
09	③ 고려 시대	19	④ 현대
10	④ 시대 통합	20	③ 현대

취약시대 분석표

영역	세부 유형	문항 수
전근대	선사 시대	/1
	고대	/4
	고려 시대	/5
	조선 전기	/1
	조선 후기	/1
근현대	근대	/3
	일제 강점기	/2
	현대	/2
통합	시대 통합	/1
총계		/20

* 취약시대 분석표를 이용해 1개라도 틀린 문제가 있는 시대는 그 시대의 문제만 골라 해설을 다시 한번 꼼꼼히 학습하세요

---

01 선사 시대 | 청동기 시대의 유적지 난이도 하 ●○○

정답설명
② 강화 부근리 유적은 대표적인 청동기 시대 유적지로, 탁자식(북방식) 고인돌이 다수 발견되었다.

오답분석
① 구석기 시대: 대전 용호동 유적은 구석기 시대 중기~후기의 유적지로, 불을 땐 화덕 자리가 발견되었다.
③ 신석기 시대: 고성 문암리 유적은 신석기 시대 유적지로, 다량의 석기와 토기, 옥 장신구 등이 출토되었다.
④ 철기 시대: 창원 다호리 유적은 철기 시대 유적지로, 중국에서 들어온 것으로 보이는 붓이 출토되어 당시 중국과의 교류를 통해 한자를 사용하고 있었음을 알 수 있다.

02 고대 | 신라 왕호의 변천 난이도 중 ●●○

정답설명
③ 순서대로 바르게 나열하면 ⓒ 거서간(1대 박혁거세) → ㉢ 차차웅(2대 남해) → ㉠ 이사금(3대 유리) → ⓒ 마립간(17대 내물)이 된다.
ⓒ 거서간: 거서간은 군장, 대인이라는 의미를 가지며, 신라의 시조인 박혁거세에게 사용되었다.
㉢ 차차웅: 차차웅은 제사장, 무당의 의미를 가지며, 이를 통해 신라 초기의 신정정치적 성격을 알 수 있다.
㉠ 이사금: 이사금은 연장자, 계승자의 의미를 가지며, 이를 통해 한 사람 혹은 한 집안이 왕위를 독점한 것이 아닌 여러 사람이 번갈아 왕위를 계승하였음을 알 수 있다.
ⓒ 마립간: 마립간은 대군장이라는 의미를 가지며, 내물 마립간 때 김씨의 왕위 세습권이 확립되면서 당시 지배자의 권력이 이사금이었을 때보다 강해졌음을 반영하였다.

이것도 알면 합격!

신라 왕호의 변천

구분	시기	의미
거서간	1대 박혁거세	대인, 군장
차차웅	2대 남해	제사장, 무당
이사금	3대 유리~	연장자, 계승자
마립간	17대 내물~	대군장, 통치자
왕	22대 지증~	중앙 집권의 강화

03 고려 시대 | 고려 시대의 불교 건축물 난이도 중 ●●○

정답설명
④ 성불사 응진전은 공포가 기둥 위뿐만 아니라 기둥 사이에도 배치된 다포 양식으로 지어졌다. 한편, 공포가 기둥 위에만 짜여 있는 주심포 양식으로 지어진 건축물로는 봉정사 극락전, 부석사 무량수전, 수덕사 대웅전이 있다.

오답분석
① 봉정사 극락전에는 공민왕 때 지붕을 중수하였다는 상량문이 발견되었다. 이를 통해 적어도 고려 중기인 12~13세기에 세워졌음이 밝혀져 우리나라에서 현존하는 가장 오래된 목조 건축물로 인정받았다.
② 부석사 무량수전에는 신라의 전통 양식을 계승하여 만들어진 부석사 소조 아미타여래 좌상을 봉안하였다.
③ 수덕사 대웅전은 기둥의 중간을 굵게 하고 위·아래로 가면서 점차 가늘게 만드는 배흘림 기둥 양식으로 지어졌다.

04 고려 시대 | 삼별초　　　　　난이도 하 ●○○

자료분석
나라가 강도에서 다시 개경으로 나옴 + 신하답지 않은 무리가 반란을 모의함 + 진도에서 적을 포위함 → 삼별초

정답설명
③ 삼별초는 김통정의 지휘 아래 진도에서 제주도로 거점을 옮겨 대몽 항쟁을 전개하였다. 배중손은 진도에서 여·몽 연합군과의 대립 중 전사하였다.

오답분석
① 삼별초는 몽골과의 강화에 반대하며 왕족인 승화후 온을 왕으로 추대하고 독자적인 항몽 정권을 수립하였다.
② 삼별초는 최우가 도적을 막기 위해 만든 야별초에서 비롯되었다. 이후 야별초가 좌별초와 우별초로 분리되었고, 여기에 몽골에 포로로 잡혀갔다가 탈출한 자들로 조직된 신의군이 더해지면서 삼별초가 성립되었다.
④ 삼별초는 몽골에 항쟁하기 위하여 일본에 외교 문서를 보내 연합을 제의하는 등 외교 접촉을 시도하였다.

05 조선 전기 | 조선의 중앙 정치 조직　　　　　난이도 중 ●●○

정답설명
① 조선 시대에 외교 문서의 작성을 담당하였던 기관은 승문원이다. 교서관은 경적의 간행과 제사 때 사용하는 향과 축문 등을 담당한 관청이다.

오답분석
② 사간원은 임금에게 간쟁과 논박을 하며 정사를 비판하는 일을 담당하던 언론 기관으로, 사헌부, 홍문관 등과 함께 3사라 불리기도 하였다.
③ 한성부는 수도인 한양의 행정과 치안을 담당하였고 관련 재판을 진행하기도 하였다.
④ 예문관은 임금의 교지 작성을 담당하였고, 하급 관원의 경우에는 사관의 임무를 맡아 사초를 작성하기도 하였다.

06 고대 | 신문왕　　　　　난이도 중 ●●○

자료분석
비로소 9주가 갖추어짐 + 남원 소경을 설치함 → 신문왕

정답설명
④ 신문왕은 지리적·경제적으로 유리한 여건을 갖추고 있는 달구벌(지금의 대구)로 천도하려 하였으나, 귀족들의 반발로 실패하였다.

오답분석
① **법흥왕**: 건원이라는 독자적인 연호를 사용한 왕은 법흥왕이다.
② **문무왕**: 나·당 전쟁에서 승리하여 당의 세력을 한반도에서 몰아내고 삼국 통일을 완수한 왕은 문무왕이다.
③ **무열왕**: 진골 출신으로 최초로 왕위에 오른 왕은 무열왕이다.

07 고대 | 삼국 시대의 도성　　　　　난이도 상 ●●●

정답설명
③ 옳은 것을 모두 고르면 ⓒ, ㉢이다.
ⓒ 고구려의 수도인 평양 일대에는 장안성(평양성)이 축조되었는데, 내성과 북성·중성·외성의 4개의 성으로 구성되어 있었다.
㉢ 백제의 수도인 사비에는 궁궐의 후원 역할과 더불어 군사적 방어를 목적으로 하는 배후 산성인 부소산성이 있었다.

오답분석
㉠ 인공 연못인 궁남지가 조성된 곳은 백제의 사비도성이다. 한편, 경주의 월성에는 인공 연못인 월지(안압지)가 조성되었다.
ⓒ 백제 웅진 시기의 도성인 공산성은 자체 방어가 가능한 산성이었기 때문에 도성을 방어하는 나성을 갖추고 있지 않았다.

08 조선 후기 | 조선 후기의 문화 동향　　　　　난이도 중 ●●○

자료분석
어사또 + 춘향 → 「춘향전」 → 조선 후기

정답설명
④ 조선 후기에는 형식에 구애받지 않고 남녀 간의 사랑이나 현실에 대한 비판 등 평민의 감정을 솔직하게 표현하는 사설시조가 유행하였다.

오답분석
① **고려 후기~조선 전기**: 원나라 조맹부의 서체인 송설체가 유행한 것은 고려 후기부터 조선 전기까지이다.
② **조선 전기**: 박연이 고려 시대부터 내려온 아악을 체계화하여 궁중 음악으로 발전시킨 것은 조선 전기 세종 때이다.
③ **조선 전기**: 소박한 무늬와 자유로운 양식의 분청사기가 유행한 것은 조선 전기이다.

09 고려 시대 | 이제현　　　　　난이도 중 ●●○

자료분석
만권당 + 그들과 어울리면서 학문이 더욱 진보됨 → 이제현

정답설명
③ 이제현은 민간 구전, 시화, 인물의 일화 등을 모은 『역옹패설』을 저술하였다.

오답분석
① **정몽주**: 개경의 선죽교에서 죽임을 당한 인물은 정몽주이다. 정몽주는 정도전과 조준 등의 이성계 일파가 역성 혁명을 통해 새 왕조를 개창하려는 음모를 알아내고 그들을 숙청하려 하였다. 그러나 이를 눈치 챈 이방원에 의해 개성 선죽교에서 살해되었다.
② **최충헌**: 왕에게 봉사 10조의 개혁안을 제시한 인물은 최충헌이다. 최충헌은 이의민을 제거한 후, 무신 정권 초기의 혼란을 극복하고 국가 기반을 확립할 목적으로 명종에게 봉사 10조라는 사회 개혁안을 올렸다.
④ **최충**: 9재 학당(문헌공도)을 설립하여 9경과 3사를 중심으로 유학 교육을 실시한 인물은 최충이다.

10. 시대 통합 | 여말선초의 사건 난이도 중 ●●○

정답설명
④ 순서대로 바르게 나열하면 ⓔ 황산 대첩(1380) → ⓛ 위화도 회군(1388) → ⓒ 과전법 실시(1391) → ㉠ 의흥삼군부 개편(1393)이 된다.
- ⓔ 황산 대첩: 우왕 때 이성계 등이 황산(남원시 운봉)에서 아지발도를 사살하는 등 왜구를 물리쳤다(1380).
- ⓛ 위화도 회군: 우왕 때 요동 정벌을 위해 출병했던 이성계가 위화도에서 군대를 돌려 우왕과 최영을 몰아내고 권력을 장악하였다(1388).
- ⓒ 과전법 실시: 공양왕 때 권력을 장악한 이성계와 정도전을 비롯한 혁명파 사대부는 권문세족의 경제적 기반을 약화시키고 신진 사대부의 경제적 기반을 다지기 위해 과전법을 실시하였다(1391).
- ㉠ 의흥삼군부 개편: 조선 건국 후 태조 이성계는 삼군도총제부를 의흥삼군부로 개편하고 군정을 총괄하게 하였다(1393).

11. 고려 시대 | 의천 난이도 중 ●●○

자료분석
문종 임금의 넷째 아들 + 스님이 되어 국민의 이익을 위함 → (가) 의천

정답설명
④ 의천은 교종과 선종의 사상적 통합을 위해 수행법으로 이론의 연마와 실천을 아울러 강조하는 교관겸수와 내적인 공부와 외적인 공부를 모두 갖추어 조화를 이루어야 한다는 내외겸전을 주장하였다.

오답분석
① 제관: 천태종의 기본 교리를 정리한 『천태사교의』를 저술한 인물은 제관이다.
② 보우: 중국으로부터 임제종을 들여와 전파한 인물은 보우이다. 임제종은 이후 조선까지 이어져서 선종 불교의 주류가 되었다.
③ 균여: 북악파를 중심으로 남악파를 통합하여 화엄 교단을 정리한 인물은 균여이다.

12. 고대 | 6~7세기 고구려의 대외 항쟁 난이도 중 ●●○

정답설명
② 옳은 것을 모두 고르면 ⓛ, ⓒ이다.
- ⓛ 을지문덕은 우중문의 수나라 군대를 유인하여 살수(청천강)에서 크게 격파하였다.
- ⓒ 고구려는 당의 침입에 대비하고자 북쪽의 부여성에서 남쪽의 비사성까지 이어지는 천리장성을 축조하였다.

오답분석
㉠ 고구려가 요서 지역을 선제 공격해 수나라를 견제한 것은 영류왕 때가 아니라 영양왕 때이다.
ⓔ 고구려는 6세기 후반에 중국을 통일한 수나라의 압박에 대항하기 위해 북쪽의 돌궐, 남쪽의 백제·왜와 연합 세력을 형성하였다.

13. 고려 시대 | 고려 숙종 재위 시기의 사실 난이도 중 ●●○

자료분석
돈을 만드는 법령을 제정 + 『고려사』 → 고려 숙종

정답설명
③ 고려 숙종 때 김위제의 건의로 남경개창도감이 설치하였으며, 남경(서울)에 궁궐을 짓고 왕이 몇 달씩 머무르기도 하였다.

오답분석
① 공양왕: 활자의 주조와 인쇄를 위해 서적원을 설치한 것은 공양왕 때이다.
② 고려 의종: 무신 차별에 불만을 가진 정중부와 이의방 등이 보현원에서 정변을 일으킨 것은 고려 의종 때이다.
④ 고려 예종: 유학 진흥을 위해 왕실 도서관 겸 학문 연구소인 청연각, 보문각을 설치한 것은 고려 예종 때이다.

14. 근대 | 영선사 난이도 | 중 ●●○

자료분석
천진(톈진)에 보냄 + 쓸 만한 무기를 제조하기를 바람 → (가) 영선사

정답설명
④ 영선사는 청에 파견되어 근대식 무기 제조법과 군사 훈련법을 배우고자 하였으나, 정부의 예산 부족과 근대 기술에 대한 사전 지식 부족, 임오군란의 발발 등으로 인해 약 1년 만에 조기 귀국하였다.

오답분석
① 보빙사: 전권 대사로 민영익이 임명된 것은 보빙사이다. 보빙사는 조·미 수호 통상 조약 체결 이후 미국 공사의 파견에 대한 답례로 파견되었다.
② 3차 수신사: 공식적으로 태극기를 처음 사용한 것은 3차 수신사이다. 제물포 조약 체결 이후 3차 수신사로 파견된 박영효, 김옥균 등이 공식적으로 태극기를 처음 사용하였다.
③ 조사 시찰단: 암행어사로 임명되어 비밀리에 파견된 것은 조사 시찰단이다. 조사 시찰단은 개화에 반대하는 유생들의 눈을 피해 암행어사로 임명되어 비밀리에 일본으로 파견되었다.

15. 일제 강점기 | 국민 대표 회의 난이도 중 ●●○

자료분석
광복 대업의 근본 방침을 수립 + 독립운동의 방향을 확립 → 국민 대표 회의(1923)

정답설명
③ 국민 대표 회의에서 임시 정부의 독립운동 방향을 두고 무력 항쟁을 강조한 신채호 등의 창조파는 임시 정부를 해체하고 이를 대체할 새로운 정부의 수립을 주장하였다.

오답분석
① 한국 국민당을 통한 정당 정치 실시가 결정된 것과 국민 대표 회의는 관련이 없다. 한국 국민당은 김원봉의 조선 민족 혁명당에 대항하기 위해 1935년에 김구를 중심으로 창당된 정당이다.

② 박은식이 제2대 대통령으로 선출된 것은 국민 대표 회의가 결렬된 이후인 1925년의 사실이다.
④ 조소앙의 삼균주의를 바탕으로 한 건국 강령이 채택된 것은 1941년의 사실로 국민 대표 회의는 관련이 없다.

16 근대 | 을미의병   난이도 하 ●○○

자료분석
건청궁으로 향함 + 왕후를 찾아내어 시해 → 을미사변 → 을미의병

정답설명
③ 을미의병은 아관 파천으로 친일 정권이 무너지면서 단발령이 철회되고, 고종이 해산 권고 조칙을 내리자 대부분 자진 해산하였다.

오답분석
①, ② 을사의병: 민종식이 홍주성을 점령하고, 최익현과 임병찬이 전북 태인에서 봉기한 것은 을사의병이다.
④ 정미의병: 이인영을 총대장으로 13도 창의군을 결성한 것은 정미의병이다.

17 일제 강점기 | 소년 운동   난이도 중 ●●○

자료분석
어찌 어린이의 일을 등한시할 수 있으며 → 소년 운동

정답설명
② 통감부는 소년 운동이 전개되기 이전인 1910년에 폐지되었다. 한편, 소년 운동은 1921년에 방정환을 중심으로 천도교 소년회가 만들어지면서 본격적으로 전개되었다.

오답분석
① 소년 운동은 천도교 세력의 주도로 전개되었다. 천도교는 방정환을 중심으로 천도교 소년회를 조직하고 어린이날 제정, 잡지 『어린이』를 발간하는 등 소년 운동을 전개하였다.
③ 방정환은 일본 도쿄에서 어린이 연구 단체인 색동회를 조직하였다.
④ 소년 운동의 통합을 위해 소년 운동 협회(민족주의 계열)와 오월회(사회주의 계열)를 통합하여 전국적 조직체인 조선 소년 연합회를 결성하였다.

18 근대 | 황토현 전투와 집강소 설치 사이의 사실   난이도 중 ●●○

자료분석
황토현 전투(1894. 4. 7.) → (가) → 집강소 설치(1894. 6.)

정답설명
③ (가) 시기인 1894년 4월 23일에 동학 농민군은 장성의 황룡촌 전투에서 홍계훈이 이끄는 중앙군을 격파하였다.

오답분석
① (가) 이후: 동학 농민군의 남접과 북접이 논산에 집결한 것은 1894년 10월로, (가) 시기 이후의 사실이다.

② (가) 이후: 동학 농민군이 공주 우금치 전투에서 관군과 일본군 연합 부대에게 패배한 것은 1894년 11월로, (가) 시기 이후의 사실이다.
④ (가) 이전: 전봉준을 중심으로 한 동학 농민군이 백산에 집결하여 보국안민의 뜻을 담은 격문과 4대 강령 등을 발표한 것은 1894년 3월로, (가) 시기 이전의 사실이다.

🔖 이것도 알면 합격!

동학 농민 운동의 전개

고부 농민 봉기 → 안핵사 이용태 파견, 고부 봉기 관련자 탄압 → 무장 봉기 → 백산 집결, 창의문 및 4대 강령 발표 → 황토현 전투 → 황룡촌 전투 → 전주성 점령 → 청·일군 파병 → 전주 화약 체결, 폐정 개혁안 12개조 건의, 집강소 설치 → 일본군 경복궁 점령. 청·일 전쟁 발발 → 동학 농민군의 재봉기 → 우금치 전투 → 농민군 패배, 전봉준 체포

19 현대 | 대한 독립 촉성 국민회와 한국 민주당   난이도 상 ●●●

자료분석
(가) 우익 정당 + 남한에서 단독 선거 실시 주장 + 이승만이 영도 → 대한 독립 촉성 국민회
(나) 우익 정당 + 남한에서 단독 선거 실시 주장 + 김성수가 영도 → 한국 민주당

정답설명
④ 조선 건국 준비 위원회 내에서 좌익 세력이 강화되자 이에 반발하여 결성된 정당은 국민당이다. 이들은 신민주주의와 신민족주의를 표방하고 임시 정부에 대한 지지를 표명하였다.

오답분석
① 대한 독립 촉성 국민회는 이승만의 독립 촉성 중앙 협의회와 김구의 신탁 통치 반대 국민 총동원 위원회를 통합해 조직되었다.
② 대한 독립 촉성 국민회는 5·10 총선거의 결과 원내 제1정당이 되었다.
③ 한국 민주당은 송진우, 김성수 등 민주주의 계열을 중심으로 결성된 정당으로, 대한민국 임시 정부를 지지하고 미 군정에 적극 협력하였다.

20 현대 | 유신 헌법 시행 시기의 사실   난이도 중 ●●○

자료분석
대통령은 긴급 조치를 할 수 있음 → 유신 헌법(1972~1980)

정답설명
③ 유신 헌법 시행 시기인 1976년에 판문점 공동 경비 구역에서 미루나무 가지치기 작업을 하던 유엔군과 한국군을 북한군이 도끼로 공격한 사건인 판문점 도끼 만행 사건이 일어났다.

오답분석
① 5차 개헌: 주민등록증의 발급이 시작된 것은 1968년으로, 5차 개헌안 시행 시기의 사실이다.
② 4차 개헌: 5·16 군사 정변으로 정권을 장악한 박정희 등의 군부 세력이 국가 재건 최고 회의를 조직한 것은 1961년으로, 4차 개헌안 시행 시기의 사실이다.
④ 8차 개헌: 서울에서 아시안 게임이 개최된 것은 1986년으로, 8차 개헌안 시행 시기의 사실이다.

03회 실전동형모의고사 정답·해설

▶ 정답

01	② 선사 시대	11	② 시대 통합
02	④ 고려 시대	12	② 일제 강점기
03	④ 고려 시대	13	③ 고대
04	③ 근대	14	④ 조선 후기
05	④ 조선 전기	15	④ 조선 후기
06	① 근대	16	④ 고려 시대
07	③ 일제 강점기	17	② 고대
08	② 조선 후기	18	④ 일제 강점기
09	② 고려 시대	19	③ 현대
10	① 현대	20	④ 조선 전기

▶ 취약시대 분석표

영역	세부 유형	문항 수
전근대	선사 시대	/1
	고대	/2
	고려 시대	/4
	조선 전기	/2
	조선 후기	/3
근현대	근대	
	일제 강점기	/3
	현대	/2
통합	시대 통합	/1
총계		/20

* 취약시대 분석표를 이용해 1개라도 틀린 문제가 있는 시대는 그 시대의 문제만 골라 해설을 다시 한번 꼼꼼히 학습하세요.

01 선사 시대 | 위만 조선 시기의 사실   난이도 하 ●○○

자료분석
위만 집권(기원전 194) → (가) → 왕검성 함락(기원전 108)

정답설명
② 옳은 것을 모두 고르면 ㉠, ㉢이다.
㉠ 한의 사신 섭하가 고조선의 관리를 살해하고 요동 동부도위에 임명되자, 기원전 109년에 우거왕이 군대를 보내 그를 살해하였다.
㉢ 기원전 128년에 고조선에 복속해 있던 예(濊)의 군장 남려가 위만 조선의 우거왕에 반기를 들고 한에 투항하자, 한은 이곳에 창해군을 설치하였다.

오답분석
㉡, ㉣ 왕검성이 함락된 이후 한은 고조선의 영토 안에 4개의 군현(낙랑, 진번, 임둔, 현도)을 설치하였고, 엄격한 율령을 시행하여 법 조항이 60여 조로 증가하였다.

02 고려 시대 | 강화 천도 시기의 사실   난이도 하 ●○○

자료분석
(가) 최우 + 서쪽 강화도로 행차할 것을 청함 → 강화 천도(1232)
(나) 옛 수도로 다시 천도할 것을 회의 → 개경 환도(1270)

정답설명
④ (가), (나) 사이 시기인 1234년에 강화도에서 『상정고금예문』이 금속 활자로 다시 인쇄되었다. 강화도 천도 당시 의례서인 『상정고금예문』을 가져오지 못하자 강화도에서 최우의 소장본을 바탕으로 금속 활자로 재인쇄하였다.

오답분석
① (가) 이전: 한외과가 소멸된 것은 문종 때인 1076년으로, (가) 시기 이전의 사실이다. 한외과는 문종 때 경정 전시과를 통해 소멸되었다.

② (가) 이전: 구제도감이 설치된 것은 예종 때인 1109년으로, (가) 시기 이전의 사실이다. 구제도감은 예종 때 병자의 치료와 빈민 구제 등을 위해 설치한 임시 기구였다.
③ (나) 이후: 홍자번이 편민 18사를 건의한 것은 충렬왕 때인 1296년으로, (나) 시기 이후의 사실이다. 홍자번은 민생 안정을 위해 충렬왕에게 편민 18사를 건의하였다.

03 고려 시대 | 우왕 대의 사실   난이도 중 ●●○

자료분석
화통도감을 설치 → 우왕

정답설명
④ 고려 우왕 때 명은 과거에 원이 지배한 철령 이북의 땅을 명의 영토로 삼기 위해 철령위를 설치하겠다고 통보하였다. 이에 반발한 우왕과 최영은 이성계를 파견하여 요동 정벌을 단행하였다.

오답분석
① 충선왕: 원의 수시력을 채택하여 수시력의 이론과 계산법을 사용하도록 한 것은 충선왕 때이다.
② 공민왕: 이제현에 의해 『사략』이 편찬된 것은 공민왕 때이다.
③ 충렬왕: 2차 여·몽 연합군이 일본 원정에 실패한 것은 충렬왕 때이다.

04 근대 | 주시경   난이도 중 ●●○

자료분석
국문 동식회를 설립 + 『말의 소리』 등을 저술 → 주시경

정답설명
③ 주시경은 국어 문법서인 『국어 문법』과 『말의 소리』 등을 저술하였다.

오답분석
① 김두봉: 조선 독립 동맹의 주석을 역임한 인물은 김두봉이다.
② 이광수: 동아일보에 「민족적 경륜」을 발표한 인물은 이광수이다.
④ 조선어 연구회는 주시경의 사망 이후 조직된 단체이므로, 주시경과는 관련이 없다.

05 조선 전기 | 성균관 난이도 중 ●●○

자료분석
태조 + 국학 + 문묘의 좌우에 무(廡)가 있음 + 명륜당 → 성균관

정답설명
④ 성균관은 서울(한양)에 위치한 조선의 최고 교육 기관으로, 유교 경전을 공부하기 위한 명륜당과 공자의 위패를 모시는 문묘인 대성전이 있다. 이 외에도 중국과 우리나라의 선현을 모시는 사당인 동무와 서무, 기숙사인 동재와 서재, 도서관인 존경각 등이 있다.

오답분석
① 국자감(고려): 최충의 문헌공도를 포함한 사학 12도의 융성으로 위축된 것은 고려의 최고 교육 기관인 국자감이다.
② 서원: 흥선 대원군에 의해 대부분 철폐된 것은 서원이다. 흥선 대원군은 사립 교육 기관인 서원이 백성을 수탈하는 근거지로 변질되자 전국 600여 개의 서원을 47개소만 남기고 철폐하였다.
③ 향교: 군현의 인구 비례로 정원을 배정한 것은 향교이다.

06 근대 | 고종 재위 기간의 사실 난이도 중 ●●○

자료분석
죄인 남종삼 + 외적을 끌어들이려 하였음 → 병인박해(1866) → 고종(1863~1907)

정답설명
① 기유각서가 체결된 것은 1909년으로, 순종 재위 기간의 사실이다. 순종 때 일제는 기유각서를 체결하여 대한 제국의 사법권과 감옥 사무 처리권을 박탈하였다.

오답분석
모두 고종 재위 기간의 사실이다.
② 1903년에 러시아가 압록강의 벌채 사업을 보호한다는 구실로 용암포를 점령하였다.
③ 1902년에 대한 제국 정부는 외국 여행권(여권) 발급 및 이민 업무를 담당하는 관청으로 궁내부 산하에 수민원을 설치하였다.
④ 1898년에 대한 제국 정부는 양전 사업을 시행하고자 양지아문을 설치하였다.

07 일제 강점기 | 한국 독립군 난이도 중 ●●○

자료분석
대전자령 + 일본군을 살상함 → 대전자령 전투 → (가) 한국 독립군

정답설명
③ 한국 독립군은 한국 독립당 산하의 부대로, 지청천의 지휘 아래 북만주 일대에서 주로 활동하며 사도하자·동경성 전투 등에서 활약하였다.

오답분석
① 조선 혁명군: 흥경성 전투에서 일본군을 크게 물리친 부대는 양세봉이 이끈 조선 혁명군이다.
② 조선 의용대: 중국 관내에서 조직된 최초의 한국인 군사 조직은 김원봉이 조직한 조선 의용대이다.
④ 한국광복군: 미얀마·인도 전선에서 영국군과 연합 작전을 수행한 부대는 대한민국 임시 정부 산하의 한국광복군이다.

📖 이것도 알면 합격!

한국 독립군

조직	북만주에서 한국 독립당의 산하 부대로 조직
활동	• 중국 호로군 등과 연합 작전을 수행 • 쌍성보 전투(1932), 사도하자 전투(1933), 동경성 전투(1933), 대전자령 전투(1933)에서 일본군을 크게 격파 • 지청천(이청천)과 홍진 등은 임시 정부의 요청으로 중국 관내로 이동

08 조선 후기 | 기해예송 난이도 중 ●●○

자료분석
선왕의 복제가 잘못된 것 + 기해년의 일 → 기해예송

정답설명
② 기해예송 때 서인은 효종이 적자로서 왕위를 계승하였지만 장자가 아니라는 '체이부정'에 해당되므로, 효종의 죽음에 대하여 자의 대비가 기년복(1년복)을 입어야 한다고 주장하였다.

오답분석
① 갑인예송: 남인의 주장인 기년복(1년복)이 채택되면서 서인의 세력이 약화된 것은 갑인예송 때이다. 기해예송 때는 서인의 주장인 기년복이 채택되었으며, 서인이 정국을 주도하였다.
③ 갑인예송: 효종 비가 죽은 뒤 자의 대비의 복상 기간을 둘러싸고 전개된 것은 갑인예송이다. 한편, 기해예송은 효종이 죽은 뒤 자의 대비의 복상 기간을 둘러싸고 전개되었다.
④ 예송 논쟁에서 왕실도 사대부와 동일한 예법을 적용해야 한다고 주장한 것은 서인이다. 남인은 왕실의 예는 사대부와 다르다고 주장하였다.

09 고려 시대 | 후삼국 통일 과정 난이도 중 ●●○

정답설명
② 순서대로 바르게 나열하면 ㉠ 공산 전투(927) → ㉢ 고창 전투(930) → ㉡ 견훤의 투항(935) → ㉣ 일리천 전투(936)가 된다.
㉠ 공산 전투: 후백제의 견훤이 신라를 침공하자, 신라는 고려에 구원 요청을 하였다. 이에 고려군이 공산(대구 팔공산)에서 후백제군을 공격하였으나 대패하였고, 이 과정에서 신숭겸, 김락 등이 전사하였다(927).
㉢ 고창 전투: 고려군이 고창(안동) 전투에서 후백제군에게 승리를 거두면서 후삼국의 주도권을 장악하였다(930).

ⓒ **견훤의 투항**: 후백제에서 왕위 쟁탈로 인한 내분이 일어나 견훤이 아들 신검에 의해 금산사에 유폐되었다. 이에 견훤은 금산사를 탈출하여 고려에 투항하였다(935).

ⓒ **일리천 전투**: 고려군이 일리천 전투에서 신검의 후백제군을 크게 격파하여 후백제를 멸망시키고 후삼국을 통일하였다(936).

10 현대 | 5·10 총선거 　　　　　　　　　　난이도 중 ●●○

자료분석
민주주의 선거 + 제주도 2개의 지역은 무효 처리됨 → 5·10 총선거

정답설명
① 5·10 총선거에서 선출된 제헌 국회의원의 임기는 2년이었다.

오답분석
② 5·10 총선거는 유엔 한국 임시 위원단의 감시 아래 실시되었다.
③ 김구와 김규식 등 남북 협상파는 남한의 단독 정부 수립에 반대하여 5·10 총선거에 참여하지 않았다.
④ 5·10 총선거에서는 만 21세 이상의 모든 국민에게 투표권이 부여되었다.

11 시대 통합 | 『조선왕조실록』 　　　　　　난이도 하 ●○○

정답설명
② 『조선왕조실록』 편찬 과정에서 사용되었던 「사초」나 초고 등의 자료는 기밀 유지를 위해 시냇물에서 세초(洗草)하였다.

오답분석
① 『조선왕조실록』은 태조부터 철종까지 25대 왕의 역사를 기전체가 아닌 편년체로 서술하였다.
③ 『조선왕조실록』은 기록의 공정을 위해 국왕을 비롯하여 신하들도 자유롭게 열람하지 못하였다.
④ 『조선왕조실록』은 임진왜란 이전에 4대 사고인 춘추관, 충주, 성주, 전주 사고에 보관되었다. 임진왜란 때 『조선왕조실록』이 전주 사고본을 제외하고 모두 소실되자, 남아있는 전주 사고본을 바탕으로 다시 인쇄하여 5대 사고(춘추관·오대산·태백산·마니산·묘향산 사고)에 보관하였다.

12 일제 강점기 | 연해주 　　　　　　　　난이도 중 ●●○

자료분석
소련 + 이곳의 한국인들을 중앙아시아로 강제 이주시킴 → 연해주

정답설명
② 연해주의 신한촌에서 의병 계열과 계몽 운동 계열이 합작하여 한인 자치 기관인 권업회를 조직하였다.

오답분석
① **북만주**: 독립운동 기지인 한흥동이 건설된 지역은 북만주의 밀산부이다.
③ **멕시코**: 독립군 양성을 위해 숭무 학교가 설립된 지역은 멕시코이다.
④ **상하이**: 여운형, 신규식 등이 신한 청년당을 조직한 지역은 상하이이다.

13 고대 | 소수림왕의 업적 　　　　　　　난이도 하 ●○○

자료분석
승려 순도 + 불상과 경문을 보냄 → 소수림왕

정답설명
③ 소수림왕은 율령 반포, 태학 설립, 불교 수용 등을 통해 고구려의 중앙 집권 체제를 강화하였다.

오답분석
① **미천왕**: 요동의 서안평을 공격하여 점령한 왕은 미천왕이다.
② **장수왕**: 남진 정책을 추진하여 한성을 점령한 왕은 장수왕이다.
④ **고국천왕**: 부족적 성격의 5부를 행정적 성격의 5부로 개편한 왕은 고국천왕이다.

14 조선 후기 | 동학 　　　　　　　　　　난이도 중 ●●○

자료분석
시천주 + 최 선생 + 그의 집은 경주에 있음 → (가) 동학

정답설명
④ 동학 관련 서적으로는 경전인 『동경대전』과 포교 가사집인 『용담유사』 등이 있었다.

오답분석
① **대종교**: 항일 무장 독립 단체인 중광단을 조직한 종교는 대종교이다.
② **천주교**: 계몽 운동을 위해 『경향』 등의 잡지를 발간한 종교는 천주교이다.
③ **천주교**: 정하상이 『상재상서』를 통해 포교의 정당함을 주장한 종교는 천주교이다.

이것도 알면 합격!

동학

창시	철종 때 경주 지역 잔반 출신 최제우가 창시(1860)
성격	유교 + 불교 + 도교 + 천주교의 일부 교리 + 민간 신앙 융합
사상	평등 사상(시천주, 인내천), 보국안민(반외세), 후천개벽(반봉건)
확산	민중들의 지지를 받으며 삼남 지방을 중심으로 확산됨
교단 정비	2대 교주 최시형이 최제우가 지은 『동경대전』과 『용담유사』를 간행하여 교리를 정리하고, 포접제를 통해 교단 조직을 정비함

15 조선 후기 | 홍대용 　　　　　　　　　난이도 중 ●●○

자료분석
지구만이 중앙에 위치해 있는 것은 이치가 없음 + 자전하지 않는 것이 없음 → 지전설 → 홍대용

정답설명
④ 홍대용은 『임하경륜』에서 성인 남자에게 2결의 토지를 지급하자는 균전제를 주장하였다.

오답분석
① 정약용: 『기기도설』을 참고하여 거중기를 제작한 인물은 정약용이다.
② 이익: 나라를 좀먹는 여섯 가지의 폐단을 지적한 인물은 이익이다. 이익은 노비 제도, 과거 제도, 양반 문벌 제도, 사치와 미신 숭배, 승려, 게으름을 나라를 좀먹는 여섯 가지의 폐단으로 규정하였다.
③ 박지원: 『과농소초』에서 농업 생산력을 증대시키는 방안을 제시한 인물은 박지원이다.

16 고려 시대 | 특수 행정 구역   난이도 중 ●●○

자료분석
(가) 전정과 호구가 현의 규모가 되지 못하는 곳에 향이나 (가)를 둠 → 부곡
(나) 구리, 철, 종이 등을 생산 → 소

정답설명
④ 부곡과 소의 거주민들은 과거에 응시하여 관리가 될 수 없었다. 향·부곡·소의 특수 행정 구역에 거주하는 이들은 신분상으로는 양인이었으나 차별을 받아 국자감 입학과 과거에 응시하는 것이 불가능하였다.

오답분석
① 부곡과 소 등 특수 행정 구역의 주민들은 실질적으로 속군현의 행정을 담당하던 향리층의 지배를 받았다.
② 부곡과 소 등 특수 행정 구역의 주민들은 일반 군현민에 비해 규제가 심해 거주 이전의 자유가 없었다.
③ 고려 시대 부곡의 주민들은 주로 농사를 지었다. 부곡의 주민은 주로 국유지인 둔전·공해전·학전 등을 경작하였다.

🚩 이것도 알면 합격!

고려 시대의 특수 집단민

구성	향·부곡(농업 종사)·소민(수공업·광업·농수산업 등에 종사), 진촌민·역촌민(육로, 수로 교통 종사)
차별	• 경제적: 일반 양민보다 더 과중한 조세와 역의 의무 부담 • 사회적: 국자감 입학 및 과거 응시 불가능, 거주 이전의 자유 ×

17 고대 | 백제 부흥 운동   난이도 중 ●●○

정답설명
② 옳은 것을 모두 고르면 ㉠, ㉢, ㉣이다.
㉠ 백제 부흥 운동을 전개한 복신, 흑치상지, 도침 등은 왜에 있던 왕자 부여 풍을 왕으로 추대하였다.
㉢ 백제가 멸망하자 복신과 도침이 주류성에서 백제 부흥 운동을 전개하였다.
㉣ 백제 부흥군은 왜의 수군과 연합하여 백강에서 나·당 연합군과 전투를 벌였으나, 나·당 연합군에게 크게 패하였다.

오답분석
㉡ 임존성에서 백제 부흥 운동을 전개한 백제의 장군인 지수신은 신라에 투항하지 않고 고구려로 망명하였다. 백제 부흥군이 백강 전투에서 패배하고, 부흥 운동의 본거지인 주류성이 공격받자 흑치상지 등은 당에 항복하였다. 그러나 지수신은 임존성에서 끝까지 나·당 연합군에 맞서다 결국 고구려로 망명하였는데, 이로써 백제 부흥 운동의 실질적인 활동은 끝나게 되었다.

18 일제 강점기 | 무단 통치 시기의 사실   난이도 중 ●●○

자료분석
무관 출신들만 조선 총독으로 임명되는 것이 원칙 → 무단 통치 시기 (1910~1919)

정답설명
④ 무단 통치 시기인 1915년에 대구에서 서상일, 이시영 등이 시회(詩會)를 가장하여 비밀 조직인 조선 국권 회복단을 조직하였다.

오답분석
① 신문지법이 제정된 것은 일제 강점기 이전인 1907년이다. 일본은 언론과 출판의 자유를 제한하여 민족 언론을 탄압하기 위해 신문지법을 제정하였다.
② 문화 통치 시기: 잡지인 『신여성』이 창간된 것은 문화 통치 시기인 1923년이다.
③ 민족 말살 통치 시기: 마을에 10호 단위의 애국반을 만든 것은 민족 말살 통치 시기인 1938년이다.

19 현대 | 조봉암   난이도 상 ●●●

자료분석
제3대 대통령 선거 + 이승만 정권에 위협적인 정치인으로 부상 + 간첩 혐의로 처형에 이르게 함 → 진보당 사건 → (가) 조봉암

정답설명
③ 조봉암은 제3대 대통령 선거 이후 혁신 정치, 민주적 평화 통일론 등을 주장하며 진보당을 창당하였다.

오답분석
① 윤보선, 김대중 등: 명동 성당에서 3·1 민주 구국 선언을 발표한 인물은 윤보선, 김대중 등이다. 윤보선, 김대중 등의 재야 인사들은 긴급 조치 철폐, 박정희 정권 퇴진 등을 요구하는 3·1 민주 구국 선언을 발표하였다.
② 김대중: 유신 반대 운동을 전개하다가 도쿄에서 납치된 인물은 김대중이다.
④ 이후락: 7·4 남북 공동 성명의 합의를 위해 평양에 파견된 인물은 당시의 중앙 정보 부장이었던 이후락이다.

20 조선 전기 | 『경국대전』   난이도 하 ●○○

자료분석
법의 목차와 조문이 너무 번잡하고 앞뒤가 서로 맞지 않음 + 자손만대의 성법을 만들고자 함 → (가) 『경국대전』

정답설명
④ 조준이 편찬을 주도한 조선 최초의 성문 법전은 『경제육전』이다.

오답분석
①, ② 『경국대전』은 세조 때 육전 상정소를 설치하고 「호전」과 「형전」을 간행하는 등 편찬을 시작하였으며, 성종 때 완성하여 반포하였다.
③ 『경국대전』은 「이전」·「호전」·「예전」·「병전」·「형전」·「공전」의 6전 체제로 구성되었다.

04회 실전동형모의고사 정답·해설

정답

p.32

01	② 선사 시대	11	② 고려 시대
02	③ 조선 전기	12	③ 조선 후기
03	① 일제 강점기	13	③ 근대
04	② 고려 시대	14	① 현대
05	② 고대	15	④ 일제 강점기
06	④ 조선 후기	16	④ 고려 시대
07	② 근대	17	④ 선사 시대
08	② 고대	18	③ 현대
09	③ 조선 전기	19	③ 일제 강점기
10	③ 조선 전기	20	③ 고대

취약시대 분석표

영역	세부 유형	문항 수
전근대	선사 시대	/2
	고대	/3
	고려 시대	/3
	조선 전기	/3
	조선 후기	/2
근현대	근대	/2
	일제 강점기	/3
	현대	/2
통합	시대 통합	/0
총계		/20

* 취약시대 분석표를 이용해 1개라도 틀린 문제가 있는 시대는 그 시대의 문제만 골라 해설을 다시 한번 꼼꼼히 학습하세요

---

01 선사 시대 | 구석기, 신석기 시대의 유적지 난이도 중 ●●○

정답설명
② 바르게 연결하면 ㉠ 청원 두루봉 동굴 유적, ㉡ 부산 동삼동 유적, ㉢ 종성 동관진 유적이 된다.
㉠ 흥수 아이라고 불리는 어린 아이의 인골이 출토된 유적지는 구석기 시대의 유적지인 청원 두루봉 동굴 유적이다.
㉡ 조개더미(패총)와 빗살무늬 토기, 치레걸이 등이 출토된 유적지는 신석기 시대의 유적지인 부산 동삼동 유적이다.
㉢ 광복 이전에 한반도에서 최초로 발견된 구석기 시대 유적지는 종성 동관진 유적이다.

오답분석
- **덕천 승리산 유적**: 한반도에서 인골(승리산인)이 처음 발견된 구석기 시대의 유적으로, 아래턱 뼈와 어금니가 출토되었다.
- **봉산 지탑리 유적**: 신석기 시대의 유적지로, 농경을 시작하였음을 보여 주는 탄화된 좁쌀이 발견되었다.
- **공주 석장리 유적**: 광복 이후 남한에서 최초로 발굴된 구석기 시대 유적으로, 전기~후기 구석기 유적이 모두 발견되었다.

---

02 조선 전기 | 조광조 난이도 하 ●○○

자료분석
호는 정암 + 기묘년에 사사됨 → 조광조

정답설명
③ 조광조는 유교 윤리의 보급을 위해 「소학」의 보급을 주장하였으며, 천거제의 일종인 현량과의 실시를 건의하였다.

오답분석
① **김육**: 효종에게 서양 선교사인 아담 샬이 만든 역법인 시헌력의 도입을 주장한 인물은 김육이다.

② **이이**: 왕에게 현명한 신하가 군주에게 성학을 가르쳐야 한다는 내용을 담은 「성학집요」를 지어 바친 인물은 이이이다.
④ **김일손**: 스승인 김종직이 지은 「조의제문」을 「사초」에 포함시켜서 무오사화가 일어나는 계기를 만든 인물은 김일손이다.

---

03 일제 강점기 | 일제가 제정한 악법 난이도 중 ●●○

정답설명
① 순서대로 나열하면 ㉠ 경찰범 처벌 규칙(1912) → ㉢ 조선 연초 전매령(1921) → ㉣ 조선 사상범 보호 관찰령(1936) → ㉡ 여자 정신대 근무령(1944)이다.
㉠ **경찰범 처벌 규칙**: 일제는 1912년에 경찰범 처벌 규칙을 제정하여 조선인의 항일 투쟁뿐만 아니라 일상 생활도 엄격히 단속하였다.
㉢ **조선 연초 전매령**: 일제는 1921년에 조선 연초 전매령을 제정하여 연초의 재배와 판매 등을 통제하였다.
㉣ **조선 사상범 보호 관찰령**: 일제는 1936년에 조선 사상범 보호 관찰령을 제정하여 일본 제국에 반대하는 일체의 사상을 탄압하고 독립운동가들을 감시하였다.
㉡ **여자 정신대 근무령**: 일제는 1944년에 여자 정신대 근무령을 제정하여 12~40세 미만의 미혼 여성 등을 군수 공장 등에 동원하였다.

---

04 고려 시대 | 원 간섭기의 사실 난이도 중 ●●○

자료분석
자녀들이 원나라로 끌려가기를 거른 해가 없음 → 원 간섭기

정답설명
② 국정을 총괄하는 최고 정치 기구로 교정도감이 설치된 것은 원 간섭기 이전인 무신 집권기이다. 무신 집권기에 최충헌은 교정도감을 설치하고 교정도감의 장관인 교정별감이 되어 막강한 권력을 행사하였다.

오답분석

① 원 간섭기에는 정동행성이 내정 간섭 기구로 존속하였다. 정동행성은 원나라가 일본 원정을 위해 고려에 설치한 기구였으나, 일본 원정이 실패한 이후에도 내정 간섭 기구로 존속하였다.
③ 원 간섭기에는 고려의 관제가 격하되어 중서문하성과 상서성이 첨의부로, 6부가 4사로 통합되었다.
④ 원 간섭기에 고려 정부는 원이 조공품으로 요구하는 매(해동청)를 조달하기 위해 매의 사육과 사냥을 담당하는 관청으로 응방을 설치하였다.

05 고대 | 고대의 탑   난이도 중 ●●○

정답설명
② 경주 황룡사 9층 목탑은 고려 시대에 발생한 몽골의 3차 침입 때 소실되었다.

오답분석
① 불국사 3층 석탑: 세계 최고(最古)의 목판 인쇄물인 『무구정광대다라니경』이 출토된 탑은 불국사 3층 석탑(석가탑)이다.
③ 익산 미륵사지 석탑: 백제 무왕의 왕후가 넣은 사리기가 발견된 탑은 익산 미륵사지 석탑이다.
④ 충주 탑평리 7층 석탑: 우리나라의 중앙부에 위치한다고 하여 중앙탑이라고도 불리는 탑은 충주 탑평리 7층 석탑이다.

06 조선 후기 | 붕당의 변질   난이도 중 ●●○

정답설명
④ 노론은 송시열을 중심으로 형성되어 성리학을 중시하였으며, 대의명분과 민생 안정을 강조하였다.

오답분석
① 북인: 인조반정으로 몰락한 붕당은 북인이다. 북인은 광해군 집권 시기에 정국을 주도하였으나, 서인이 주도한 인조반정으로 광해군이 폐위되면서 함께 몰락하였다.
② 동인: 정여립 모반 사건으로 분열된 붕당은 동인이다. 동인은 정여립 모반 사건, 건저의 사건을 계기로 온건파인 남인과 급진파인 북인으로 분화되었다.
③ 소론: 실리를 중시하고 북방 개척을 주장한 붕당은 소론이다.

07 근대 | 제너럴셔먼호 사건과 오페르트 도굴 사건 사이의 사실   난이도 중 ●●○

자료분석
(가) 평안 감사 박규수 + 이양선 + 일제히 불을 지름 → 제너럴셔먼호 사건(1866. 7.)
(나) 덕산 + 남연군의 묘소로 달려감 → 오페르트 도굴 사건(1868)

정답설명
② (가), (나) 사이 시기인 1866년 9월에는 프랑스가 병인박해를 구실로 강화도를 침범하는 병인양요가 일어났다. 이때 양헌수가 정족 산성에서 프랑스군에 항전하였다.

오답분석
① (가) 이전: 삼정의 문란으로 인하여 임술 농민 봉기가 발생한 것은 (가) 시기 이전인 1862년이다.
③ (나) 이후: 미군이 초지진과 덕진진을 점령한 것은 신미양요로, (나) 시기 이후인 1871년에 일어났다.
④ (나) 이후: 종로를 비롯한 전국에 척화비가 세워진 것은 (나) 시기 이후인 1871년이다. 흥선 대원군은 신미양요 이후 서양 세력에 대한 척화 의지를 표명하기 위해 전국에 척화비를 건립하였다.

08 고대 | 선덕 여왕 재위 시기의 사실   난이도 중 ●●○

자료분석
대야성이 패배함 → 대야성 전투 → 선덕 여왕

정답설명
② 선덕 여왕 때 동양에서 현존하는 가장 오래된 천문 관측 시설인 첨성대가 건립되었다.

오답분석
① 진덕 여왕: 김춘추를 파견하여 당나라와 군사 동맹을 체결한 것은 진덕 여왕 때이다.
③ 진성 여왕: 각간 위홍과 대구화상이 향가를 수집하여 향가집인 『삼대목』을 편찬한 것은 진성 여왕 때이다.
④ 진평왕: 관리의 인사를 담당하는 관청인 위화부를 설치한 것은 진평왕 때이다.

09 조선 전기 | 사헌부   난이도 하 ●○○

자료분석
고려 때는 어사대, 금오대라 부름 + 대사헌 → (가) 사헌부

정답설명
③ 사헌부는 시정 논의, 관리 감찰 및 탄핵, 풍속 교정 등을 담당한 기구로, 사간원과 함께 양사라고 불렸다.

오답분석
① 예문관: 국왕의 교지 작성을 담당한 기구는 예문관이다.
② 승정원: 왕명 출납을 담당하는 기관으로, 은대(銀臺)·대언사(代言司) 등으로 불린 기구는 승정원이다.
④ 교서관: 궁중의 서적 출판 및 간행의 업무를 전담한 기구는 교서관이다.

10 조선 전기 | 과전법   난이도 중 ●●○

자료분석
과에 따라 토지를 받음 + 제1과는 150결 + 제18과는 10결 → 과전법

정답설명
③ 과전법은 급전도감의 주재 하에 토지 분급 대상을 선정하였다. 전민변정도감은 권세가들이 불법으로 빼앗은 토지와 억울하게 노비가 된 자를 원래 주인과 신분으로 돌려주기 위해 설치된 임시 기구이다.

04회 실전동형모의고사 정답·해설

오답분석
① 과전법 체제 하에서 과전 지급 대상의 토지는 경기 지역으로 한정되었다.
② 과전법의 수조율은 공전과 사전을 막론하고 1결당 생산량의 1/10인 최고 30두로 통일되었다.
④ 과전법 체제 하에서 지방에 거주하는 유력 관인층인 한량품관에게는 5결 혹은 10결의 군전이 지급되었다.

---

11 고려 시대 | 고려 시대의 음서 난이도 중 ●●○

정답설명
② 옳은 것을 모두 고르면 ㉠, ㉢이다.
㉠ 원칙적으로 음서의 대상은 18세 이상으로 규정되어 있었으나, 실제로는 10세 미만이 음직을 받은 사례도 있었다.
㉢ 음서의 대상은 공신과 문무 5품 이상 관료의 자손 등으로, 이들은 과거를 거치지 않고도 관료가 될 수 있었다.

오답분석
㉡ 고려 시대에 음서는 왕의 즉위, 세자 책봉 등의 국가적 경사가 있을 때 시행되었던 것은 물론, 정기적으로도 주어졌다.
㉣ 고려 시대에는 음서 출신이어도 5품 이상의 고위 관리로 승진할 수 있었다.

---

12 조선 후기 | 박세당 난이도 중 ●●○

자료분석
『사변록』 → 박세당

정답설명
③ 박세당은 토질에 따른 재배 품종과 가축 사육의 방법 등 농가에서 필요한 농경 방법을 정리한 『색경』을 저술하였다.

오답분석
① 송시열: 노론의 영수로 기사환국 때 사사된 인물은 송시열이다.
② 이수광: 백과사전식의 『지봉유설』을 저술한 인물은 이수광이다. 이수광은 『지봉유설』에서 우리나라와 중국의 문화를 포괄적으로 비교하여 천문·지리·군사 등의 내용을 서술하였고, 마테오리치의 『천주실의』를 소개하였다.
④ 이익: 호(戶)마다 생활을 유지하는 데 필요한 최소한의 토지를 영업전으로 설정하고, 영업전 이외의 토지만 매매가 가능하도록 하는 한전론을 주장한 인물은 이익이다.

---

13 근대 | 국채 보상 운동 난이도 중 ●●○

자료분석
1300만 원 + 삼천리 강토를 유지 → 국채 보상 운동

정답설명
③ 국채 보상 운동은 서상돈 등을 중심으로 대구에서 시작되어 전국적인 모금 운동으로 확대되었다.

오답분석
① 국채 보상 운동은 통감부의 탄압과 방해로 실패하였다. 조선 총독부는 국채 보상 운동(1907) 이후인 1910년에 설치되었다.
② 물산 장려 운동: 자작회, 토산 애용 부인회 등의 단체가 활동한 것은 물산 장려 운동이다.
④ 물산 장려 운동: '내 살림 내 것으로', '조선 사람 조선의 것' 등의 표어를 내걸고 전개되었던 운동은 물산 장려 운동이다.

이것도 알면 합격!
국채 보상 운동(1907)

배경	일본의 차관 도입에 따라 대한 제국의 재정이 일본에 예속됨
전개	• 대구에서 시작, 서울에서 국채 보상 기성회가 조직됨 • 대한매일신보, 황성신문 등 언론 기관들의 후원 • 금주, 금연 및 반지와 비녀 모으기 등의 모금 운동 전개
결과	국채 보상 기성회의 간사인 양기탁에게 공금을 횡령했다는 혐의를 씌워 구속하는 등 일진회와 통감부의 방해·탄압으로 실패

---

14 현대 | 김구 난이도 중 ●●○

자료분석
대표회 자체의 즉각적인 해산을 명함 → 국민 대표 회의 해산을 명하는 내무부령 → (가) 김구

정답설명
① 김구는 남한만의 단독 정부 수립에 반대하며 '삼천만 동포에게 읍고함'을 발표하였다.

오답분석
② 안재홍: 신민족주의를 내세운 국민당을 창당한 인물은 안재홍이다.
③ 김규식: 남조선 과도 입법 의원의 의장으로 추대된 인물은 김규식이다. 김규식은 통일 임시 정부 수립까지 사용될 법령 초안 작성을 위해 미 군정의 주도로 설립된 남조선 과도 입법 의원의 의장으로 추대되었다.
④ 이승만: 독립 촉성 중앙 협의회의 회장으로 추대된 인물은 이승만이다.

---

15 일제 강점기 | 신간회 난이도 중 ●●○

자료분석
민족주의 세력과 동맹을 맺을 수 있음을 인정 → 정우회 선언 → 신간회

정답설명
④ 신간회는 6·10 만세 운동(1926)이 일어난 이후인 1927년에 창립되었다.

오답분석
① 신간회는 동양 척식 주식회사 등 한국인 착취 기관의 철폐를 주장하였다.
② 신간회는 노동 운동과 연계하여 최저 임금제 시행 등 노동자들의 권익 향상을 요구하였다.
③ 신간회는 갑산 화전민 학살 사건의 진상 규명 운동을 전개하였다. 갑산 화전민 학살 사건은 일제가 화전민 추방 정책에 저항하는 함경남도 갑산 지역의 화전민을 학살한 사건이다.

이것도 알면 합격!

신간회의 활동

일제에 대한 저항	한국인 착취 기관 철폐, 조선인 본위의 교육 시행 주장
사회 운동 지원	• 원산 노동자 총파업 지원, 소작 쟁의 지원 등 • 갑산 화전민 학살 사건 진상 규명 운동 전개
학생 운동 후원	광주 학생 항일 운동에 대한 진상 조사단 파견
민중 계몽 운동	• 순회 강연단을 구성 • 노동 야학 참여, 교양 강좌 설치 등

---

16 고려 시대 | 고려의 대외 무역   난이도 하 ●○○

자료분석

예성항 + 벽란정 → 고려 시대

정답설명

④ 고려는 북방의 거란과 여진으로부터 모피, 말 등을 수입하고, 농기구, 곡식 등을 수출하였다.

오답분석

① 고려는 대식국인이라 불린 아라비아 상인들과도 교역하였다. 이들은 고려에 수은, 산호, 향료 등을 수출하였고, 금, 비단 등을 수입하였다.
② 고려의 대외 무역에서 가장 큰 비중을 차지한 나라는 송나라였다.
③ 고려는 일본에 인삼, 서적 등을 수출하고, 수은, 황 등을 수입하였다.

---

17 선사 시대 | 삼한   난이도 하 ●○○

자료분석

천군 + 소도 → 삼한

정답설명

④ 삼한에서는 해마다 씨를 뿌리고 난 뒤인 5월에 수릿날, 가을 곡식을 거두어 들이는 10월에 계절제를 열어 하늘에 제사를 지냈다.

오답분석

① 부여: 만주 지린시 쑹화 강 유역의 평야 지대를 중심으로 성장한 나라는 부여이다.
② 고구려: 중대한 범죄자는 제가 회의를 통해 사형에 처한 나라는 고구려이다.
③ 동예: 바닥이 철(凸)자 또는 여(呂)자 모양의 가옥에서 생활한 나라는 동예이다.

---

18 현대 | 모스크바 3국 외상 회의   난이도 상 ●●●

정답설명

③ 옳은 것을 모두 고르면 ㉠, ㉡, ㉢이다.
㉠ 모스크바 3국 외상 회의에서는 남북한의 긴급 문제를 논의하기 위해 미·소 점령 사령관의 대표로 구성된 회의를 2주일 내에 개최하기로 협의하였다.
㉡ 모스크바 3국 외상 회의에서는 민주주의의 원칙 아래 한국에 임시 민주 정부를 수립할 것을 결의하였다.
㉢ 모스크바 3국 외상 회의에서는 미국, 영국, 중국, 소련이 최고 5년간 한반도를 신탁 통치할 것을 결의하였다.

오답분석

㉣ 임시 정부 수립을 위한 협의체 구성은 모스크바 3국 외상 회의의 결정 사항이 아니다. 한편, 임시 정부 수립을 위한 협의체 구성은 제1차 미·소 공동 위원회에서 논의되었다. 이때 협의체에 참여할 단체 선정 문제를 둘러싸고 미국과 소련이 대립하였고 결국 결렬되었다.

이것도 알면 합격!

모스크바 3국 외상 회의 결의 내용

• 임시 민주주의 정부 수립
• 미·소 공동 위원회 설치
• 최고 5년간 미·영·중·소의 4개국 신탁 통치 실시
• 2주 안에 미·소 양군 사령부 대표 회의 소집

---

19 일제 강점기 | 대종교   난이도 상 ●●●

자료분석

간부인 서일 + 교도를 이끌고 일본에 항전 → (가) 대종교

정답설명

③ 대종교는 단군 신앙을 기반으로 나철과 오기호 등에 의해 창시되었다.

오답분석

① 천도교: 민중 계몽을 위해 『개벽』, 『신여성』 등의 잡지를 간행한 종교는 천도교이다.
② 천주교: 의민단을 조직하여 항일 무장 투쟁을 전개한 종교는 천주교이다.
④ 원불교: 허례허식 폐지, 저축 운동 등의 새 생활 운동을 전개한 종교는 원불교이다.

---

20 고대 | 김유신   난이도 하 ●○○

자료분석

용화향도 + 춘추를 맞아들여 왕위에 오르게 함 → 김유신

정답설명

③ 김유신은 금관가야의 왕족 출신으로, 황산벌 전투에서 승리하는 등 신라의 삼국 통일에 기여하였다.

오답분석

① 이사부: 지증왕의 명을 받아 우산국(울릉도)을 정벌한 인물은 이사부이다.
② 장보고: 산둥 반도의 적산촌에 법화원이라는 사찰을 건립한 인물은 장보고이다.
④ 김인문: 당의 볼모가 되어 숙위 활동을 하다가 백제를 정벌할 때 당나라의 부대총관으로 신라에 돌아온 인물은 김인문이다.

05회 실전동형모의고사 정답·해설

정답   p.38

01	③ 선사 시대	11	① 고려 시대
02	③ 고대	12	④ 고대
03	② 조선 전기	13	① 조선 후기
04	④ 고대	14	④ 일제 강점기
05	② 고대	15	③ 일제 강점기
06	③ 고려 시대	16	① 근대
07	② 고려 시대	17	② 근대
08	④ 조선 후기	18	③ 근대
09	③ 고려 시대	19	② 현대
10	③ 조선 전기	20	② 현대

취약시대 분석표

영역	세부 유형	문항 수
전근대	선사 시대	/1
	고대	/4
	고려 시대	/4
	조선 전기	/2
	조선 후기	/2
근현대	근대	/3
	일제 강점기	/2
	현대	/2
통합	시대 통합	/0
총계		20

* 취약시대 분석표를 이용해 1개라도 틀린 문제가 있는 시대는 그 시대의 문제만 골라 해설을 다시 한번 꼼꼼히 학습하세요.

---

01 선사 시대 | 옥저   난이도 하 ●○○

자료분석
여자를 맞이하여 장성하도록 길러 아내로 삼음 → 민며느리제 → 옥저

정답설명
③ 옥저에는 가족이 죽으면 시체를 가매장하였다가 나중에 뼈를 추려 가족 공동 무덤에 안치하는 골장제의 풍습이 있었다.

오답분석
① 옥저는 바닷가에 위치하여 소금, 어물 등의 해산물이 풍부하였으며, 토지가 비옥하여 농사가 잘 되었다.
② 고구려 광개토 대왕에게 복속된 나라는 동부여와 동예이다. 옥저는 고구려 태조왕에게 복속 당하였다.
④ 옥저는 소와 말의 생산이 적어 전투를 할 때는 기병전보다는 주로 창을 가지고 보병전을 수행하였다.

02 고대 | 지증왕의 업적   난이도 하 ●○○

자료분석
국왕의 죽음 시 사람을 함께 묻는 것이 금지됨(순장 금지) + 소를 이용한 쟁기갈이도 권장 → 지증왕

정답설명
③ 지증왕은 지방 행정 구역인 실직주(지금의 강원도 삼척)를 설치하고 이사부를 군주로 파견하였다.

오답분석
① **내물 마립간**: 김씨에 의한 왕위 계승 체제를 확립한 것은 내물 마립간이다. 내물 마립간은 기존에 박·석·김의 3성이 교대로 왕위를 계승하던 방식 대신 김씨에 의한 왕위의 독점적 세습을 확립하였다.
② **진흥왕**: 고구려 출신의 승려인 혜량을 승통(국통)으로 삼은 것은 진흥왕이다.

④ **법흥왕**: 관리들을 17등급으로 나누고 공복을 제정하여 등급별로 복색(자·비·청·황)을 달리한 것은 법흥왕이다.

03 조선 전기 | 향약   난이도 중 ●●○

자료분석
가입하기를 원하는 자에게 반드시 먼저 규약문을 보임 + 약정 → 향약

정답설명
② 향약은 유교 윤리 보급을 통해 향촌 사회의 질서를 유지하는 역할을 하였지만, 지방 유력자에 의한 농민 수탈의 배경을 제공하는 부작용도 있었다.

오답분석
① **유향소**: 좌수와 별감 등을 임원으로 선출한 조직은 유향소이다. 한편, 향약에서는 임원으로 도약정·부약정·직월 등을 선출하였다.
③ 향약은 여성을 비롯하여 양반부터 노비까지 향촌에 소속된 모든 향촌민들이 향약 조직 편성 대상에 포함되었다.
④ **향도**: 상두꾼 등과 같은 농촌 공동체가 유래된 조직은 향도이다.

04 고대 | 통일 신라의 경제 상황   난이도 중 ●●○

자료분석
백성이 사치와 호화를 다투게 됨 + 외래 물건의 진기함을 숭상 → 흥덕왕의 사치 금지 교서 → 통일 신라

정답설명
④ 녹비법, 퇴비법 등의 시비법이 발달하여 휴경지가 감소하고, 윤작법이 보급된 것은 고려 시대이다. 통일 신라 시대에는 시비법이 발달하지 못하여 토지를 수년간 묵혀두었다가 다시 경작하는 휴경법이 일반적이었다.

오답분석
① 통일 이후 인구와 물자의 증가로 기존의 동시만으로는 상품 수요를 감당할 수 없게 되자, 효소왕 때 수도 경주에 서시와 남시를 추가로 설치하였다.
② 통일 신라에서는 16~60세의 남자들을 대상으로 역이 부과되었다.
③ 통일 신라에서는 어아주, 조하주 등 고급 비단을 생산하여 당나라에 보냈다.

05 고대 | 의상 　　　　난이도 상 ●●●

자료분석
해동 신라 화엄법사의 시자 + 귀국 후에 화엄을 강의함 → (가) 의상

정답설명
② 교파 간의 대립과 논쟁을 조화시키기 위한 화엄경의 주석서인 『화엄경소』를 저술한 인물은 원효이며, 해심밀경의 주석서인 『해심밀경소』를 저술한 인물은 원측과 원효이다. 한편, 의상은 화엄 사상의 요지를 간결한 시로 축약한 『화엄일승법계도』를 저술하여 모든 존재가 상호 의존적인 관계에 있으면서 서로 조화를 이루고 있다는 화엄 사상을 정립하였다.

오답분석
① 의상은 당으로 유학을 하여 화엄종 승려인 지엄에게 화엄학을 배웠으며, 이후 귀국하여 영주 부석사, 양양 낙산사 등의 사찰을 창건하였다.
③ 의상은 문무왕이 삼국 통일 이후 도성을 새로이 정비하려 하자 백성들을 위해 이를 만류하였다.
④ 의상은 질병, 자연 재해 등 현세에서의 고난으로부터 구제받고자 하는 관음 신앙을 이끌었다.

🏆 이것도 알면 합격!

의상의 활동

화엄 사상의 정립	• 모든 존재가 상호 의존적이면서 서로 조화를 이루고 있다는 화엄 사상 정립(『화엄일승법계도』) • '일즉다 다즉일'의 원융 사상은 전제 왕권 중심의 중앙 집권적 통치 체제 뒷받침함
관음 신앙 전파	질병이나 재해 등 인간의 현실적 고뇌를 해결해 주는 관(세)음보살을 신봉하는 관음 신앙 전파

06 고려 시대 | 고려의 대몽 항쟁 　　　　난이도 중 ●●○

정답설명
③ 순서대로 나열하면 ② 귀주성 전투(1231~1232. 1.) → ⓒ 강화도 천도(1232. 7.) → ⓛ 살리타 사살(1232. 12.) → ⓙ 충주 다인철소 항쟁(1254)이 된다.
② 귀주성 전투: 몽골의 1차 침입 때 박서가 귀주성에서 몽골군을 무찔렀다(1231~1232. 1.).
ⓒ 강화도 천도: 몽골의 1차 침입 이후, 고려의 집권자였던 최우는 몽골의 침입에 대응하기 위해 강화도로 천도하였다(1232. 7.).
ⓛ 살리타 사살: 몽골의 2차 침입 때 승려 김윤후가 처인성에서 몽골 장수 살리타를 사살하였다(1232. 12.).
ⓙ 충주 다인철소 항쟁: 몽골의 6차 침입 때 충주 다인철소의 주민들이 항쟁하여 몽골군을 격퇴하였다(1254).

07 고려 시대 | 고려 성종의 업적 　　　　난이도 중 ●●○

자료분석
5품 이상 관리들은 봉사를 올림 + 최승로 → 고려 성종

정답설명
② 고려 성종은 개경에 비서성, 서경에 수서원이라는 도서관을 설치하였다.

오답분석
① 고려 태조: 『정계』와 『계백료서』를 편찬하여 관리들이 지켜야 할 규범을 제시한 왕은 고려 태조이다.
③ 고려 성종은 중앙의 문관과 무관에게 무산계가 아닌 문산계를 부여하였다. 한편 무산계는 향리, 노병, 탐라의 왕족, 여진의 추장 등에게 부여되었다.
④ 고려 광종: 후주에서 귀화한 쌍기의 건의로 과거 제도를 처음 시행한 왕은 고려 광종이다.

08 조선 후기 | 조선 후기의 사회 모습 　　　　난이도 중 ●●○

자료분석
비변사 + 공인 + 송상 → 조선 후기

정답설명
④ 보학이 발달하여 『안동 권씨 성화보』 등의 족보가 제작된 것은 조선 전기인 성종 때이다.

오답분석
① 조선 후기에는 사회적 혼란으로 인해 왕조의 교체를 예언하는 『정감록』과 미륵 신앙 등의 예언 사상이 널리 유행하였다.
② 조선 후기에는 권력을 잡은 일부 벌열 양반을 제외한 대다수의 양반이 몰락하여 향촌 사회에서 겨우 위세를 유지하는 향반이 되거나 더욱 몰락하여 거의 상민과 다름 없는 잔반이 되었다.
③ 조선 후기에는 납속책, 공명첩, 양반 신분의 매입, 족보 위조 등의 방법으로 신분을 상승시켜 양반의 수가 늘어난 반면 상민과 노비의 수는 감소하였다.

09 고려 시대 | 『제왕운기』 　　　　난이도 중 ●●○

자료분석
중국은 반고부터 금국에 이르기까지, 동국은 단군으로부터 본조(本朝)에 이르기까지 + 읊조림에 따라 장을 이룸 → 『제왕운기』

정답설명
③ 『제왕운기』에서는 단군을 강조하여 우리나라의 역사를 고조선부터 서술하였으며, 발해를 고구려의 계승자로 보고 우리 역사에 포함시켰다.

오답분석
① 『동명왕편』: 동명왕의 건국 설화를 5언시체로 서술한 책은 이규보가 저술한 『동명왕편』이다.
② 『삼국유사』: 불교사를 중심으로 고대의 민간 설화나 전래 기록 등을 수록한 책은 일연이 저술한 『삼국유사』이다.
④ 『삼국사기』: 김부식이 유교적 합리주의 사관에 기초하여 기전체로 편찬한 책은 『삼국사기』이다.

10 조선 전기 | 조선 전기의 대외 관계 난이도 중 ●●○

자료분석
(가) 조선 건국(1392, 태조) ~ 제1차 왕자의 난(1398, 태조)
(나) 제1차 왕자의 난(1398, 태조) ~ 쓰시마 토벌(1419, 세종)
(다) 쓰시마 토벌(1419, 세종) ~ 계해약조 체결(1443, 세종)
(라) 계해약조 체결(1443, 세종) ~ 3포 왜란(1510, 중종)

정답설명
③ (다) 시기인 1426년에 조선 정부는 대마도주의 요청에 따라 부산포, 제포(창원), 염포(울산)의 3포를 개항하고 무역을 허용하였다.

오답분석
① (나) 시기: 국경 지역인 경성과 경원에 무역소를 설치하여 여진족에게 무역을 허용한 것은 태종 때인 1406년으로, (나) 시기의 사실이다.
② (가) 시기: 명이 조선에서 보낸 표전문에 불손한 표현이 있다고 주장하며 표전문의 작성을 주관했던 정도전의 압송을 요구한 표전문 사건이 일어난 것은 태조 때인 1396년으로, (가) 시기의 사실이다.
④ (라) 이후: 왜인들이 사량진에 침입하여 난을 일으킨 사량진 왜변이 일어난 것은 중종 때인 1544년으로, (라) 시기 이후의 사실이다.

11 고려 시대 | 시정 전시과와 경정 전시과 난이도 중 ●●○

자료분석
(가) 경종 + 직관·산관의 각 품의 전시과를 제정 → 시정 전시과
(나) 문종 + 양반에게 지급하는 전시과 규정을 다시 고침 → 경정 전시과

정답설명
① 옳은 것을 모두 고르면 ㉠, ㉡이다.
㉠ 시정 전시과에서는 자·단·비·녹색의 4색 공복을 기준으로 하고, 다시 문반, 무반, 잡업으로 나누어 지급할 토지의 결수를 정하였다.
㉡ 경정 전시과에서는 이전에 비해 무반에 대한 차별 대우가 개선되었으며, 한외과가 소멸되었다.

오답분석
㉢ 경정 전시과: 별정 전시과를 마련하여 무산계 전시 및 별사 전시를 설정한 것은 경정 전시과이다.
㉣ 개정 전시과: 전·현직 관리에게 인품을 배제하고 관직만을 고려하여 전지와 시지를 지급한 것은 개정 전시과이다.

12 고대 | 6두품 난이도 중 ●●○

자료분석
진성 여왕 때 빈공과에 급제 + 견훤의 휘하에서 활동 → (가) 최승우 → 6두품

정답설명
④ 6두품은 학문적 식견과 실무 능력을 바탕으로 신라 중대에 왕의 정치적 조언자로 활동하였다.

오답분석
① 1~3두품: 삼국 통일 이후에 평민화 된 것은 1~3두품이다.
② 6두품의 관등 승진 상한선은 제6등급인 아찬까지였다. 제5등급인 대아찬부터는 진골 출신들만 올라갈 수 있었다.
③ 진골: 통일 신라 시대에 9주의 도독으로 임명되어 지방을 통제할 수 있었던 것은 진골이다.

13 조선 후기 | 박지원 난이도 상 ●●●

자료분석
저들과 비교해 본다면 한 치의 나은 점도 없음 + 중국 고유의 훌륭한 법과 아름다운 제도마저 배척함 → 북학론 → 박지원

정답설명
① 박지원은 청에 다녀온 후 『열하일기』를 저술하여 청의 문물을 소개하고, 수레와 선박의 이용 및 화폐 유통의 필요성 등을 주장하였다.

오답분석
② 이익: 화폐 제도의 문제점을 지적하며 폐전론을 주장한 인물은 이익이다.
③ 정약용: 마을 단위로 토지를 공동 경작하여 분배하자는 여전제를 제안한 인물은 정약용이다.
④ 박제가: 생산과 소비의 관계를 우물에 비유하여 소비의 중요성을 강조한 인물은 박제가이다.

이것도 알면 합격!

박지원의 대표 저서

『열하일기』	청의 문물 소개, 상공업의 진흥 강조
『과농소초』	• 영농 방법의 혁신, 상업적 농업의 장려 • 부록인 「한민명전의」에서 토지 소유를 제한하는 한전론 주장
『양반전』, 『호질』, 『허생전』	양반 문벌 제도의 모순 비판

14 일제 강점기 | 광주 학생 항일 운동 난이도 중 ●●○

자료분석
광주 조선 학생 동지의 학살의 음모 → 광주 학생 항일 운동

정답설명
④ 광주 학생 항일 운동은 전국적으로 확대되어 이듬해까지 동맹 휴학 투쟁이 계속되었고, 여기에 일반 국민과 만주 지역의 민족 학교 학생들, 일본 유학생들까지 가세하여 3·1 운동 이후 최대의 민족 항쟁으로 확대되었다.

오답분석
① 3·1 운동: 대한민국 임시 정부의 수립에 영향을 준 운동은 3·1 운동이다.
② 근우회는 광주 학생 항일 운동이 일어나기 전인 1927년에 결성되었다.
③ 민립 대학 설립 운동: 조선 민립 대학 기성회를 조직하여 모금 운동을 전개한 운동은 민립 대학 설립 운동이다.

15. 일제 강점기 | 문화 통치 시기의 경제 정책 난이도 중 ●●○

자료분석
총독 임용의 범위를 확장함 + 경찰 제도를 개정 → 문화 통치 시기

정답설명
③ 문화 통치 시기인 1928년에 일제는 신은행령을 공포하여 은행 설립 및 운영을 제한하였고, 한국인 소유의 중소 은행을 일본 은행에 합병시켰다.

오답분석
① 무단 통치 시기: 일제가 조선 광업령을 제정하여 일본 자본의 광산 진출을 촉진한 것은 1915년으로, 무단 통치 시기의 사실이다.
② 무단 통치 시기: 일제가 조선 임야 조사령을 제정하여 대부분의 임야를 국유지로 편입시킨 것은 1918년으로, 무단 통치 시기의 사실이다.
④ 일제 강점기 이전: 일제가 토지 수탈과 일본인의 조선 이주를 지원하기 위해 동양 척식 주식회사를 설립한 것은 1908년으로, 일제 강점기 이전이다.

16. 근대 | 정미의병 난이도 중 ●●○

자료분석
의병 + 한국 정규군의 구식 제복 + 구식 한국군 총 → 정미의병

정답설명
① 정미의병은 고종의 강제 퇴위와 군대 해산에 대한 반발로 일어났다.

오답분석
② 을사의병: 평민 의병장인 신돌석이 일월산을 거점으로 평해·울진 등 태백산맥 일대에서 활약한 것은 을사의병이다.
③ 동학 농민군, 을미의병: 잔여 세력이 활빈당 등의 무장 결사를 조직한 세력은 동학 농민군과 을미의병이다.
④ 동학 농민군: 열악한 무장을 보완하기 위해 장태를 전투에 활용한 것은 동학 농민군이다.

17. 근대 | 신민회 난이도 중 ●●○

자료분석
신문, 잡지 및 서적을 간행 + 학교를 건설 + 실업장을 설립 → 신민회

정답설명
② 신민회는 통감부가 아닌 조선 총독부의 탄압을 받아 해산되었다. 신민회는 조선 총독부가 데라우치 총독 암살 미수 사건을 조작하여 민족 운동가들을 체포하고 105인에게 유죄 판결을 내린 105인 사건을 계기로 해산되었다.

오답분석
① 신민회는 교육·문화 사업을 통한 실력 양성 운동을 전개하였다. 신민회는 대성 학교(평양), 오산 학교(정주) 등을 설립하여 민족 교육을 실시하고, 민족 문화 산업을 육성하는 등 실력 양성 운동을 전개하였다.
③ 신민회는 평양과 대구 등에 태극 서관을 설립하여 조선 광문회에서 발간한 서적을 보급하였다.
④ 신민회는 상동 청년회의 이동녕·전덕기, 대한매일신보 계열의 양기탁·신채호 등이 연합하여 결성하였다.

18. 근대 | 조·일 통상 장정 개정(1883) 난이도 상 ●●●

자료분석
조병식 + 함경도의 방곡령 + 조약에 준함 → 조·일 통상 장정 개정(1883)

정답설명
③ 조·일 통상 장정 개정(1883)에서는 일본 관리와 백성에 대한 최혜국 대우를 인정하였다.

오답분석
① 조·청 상민 수륙 무역 장정: 조선이 청의 속방이라는 것을 명시한 조약은 1882년에 체결된 조·청 상민 수륙 무역 장정이다.
② 조·일 무역 규칙(조·일 통상 장정): 일본 상선에 대한 무항세 조항이 포함된 조약은 1876년에 체결된 조·일 무역 규칙(조·일 통상 장정)이다.
④ 조·일 수호 조규 부록: 일본인의 활동 범위를 개항장으로부터 10리 이내로 제한한 조약은 1876년에 체결된 조·일 수호 조규 부록이다.

19. 현대 | 좌·우 합작 위원회 난이도 중 ●●○

자료분석
좌우 합작 + 미소 공동 위원회 속개 → (가) 좌·우 합작 위원회

정답설명
② 좌·우 합작 위원회는 초기에 미 군정의 지원을 받았으나, 이후 미 군정의 지원 철회로 활동에 어려움을 겪었다.

오답분석
① 김구는 좌·우 합작 위원회 조직에 참여하지 않았다. 좌·우 합작 위원회는 중도 좌파 여운형과 중도 우파 김규식을 중심으로 조직되었다.
③ 유엔 소총회에서 남한 단독 총선거 실시가 결정된 것은 좌·우 합작 위원회(1946. 7. ~ 1947. 12.)가 해산된 이후인 1948년 2월의 사실이다.
④ 좌·우 합작 위원회는 좌·우 합작 7원칙을 발표하여 토지의 몰수·유조건 몰수·체감 매상에 의한 무상 분배와 중요 사업의 국유화를 주장하였다.

20. 현대 | 노태우 정부 시기의 사실 난이도 중 ●●○

자료분석
제13대 대통령 + 서울 올림픽이 눈앞에 다가옴 → 노태우 정부

정답설명
② 노태우 정부 때는 북방 외교를 추진하여 소련, 중국 등 공산권 국가와 수교를 맺었다.

오답분석
① 문재인 정부: 4·27 판문점 선언이 발표된 것은 문재인 정부 때이다.
③ 김영삼 정부: 외환 위기를 맞아 국제 통화 기금(IMF)의 지원을 받게 된 것은 김영삼 정부 때이다.
④ 전두환 정부: 호헌 조치에 반발한 6월 민주 항쟁이 일어나자 당시 여당의 대통령 후보였던 노태우가 6·29 선언을 발표하여 직선제 개헌을 약속한 것은 전두환 정부 때이다.

06회 실전동형모의고사 정답·해설

정답   p.44

01	② 선사 시대	11	④ 일제 강점기
02	② 고대	12	④ 고대
03	④ 근대	13	④ 고대
04	③ 현대	14	④ 조선 후기
05	② 고대	15	③ 근대
06	② 시대 통합	16	② 고려 시대
07	④ 고려 시대	17	③ 일제 강점기
08	④ 고려 시대	18	① 고려 시대
09	① 조선 후기	19	③ 일제 강점기
10	③ 조선 전기	20	③ 근대

취약시대 분석표

영역	세부 유형	문항 수
전근대	선사 시대	/1
	고대	/4
	고려 시대	/4
	조선 전기	/1
	조선 후기	/2
근현대	근대	/3
	일제 강점기	/3
	현대	/1
통합	시대 통합	/1
총계		/20

* 취약시대 분석표를 이용해 1개라도 틀린 문제가 있는 시대는 그 시대의 문제만 골라 해설을 다시 한번 꼼꼼히 학습하세요

---

01 선사 시대 | 선사 시대의 유물과 사회 모습   난이도 하 ●○○

자료분석

(가) 슴베찌르개 → 구석기 시대
(나) 미송리식 토기 → 청동기 시대
(다) 눌러찍기무늬 토기 → 신석기 시대

정답설명

② 청동기 시대에는 사냥을 하거나 전쟁을 할 때 돌을 정교하고 날카롭게 갈아서 만든 단검 형태의 간돌검과 청동으로 만든 칼, 창 등을 사용하였다.

오답분석

① 신석기 시대: 갈돌과 갈판 등 간석기를 사용한 시대는 신석기 시대이다.
③ 철기 시대: 철제 농기구를 사용하여 농사를 지었던 시대는 철기 시대이다.
④ 청동기 시대: 빈부의 격차가 나타나고 계급이 발생했던 시대는 청동기 시대이다.

---

02 고대 | 진성 여왕 재위 기간의 사실   난이도 중 ●●○

자료분석

위홍 등이 정사를 어지럽힘 + 도적이 벌떼처럼 일어남 → 진성 여왕

정답설명

② 진성 여왕 때는 적고적이 봉기하여 경주의 서남쪽까지 진출하는 등 수도를 위협하였다.

오답분석

① 효공왕: 궁예가 후고구려를 건국한 것은 효공왕 때의 사실이다.
③ 헌덕왕: 급찬 숭정을 발해에 사신으로 파견한 것은 헌덕왕 때의 사실이다.
④ 흥덕왕: 장보고의 건의에 따라 청해진이 설치된 것은 흥덕왕 때의 사실이다. 흥덕왕 때 장보고는 지금의 완도에 청해진을 설치하여 남해와 황해의 해상 교통권을 장악하고 당, 신라, 일본을 잇는 국제 무역을 주도하였다.

이것도 알면 합격!

진성 여왕 재위 기간(887 ~ 897)의 사실

- 각간 위홍과 대구화상이 『삼대목』을 편찬함(888)
- 최치원이 시무 10여 조를 올림(894)
- 원종과 애노의 난(889), 적고적의 난(896) 등의 농민 반란이 발생함

---

03 근대 | 병인양요와 신미양요 사이의 사실   난이도 중 ●●○

자료분석

(가) 강화성을 함락 + 양헌수가 적을 정족산성에서 격퇴 → 병인양요(1866)
(나) 미국 배 + 광성진을 습격 + 어재연 → 신미양요(1871)

정답설명

④ (가)와 (나) 사이 시기인 1868년에 오페르트가 조선에 통상을 요구하기 위해 흥선 대원군의 아버지인 남연군의 묘를 도굴하려 하였으나 실패하였다.

오답분석

① (가) 이전: 흥선 대원군이 만동묘를 철폐한 것은 1865년으로, (가) 시기 이전의 사실이다.
② (나) 이후: 일본 군함 운요호가 강화도 초지진을 공격한 것은 1875년으로, (나) 시기 이후의 사실이다.
③ (나) 이후: 일본이 경복궁을 습격하여 명성 황후를 시해(을미사변)한 것은 1895년으로, (나) 시기 이후의 사실이다.

---

04 현대 | 반민족 행위 처벌법 제정 이후의 사실   난이도 상 ●●●

자료분석

한·일 합병에 적극 협력한 자 + 사형 또는 무기 징역 → 반민족 행위 처벌법(1948)

06회 정답·해설

정답설명
③ 일제의 귀속 재산을 관리하기 위해 신한 공사가 설치된 것은 반민족 행위 처벌법이 제정되기 이전인 1946년이다.

오답분석
모두 반민족 행위 처벌법 제정 이후의 사실이다.
① 1949년에 김구는 자택인 경교장에서 육군 소위 안두희에게 암살당하였다.
② 1959년에 이승만 정부에 비판적이던 경향신문이 강제로 폐간되었다.
④ 1956년부터 미국의 공법 480호(PL480)에 따라 미국으로부터 잉여 농산물이 도입되었다. 미국은 당시 자국 내의 잉여 농산물을 처리하고, 동시에 6·25 전쟁 이후 한반도의 공산화를 막기 위해 미국의 농산물을 원조의 형식으로 한국에 도입시켰다.

05 고대 | 고구려의 문화 유산   난이도 중 ●●○

정답설명
② 옳은 것을 모두 고르면 ㉠, ㉢이 된다.
㉠ 환도 산성은 국내성의 방어를 위해 축조된 배후 산성으로, 고구려 동천왕 때 위나라 장수 관구검의 침략으로 환도 산성이 함락되자, 동천왕은 옥저 지역으로 피난하였다.
㉢ 1390년대에 정인보는 「광개토경평안호태왕릉 비문 석략」이라는 글을 통해 광개토 대왕릉비에 대한 새로운 해석 방법을 제시하였다.

오답분석
㉡ 장군총은 고구려 초기의 무덤으로, 계단식 돌무지무덤 양식으로 축조되었다. 굴식 돌방무덤은 고구려 후기에 주로 축조되었으며, 내부에 사신도 등의 벽화가 그려진 것이 특징이다.
㉣ 졸본성: 고구려의 첫 번째 수도는 졸본성이다. 한편, 국내성은 고구려의 2대 왕인 유리왕 때 천도한 고구려의 두 번째 수도이다.

06 시대 통합 | 공주   난이도 중 ●●○

자료분석
당이 이곳에 웅진 도독부를 둠 → 공주

정답설명
② 공주는 무열계 후손인 김헌창이 반란을 일으킨 곳이다. 웅천주 도독이었던 김헌창은 아버지 김주원이 왕위를 계승하지 못한 것에 불만을 품고 반란을 일으켰으나 실패하였다.

오답분석
① 서울: 제1차 미·소 공동 위원회가 개최된 지역은 서울의 덕수궁 석조전이다.
③ 개성: 조선 후기에 송상이 근거지로 삼은 곳은 개성이다.
④ 대구: 박상진, 김좌진 등이 대한 광복회를 결성한 지역은 대구이다. 대한 광복회는 대구에서 대한 광복단(풍기 광복단)과 조선 국권 회복단의 일부 인사들이 연합하여 결성되었다.

07 고려 시대 | 권문세족   난이도 하 ●○○

자료분석
녹과전 + 사패를 마구잡이로 받음 + 많은 땅을 차지함 → 권문세족

정답설명
④ 옳은 것을 모두 고르면 ㉡, ㉣이다.
㉡ 권문세족은 주로 음서를 통해 관직에 진출하여 신분을 세습하였다.
㉣ 권문세족은 도평의사사, 첨의부, 밀직사 등의 고위 관직을 장악하였다.

오답분석
㉠, ㉢ 신진 사대부: 세속화된 불교를 비판하였으며, 『소학』과 『주자가례』를 중시한 것은 신진 사대부이다. 신진 사대부는 새로운 사상인 성리학을 수용하여 세속화된 불교의 폐단을 비판하였으며, 유교적 생활 관습을 시행하고자 주자의 『소학』과 주자가 정한 예법인 『주자가례』를 중시하였다.

08 고려 시대 | 고려 시대의 경제 상황   난이도 하 ●○○

정답설명
④ 옳은 것을 모두 고르면 ㉢, ㉣이다.
㉢ 고려 후기에는 사원에서 승려들이 베, 모시 등의 직물과 소금, 기와 등을 생산하는 사원 수공업이 발달하였다.
㉣ 고려 시대에는 소를 이용한 깊이갈이(심경법)가 일반화되어 농업 생산력이 증가하였다.

오답분석
㉠ 조선 후기: 중강에서 후시가 열려 사무역이 이루어진 시기는 조선 후기이다. 조선 후기에는 중강, 책문 등에서 밀무역인 후시가 크게 성행하였다.
㉡ 조선 후기: 밭에서의 재배 방식으로 고랑에 씨를 뿌리는 견종법이 보급된 시기는 조선 후기이다.

09 조선 후기 | 순조 재위 기간의 사실   난이도 중 ●●○

자료분석
황사영 + 백서 → 황사영 백서 사건 → 순조

정답설명
① 순조 때 공노비 6만 6천여 명을 양인으로 해방시켰다. 당시 공노비의 도망과 합법적인 신분 상승으로 신공을 받아낼 수 없게 되자, 순조는 궁궐과 중앙 관청에 소속된 공노비들을 양인으로 해방시켰다.

오답분석
② 영조: 『속대전』을 편찬하여 법전 체계를 정리한 것은 영조 때의 사실이다. 영조 때 『경국대전』 시행 이후에 공포된 법령 중에서 시행할 수 있는 법령만을 정리한 『속대전』을 편찬하였다.
③ 철종: 삼정의 문제를 해결하기 위해 삼정이정청을 설치한 것은 철종 때의 사실이다. 임술 농민 봉기가 일어나자 정부는 삼정의 문란을 해결하기 위해 삼정이정청을 설치하였으나 얼마 지나지 않아 폐지되었다.
④ 정조: 신해통공으로 육의전을 제외한 시전의 금난전권을 폐지한 것은 정조 때의 사실이다.

06회 실전동형모의고사 정답·해설

이것도 알면 합격!

공노비 해방(1801)

배경	• 군공, 납속을 통한 노비의 신분 상승이 허용되고 유지 비용 과다로 공노비의 효율성이 떨어짐 • 도망 후에도 임노동자, 머슴 등으로 생계 유지가 가능해지자 노비들의 도주가 증가
해방	순조 때 궁궐의 각 기관과 중앙 관청에 소속된 공노비 6만 6천여 명을 해방

10 조선 전기 | 직전법 난이도 중 ●●○

자료분석
과전을 폐지하고 (가)을/를 두려함 → (가) 직전 → 직전법

정답설명
③ 직전법은 과전의 세습 등으로 관리에게 지급할 토지가 부족해지자, 이를 해결하기 위해 세조 때 실시되었다.

오답분석
① 직전법이 현직 관료에게만 지급된 것은 맞으나, 토지의 소유권이 아닌 수조권(조세를 걷을 수 있는 권한)이 지급되었다.
② 과전법: 죽은 관료의 가족에게 수신전, 휼양전을 지급한 토지 제도는 과전법이다. 직전법에서는 수신전과 휼양전을 폐지하였다.
④ 직전법이 폐지됨에 따라 양반들이 사유지를 확대하였고, 이로 인해 자영농이 감소하고 소작농이 증가하면서 지주 전호제가 일반화되었다.

11 일제 강점기 | 일제 강점기의 사회 모습 난이도 하 ●○○

정답설명
④ 일제 강점기에는 청계천을 기준으로 남쪽의 일본인 거리는 남촌, 북쪽의 한국인 거리는 북촌으로 불렸다.

오답분석
① 일제 강점기에 도시 외곽에는 빈민들이 토막집을 짓고 모여 사는 토막촌이 형성되었다.
② 일제 강점기인 1920년대에는 도시를 중심으로 대중문화가 형성되면서 서양식 의복과 새로운 머리 스타일을 한 최신 유행의 모던 보이와 모던 걸이 활동하였다.
③ 일제 강점기인 1930년대에는 주로 상류층이 거주하는 2층 양옥 형태의 문화 주택이 유행하여 곳곳에 지어졌다.

12 고대 | 정혜 공주 묘 난이도 중 ●●○

자료분석
대흥보력효감금륜성법대왕(발해 문왕)의 둘째 딸 → 정혜 공주 묘

정답설명
④ 발해 정혜 공주 묘는 고구려의 영향을 받아 모줄임 천장 구조의 굴식 돌방무덤 양식으로 만들어졌다.

오답분석
①, ③ 정효 공주 묘: 용두산 고분군에 위치하고, 무사, 내시, 악사 등의 인물들을 그린 벽화가 있는 묘는 정효 공주 묘이다.
② 무덤 주위 둘레돌에 12지 신상을 조각한 것은 통일 신라 시대의 굴식 돌방무덤으로, 대표적으로 김유신 묘, 성덕왕릉 등이 있다.

13 고대 | 눌지 마립간의 업적 난이도 상 ●●●

자료분석
승려 묵호자가 고구려에서 일선군(경상북도 구미)으로 옴 → 눌지 마립간

정답설명
② 눌지 마립간은 왕위의 부자 상속제를 확립하여 왕권을 강화하였다.

오답분석
① 소지 마립간: 사방에 우역을 처음으로 둔 왕은 소지 마립간이다. 소지 마립간은 국가 공문서를 송달하기 위해 사방에 우역(역참)을 두었다.
③ 진흥왕: 화랑도를 국가적인 조직으로 개편한 왕은 진흥왕이다. 진흥왕은 인재 양성을 위해 씨족 사회의 청소년 교육 집단이었던 화랑도를 국가적인 조직으로 개편하였다.
④ 진흥왕: 국가의 재정을 관리하는 품주를 설치한 왕은 진흥왕이다.

14 조선 후기 | 광해군 대의 사실 난이도 중 ●●○

자료분석
강홍립 + 전군이 오랑캐에게 투항함 → 광해군

정답설명
④ 광해군 때 허준이 『동의보감』을 완성하자, 이를 간행하여 널리 반포하였다.

오답분석
① 인조: 이괄의 난을 진압한 것은 인조 때이다. 인조반정에 공을 세운 이괄이 논공행상에 불만을 품고 난을 일으켰으나 결국 진압되었다.
② 선조: 이몽학이 반란을 일으킨 것은 선조 때이다. 선조 때 왕실의 서얼 출신인 이몽학이 백성들을 선동하여 충청도에서 반란을 일으켰다.
③ 인조: 김준룡이 광교산 전투에서 승리한 것은 인조 때이다. 병자호란 때 인조가 남한산성으로 피난하자, 김준룡이 인조를 지원하기 위해 남한산성으로 가던 중 용인의 광교산에서 청군에 승리를 거두었다.

15 근대 | 원산 학사 난이도 중 ●●○

자료분석
덕원 부사 + 개항장 + 문사들에게 경전을 가르침(문예반) + 무사들에게는 병서를 가르침(무예반) → 원산 학사

06회 정답·해설

정답설명
③ 원산 학사는 관민이 합심하여 만든 우리나라 최초의 근대식 사립 학교로, 근대 학문과 무술 등을 교육하였다.

오답분석
① 육영 공원: 좌원과 우원의 두 반으로 편성된 교육 기관은 육영 공원이다. 육영 공원은 문·무 현직 관리 중에서 선발된 학생을 수용하는 좌원과 양반 자제 중 선발된 학생을 수용하는 우원으로 구분하여 교육하였다.
② 연무 공원: 근대식 사관(장교)을 양성할 목적으로 설립된 교육 기관은 연무 공원이다.
④ 육영 공원: 헐버트, 길모어, 벙커 등을 교사로 초빙한 교육 기관은 육영 공원이다.

---

16 고려 시대 | 경대승 집권 시기의 사실 난이도 중 ●●○

자료분석
왕에게 정중부를 체포할 것을 요청함 + 도방 → (가) 경대승(1179~1183)

정답설명
② 경대승 집권기인 1182년에 지방관의 횡포에 반발하여 전주의 관노와 주현군이 난을 일으켰으나 40여 일 만에 진압되었다.

오답분석
① 최우 집권기: 대장도감이 설치된 것(1236)은 최우 집권기의 사실이다. 최우 집권기에 부처의 힘으로 몽골의 침입을 물리치기 위해 대장경의 판각 업무를 담당하는 대장도감을 설치하고, 팔만대장경을 조판하였다.
③ 최충헌 집권기: 최광수가 서경(평양)에서 고구려 부흥을 목표로 봉기한 것(1217)은 최충헌 집권기의 사실이다.
④ 최우 집권기: 문신들이 머무르는 숙위 기구인 서방을 설치한 것(1227)은 최우 집권기의 사실이다.

---

17 일제 강점기 | 한인 애국단 난이도 하 ●○○

자료분석
도쿄에서 열병식을 마치고 환궁하던 일왕이 저격당함 + 일왕이 탄 마차는 명중하지 못함 → 이봉창 의거 → 한인 애국단

정답설명
③ 한인 애국단은 의열 투쟁을 통해 대한민국 임시 정부의 위상을 높이고 침체된 임시 정부의 활동에 활기를 불어넣기 위해 김구가 결성하였다.

오답분석
① 의열단: 대표적인 단원으로 나석주, 최수봉 등이 있는 단체는 의열단이다. 나석주는 동양 척식 주식회사와 조선식산은행에 폭탄을 투척하였고, 최수봉은 밀양 경찰서에 폭탄을 투척하였다.
② 의열단: 중국 국민당의 지원을 받아 조선 혁명 간부 학교를 설립한 단체는 의열단이다. 의열단은 1920년대 후반부터 개별 투쟁에 한계를 느끼고 중국의 황포 군관 학교에 단원들을 보내 군사 교육을 받도록 하였으며, 이후 중국 국민당 정부의 지원을 받아 조선 혁명 간부 학교를 설립하였다.
④ 의열단: 계급 타파와 토지 평균을 지도 이념으로 하는 20개조의 강령을 발표한 단체는 의열단이다.

---

18 고려 시대 | 고려 말 왜구의 침입 난이도 중 ●●○

정답설명
① 순서대로 나열하면 ㉠ 홍산 대첩(1376) → ㉡ 진포 해전(1380) → ㉢ 관음포 대첩(1383) → ㉣ 박위의 쓰시마 섬 정벌(1389)이다.
㉠ 홍산 대첩: 우왕 때 최영이 홍산에 침입한 왜구를 격퇴하였다(1376).
㉡ 진포 해전: 우왕 때 최무선, 나세 등이 진포에서 화포를 사용하여 왜선 500여 척을 격침시키는 대승을 거두었다(1380).
㉢ 관음포 대첩: 우왕 때 정지가 관음포 앞바다에서 왜선 17척을 격침시켰다(1383).
㉣ 박위의 쓰시마 섬 정벌: 창왕 때 박위가 병선 100여 척을 이끌고 왜구의 소굴이었던 쓰시마 섬(대마도)을 정벌하였다(1389).

---

19 일제 강점기 | 2·8 독립 선언문 난이도 중 ●●○

자료분석
조선 청년 독립단 + 독립을 달성하기를 선언함 → 2·8 독립 선언문

정답설명
③ 옳은 것을 모두 고르면 ㉡, ㉣이다.
㉡ 2·8 독립 선언문은 국내에서 3·1 운동이 일어나는 데 영향을 주었다.
㉣ 2·8 독립 선언문은 일본 도쿄의 유학생들이 조선 청년 독립단을 결성하여 발표하였다.

오답분석
㉠ 대한 독립 선언서: 조소앙이 작성한 선언문은 대한 독립 선언서이다.
㉢ 3·1 독립 선언서: '기미 독립 선언서'라고도 불리는 선언문은 3·1 운동 때 민족 대표들이 발표한 3·1 독립 선언서이다.

---

20 근대 | 안중근 난이도 중 ●●○

자료분석
동양 평화를 위한 의로운 전쟁을 하얼빈에서 개전함 + 담판하는 자리를 뤼순으로 정함 → 안중근

정답설명
③ 안중근은 만주의 하얼빈 역에서 초대 통감인 이토 히로부미를 사살하였다.

오답분석
① 이재명: 이완용을 습격하여 중상을 입힌 인물은 이재명이다.
② 최익현: 쓰시마 섬으로 압송된 후 순국한 인물은 최익현이다. 최익현은 을사의병 때 순창에서 진위대(관군)와 대치하였으나, 동포끼리 싸울 수 없다 하여 스스로 체포되었다. 이후 그는 쓰시마 섬으로 압송되어 그곳에서 순국하였다.
④ 전명운, 장인환: 샌프란시스코에서 외교 고문 스티븐스를 사살한 인물은 전명운, 장인환이다.

07회 실전동형모의고사 정답·해설

정답 p.50

01	② 고대	11	② 현대
02	③ 고려 시대	12	③ 일제 강점기
03	④ 조선 전기	13	④ 근대
04	③ 시대 통합	14	① 고려 시대
05	① 선사 시대	15	③ 조선 후기
06	④ 고대	16	③ 현대
07	④ 조선 전기	17	④ 근대
08	③ 조선 후기	18	③ 일제 강점기
09	③ 고대	19	② 근대
10	④ 고려 시대	20	② 근대

취약시대 분석표

영역	세부 유형	문항 수
전근대	선사 시대	/1
	고대	/3
	고려 시대	/3
	조선 전기	/2
	조선 후기	/2
근현대	근대	/4
	일제 강점기	/2
	현대	/2
통합	시대 통합	/1
총계		/20

* 취약시대 분석표를 이용해 1개라도 틀린 문제가 있는 시대는 그 시대의 문제만 골라 해설을 다시 한번 꼼꼼히 학습하세요.

01 고대 | 발해 　난이도 하 ●○○

자료분석
고구려의 북쪽 땅을 병합하고 신라와 경계를 맞대었음 → 발해

정답설명
② 발해는 당나라 제도를 수용하여 중앙 행정 조직을 3성 6부제로 운영하였다. 한편, 발해는 6부의 명칭을 당과 달리 충, 인, 의 등 유교적 덕목을 사용하는 등 각 기관의 명칭과 운영에서는 발해만의 독자성을 유지하였다.

오답분석
① 신라: 관리를 감찰하는 기관으로 사정부를 설치한 나라는 신라이다.
③ 백제: 지배층이 왕족인 부여씨와 8성의 귀족으로 구성되었던 나라는 백제이다.
④ 발해의 주민 중 다수를 차지한 말갈인은 대체로 피지배층을 이루었지만, 이들 중 일부는 지배층에 편입되는 경우도 있었다.

02 고려 시대 | 고려 시대의 문학 　난이도 중 ●●○

정답설명
③ 『파한집』을 보완하기 위한 시화집으로 『보한집』을 저술한 인물은 최자이다. 한편 이인로는 역대 문인들의 시화에 얽힌 이야기와 평양·개성의 풍속 등을 수록한 『파한집』을 저술하였다.

오답분석
① 임춘은 가전체 작품인 『국순전』에서 술을 의인화하여 소인배들의 득세와 뛰어난 인물들이 오히려 소외되는 현실을 풍자·비판하였다.
② 이제현이 저술한 『역옹패설』은 고려 시대의 대표적인 패관 문학이다. 패관 문학은 민간 구전을 한문으로 기록한 것이다.
④ 이규보는 삼국 시대부터 고려 시대까지의 여러 시화를 모은 『백운소설』을 저술하였다.

이것도 알면 합격!

고려 시대의 패관 문학

『파한집』(이인로)	역대 문인들의 시화에 얽힌 이야기와 평양·개성의 풍속 등을 수록
『보한집』(최자)	이인로의 『파한집』을 보충한 수필체의 시화집
『백운소설』(이규보)	떠도는 시화와 민간 구전 수록
『역옹패설』(이제현)	이제현의 시문집인 『익재난고』의 권말에 수록

03 조선 전기 | 갑자사화와 을사사화 사이의 사실 　난이도 중 ●●○

자료분석
(가) 어머니를 폐비한 일을 원망한 + 선왕인 성종 → 갑자사화(1504)
(나) 윤임 + 윤원로가 권력을 차지 → 을사사화(1545)

정답설명
④ (가), (나) 사이 시기인 1510년에 부산포, 제포(내이포), 염포의 삼포에 거주하던 왜인들이 조선 정부의 무역 통제에 반발하여 난을 일으켰다(삼포 왜란).

오답분석
① (가) 이전: 김종직이 부관참시 된 것은 무오사화 때로, (가) 시기 이전인 1498년의 사실이다. 연산군 때 김일손이 스승인 김종직이 쓴 「조의제문」을 「사초」에 실은 것이 발단이 되어 무오사화가 일어났으며, 이때 김종직은 부관참시되었다.
② (나) 이후: 허적과 윤휴 등의 남인이 축출된 것은 경신환국 때로, 1680년의 사실이다. 숙종 때 허적의 서자 허견 등의 역모 사건을 계기로 허적과 윤휴 등의 남인들이 대거 축출되었다(경신환국).
③ (나) 이후: 정여립 모반 사건으로 기축옥사가 일어난 것은 (나) 시기 이후인 1589년의 사실이다.

04 시대 통합 | 유네스코 세계 기록유산   난이도 중 ●●○

정답설명

③ 옳은 것을 모두 고르면 ㉠, ㉣, ㉤이다.
㉠ 한국의 유교 책판은 조선 시대에 718종의 유교 서책을 간행하기 위해 판각한 6만여 장의 책판으로, 2015년에 유네스코 세계 기록유산으로 등재되었다.
㉣ 『일성록』은 정조가 세손 시절부터 쓰던 개인 일기가 즉위 이후 공식 국정 일기로 전환된 것으로, 2011년에 유네스코 세계 기록유산으로 등재되었다.
㉤ 『난중일기』는 이순신이 임진왜란 때 쓴 친필 일기로, 2013년에 유네스코 세계 기록유산으로 등재되었다.

오답분석

㉡ 『목민심서』는 순조 때 정약용이 지방 행정 개혁 및 수령이 지켜야 할 지침에 대해 저술한 책으로, 유네스코 세계 기록유산으로 등재되지 않았다.
㉢ 『삼국유사』는 충렬왕 때 일연이 저술한 역사서로, 유네스코 세계 기록유산으로 등재되지 않았다.

05 선사 시대 | 청동기 시대   난이도 중 ●●○

자료분석

집터의 형태는 직사각형 + 화덕은 한쪽 벽면으로 옮겨짐 → 청동기 시대

정답설명

① 청동기 시대에는 계급이 발생하여 정치 권력을 가진 군장이 출현하였다.

오답분석

② 철기 시대: 철제 무기로 주변 나라를 정복했던 시기는 철기 시대이다.
③ 신석기 시대: 덧무늬 토기, 이른 민무늬 토기 등을 사용했던 시기는 신석기 시대이다.
④ 구석기 시대: 동물의 뼈나 뿔로 만든 도구와 뗀석기를 사용했던 시기는 구석기 시대이다.

06 고대 | 백제 무왕의 업적   난이도 하 ●○○

자료분석

절 이름을 미륵사라고 함 → 백제 무왕

정답설명

④ 백제 무왕은 일본에 승려 관륵을 파견하여 불교, 천문학, 역법, 지리와 관련된 서적을 전달하였다.

오답분석

① 근초고왕: 부여씨의 왕위 세습제를 확립한 왕은 근초고왕이다. 근초고왕은 활발한 정복 사업 등으로 왕권을 강화하여 부여씨에 의한 왕위 세습제를 확립하였다.
② 성왕: 중앙 관청을 22부로 확대·정비한 왕은 성왕이다. 성왕은 왕실 사무를 맡는 내관 12부와 중앙 정무 기관인 외관 10부로 중앙 관청을 정비하였다.
③ 동성왕: 탐라국을 복속하고, 중국 남제와 수교를 맺은 왕은 동성왕이다.

07 조선 전기 | 이이   난이도 중 ●●○

자료분석

지금 중쇠에 이르렀음 + 천명을 연속시킬 때임 → 사회경장론 → 이이

정답설명

④ 이이는 존화주의적 역사관을 바탕으로 기자를 추앙하는 『기자실기』를 저술하여, 사림이 추구하는 왕도 정치가 기자로부터 비롯되었다고 평가하였다.

오답분석

① 조식: 서리망국론을 통해 서리의 폐단을 비판한 인물은 조식이다.
② 이황: 『천명도설』의 해석을 둘러싸고 기대승과 논쟁한 인물은 이황이다.
③ 이황: 향촌 사회의 교화를 위해 예안 향약을 만든 인물은 이황이다. 한편, 이이는 해주 향약을 만들었다.

이것도 알면 합격!

율곡 이이
- 주기론 주장, 서인에 영향을 줌
- 10만 양병설, 수미법 주장, 해주 향약 실시
- 『격몽요결』, 『동호문답』, 『성학집요』, 『기자실기』 등을 저술함
- 아홉 차례의 과거 시험에 모두 장원하여 '구도장원공'이라는 별칭을 얻음

08 조선 후기 | 대동법   난이도 중 ●●○

자료분석

역을 고르게 함 + 기전(경기도)과 관동에 이미 시행함 → 대동법

정답설명

③ 대동법이 시행됨에 따라 가호를 기준으로 토산물로 징수하던 기존의 납부 방식에서 토지 결수에 따라 쌀이나 무명, 동전 등으로 대신 납부하는 방식으로 변경되었다.

오답분석

① 균역법: 재정 감소분을 결작, 어염세 등으로 보충한 것은 균역법에 대한 내용이다. 균역법이 실시되자 정부는 재정 감소분을 보충하기 위해 결작, 선무군관포를 신설하고, 어염세 등을 국고로 전환하였다.
② 대동법의 실시로 정기적으로 납부하던 상공은 없어졌으나, 부정기적인 별공·진상 등은 여전히 존재하여 현물 징수가 완전히 없어지지는 않았다.
④ 조선 후기 대동법 운영 과정에서 상납미가 증가하고 유치미가 감소하여 지방의 재정이 악화되었다.

이것도 알면 합격!

대동법 시행 결과

결과	• 공납의 전세화, 조세의 금납화 • 지주의 부담은 증가하고, 농민의 부담은 일시적으로 경감됨 • 공인의 활동으로 장시가 발달, 상품 화폐 경제의 발달, 지방 장시·자유 상공업 활성화(관영 < 민영)
한계	상공에만 적용, 별공·진상은 존속, 지방 관아의 재정 부족으로 수령의 수탈 심화

07회 실전동형모의고사 정답·해설

09 고대 | 고대 일본과의 문화 교류   난이도 중 ●●○

정답설명
③ 옳은 것을 모두 고르면 ⓒ, ⓒ이다.
ⓒ 신라인들은 일본에 배를 만드는 기술(조선술)과 제방을 만드는 기술(축제술)을 전해 주었다.
ⓒ 가야 토기는 일본에 전해져 스에키 토기에 영향을 주었다.

오답분석
㉠ 일본에 종이와 먹의 제작 방법을 전해준 고구려의 승려는 담징이다. 한편 고구려의 승려 혜관은 일본에 불교를 전파하고 일본 삼론종의 개조가 되었다.
㉣ 통일 신라의 유교·불교 문화의 영향을 받은 일본 문화는 7세기 후반부터 8세기의 하쿠호 문화이다.

10 고려 시대 | 태조 왕건의 업적   난이도 하 ●○○

자료분석
발해국 세자 대광현 등이 무리들을 이끌고 옴 + 대광현에게 왕계라는 성명을 내려줌 → 태조 왕건

정답설명
④ 태조 왕건은 역분전이라는 토지 제도를 처음으로 시행하여 공신들에게 공로와 인품을 고려하여 토지를 지급하였다.

오답분석
① 고려 현종: 지방 향리 자제에게 과거 응시 자격을 부여한 주현공거법을 시행한 왕은 고려 현종이다.
② 고려 성종: 물가 조절을 위해 개경·서경·12목에 상평창을 설치한 왕은 고려 성종이다.
③ 고려 광종: 수도 개경을 황도로, 서경을 서도로 칭한 왕은 고려 광종이다.

11 현대 | 박정희 정부 시기의 사실   난이도 상 ●●●

자료분석
인민 혁명당 사건 + 중앙 정보부를 동원함 → (가) 박정희

정답설명
② 옳은 것을 모두 고르면 ㉠, ㉢이다.
㉠ 박정희 정부 때는 외화를 확보하기 위해 서독에 간호사와 광부를 파견하였다.
㉢ 박정희 정부 때는 젊은 가톨릭 신부들을 중심으로 천주교 정의 구현 전국 사제단이 조직되었다. 천주교 정의 구현 사제단은 유신 헌법 반대 운동을 전개하였으며, 박종철 고문 치사 사건의 진상을 폭로하기도 하였다.

오답분석
ⓒ 신군부 시기: 국가 보위 비상 대책 위원회가 구성된 것은 1980년으로, 신군부 시기의 사실이다.
㉣ 이승만 정부: 장준하를 발행인으로 하는 잡지 『사상계』가 창간된 것은 1953년으로, 이승만 정부 시기의 사실이다.

12 일제 강점기 | 1920년대의 문화 예술계   난이도 중 ●●○

정답설명
③ 조선 영화령이 제정되어 민족 영화가 탄압을 받은 것은 1920년대가 아닌 1940년대이다. 일제는 1940년에 조선 영화령을 제정하여 민족적 정서를 담은 영화의 제작 및 상영을 금지하였으며, 영화를 침략 전쟁을 정당화하고 전시 체제를 옹호하는 선전 수단으로 사용하였다.

오답분석
① 1920년대에는 도쿄 유학생들을 중심으로 신극 운동 단체인 토월회가 조직(1923)되었다.
② 1920년대에는 김소월의 「진달래꽃」(1925), 한용운의 「님의 침묵」(1926) 등의 작품이 발표되었다.
④ 1920년대에는 사회주의의 영향으로 식민지 현실의 계급 모순을 비판하는 신경향파 문학이 등장하였다.

13 근대 | 유길준   난이도 중 ●●○

자료분석
중립 한 가지만이 우리나라를 지키는 방책임 → 중립화론 → 유길준

정답설명
④ 유길준은 서양 각국의 정치·문화 등을 소개한 기행문인 『서유견문』과 국어 문법서인 『조선문전』 등을 집필하였다.

오답분석
① 홍영식: 초대 우정국 총판에 임명된 인물은 홍영식이다.
② 김홍집: 군국기무처 총재를 역임한 인물은 김홍집이다.
③ 박영효: 철종의 부마로 갑신정변에 참여한 인물은 박영효이다. 박영효는 철종의 딸인 영혜 옹주와 결혼을 하여 왕의 부마가 되었고, 이후 1884년에 김옥균 등과 함께 갑신정변을 일으켰다.

14 고려 시대 | 고려 시대의 가족 제도   난이도 하 ●○○

정답설명
① 고려 시대에는 결혼할 때 부인이 데려온 노비에 대한 소유권은 부인에게 있었으며, 노비 외에도 친정에서 가져온 재산은 여성이 관리할 수 있었다.

오답분석
② 고려 시대에는 아들이 없더라도 양자를 들이지 않고 딸이 제사를 지냈다.
③ 고려 시대에는 여성의 재가가 자유로웠으며, 재가녀의 자식은 별다른 제한 없이 과거에 응시할 수 있었다.
④ 고려 원 간섭기에 원의 영향으로 여러 명의 처와 첩을 두는 다처병첩의 경향이 나타난 것은 맞지만 법적으로 허용되지는 않았다.

15 조선 후기 | 숙종 대의 사실   난이도 중 ●●○

자료분석
의종 황제를 멀리서 제사함 + 대보단 → 숙종

정답설명
③ 숙종 때 청과 국경 분쟁이 발생하자 양국 대표가 백두산 일대를 답사한 뒤 백두산 정계비를 세워 국경을 확정하였다.

오답분석
① 인조: 수도 외곽의 방어를 위하여 총융청을 설치한 것은 인조 때이다.
② 영조: 준천사를 설치하여 청계천 준설 사업을 추진한 것은 영조 때이다.
④ 효종: 북벌 계획에 따라 어영청을 정비하여 화포병과 기병을 늘린 것은 효종 때이다.

16 현대 | 제1차 개헌(발췌 개헌)   난이도 중 ●●○

자료분석
국회는 민의원과 참의원으로써 구성함 + 대통령과 부통령은 직접 선거함 → 제1차 개헌(발췌 개헌)

정답설명
③ 제1차 개헌(발췌 개헌)에서는 국회의 국무위원 불신임제와 양원제를 규정하였다.

오답분석
①, ② 제2차 개헌(사사오입 개헌): '사사오입'의 논리로 통과되었으며, 초대 대통령에 한하여 중임 제한을 철폐한 것은 제2차 개헌(사사오입 개헌)이다.
④ 제7차 개헌(유신 헌법): 통일 주체 국민 회의의 설치를 명시한 것은 제7차 개헌(유신 헌법)이다.

17 근대 | 광무개혁   난이도 하 ●○○

자료분석
고종이 황제로 즉위한 이후 + 구본신참의 원칙 → 광무개혁

정답설명
④ 교육 입국 조서는 대한 제국이 성립(1897)되기 이전인 1895년에 발표된 것으로 광무개혁과는 관련이 없다.

오답분석
① 광무개혁 때 황제의 군권 장악을 위해 원수부가 설치되었으며, 친위대와 진위대 군사의 수를 대폭 증강하였다.
② 광무개혁 때 서울과 신의주를 잇는 경의선을 부설하기 위해 서북 철도국을 설치하였다. 그러나 경의선 부설권은 러·일 전쟁 이후 일본에게 넘어갔다.
③ 광무개혁 때 고종은 화폐 조례를 제정하여 금 본위제를 시도하였으나 재정 부족 등의 이유로 실패하였다.

18 일제 강점기 | 일제 강점기 사건의 전개   난이도 중 ●●○

자료분석
(가) 한·일 병합(1910)~자유시 참변(1921)
(나) 자유시 참변(1921)~한인 애국단 조직(1931)
(다) 한인 애국단 조직(1931)~중·일 전쟁 발발(1937)
(라) 중·일 전쟁 발발(1937)~조선어 학회 사건(1942)

정답설명
③ 국민 정신 총동원 조선 연맹이 조직된 것은 1938년으로, (라) 시기의 사실이다. 국민 정신 총동원 조선 연맹은 창씨 개명, 전쟁 지원병, 공출과 헌금 등 전시 동원을 선전하는 단체로, 이후 국민 총력 조선 연맹으로 개편되었다.

오답분석
① (가) 시기인 1918년에 일제는 6개의 농공은행을 통합하여 조선식산은행을 설립하였다.
② (나) 시기인 1924년에 일제는 조선 민립 대학 설립 운동을 무마시키고, 조선에 거주하는 일본인들의 고등 교육을 위해 경성 제국 대학을 설립하였다.
④ (라) 시기인 1941년에 일제는 국민학교령을 반포하여 소학교를 '황국 신민 학교'라는 뜻의 국민학교로 개칭하였다.

19 근대 | 대한매일신보   난이도 중 ●●○

자료분석
영국인 베델이 서울에 신문사를 창설함 → (가) 대한매일신보

정답설명
② 대한매일신보는 을사늑약이 무효임을 선언하는 고종의 친서를 게재하였다.

오답분석
① 한성순보: 우리나라 최초의 신문으로 10일에 한 번씩 박문국에서 간행된 신문은 한성순보이다.
③ 제국신문: 순한글판으로 발간되어 부녀자 및 일반 서민들에게 인기가 있었던 신문은 제국신문이다.
④ 만세보: 천도교 측에서 발행하였으며, 일진회 등의 매국 행위를 주로 비판한 신문은 만세보이다.

20 근대 | 제물포 조약과 시모노세키 조약 체결 사이의 사실   난이도 상 ●●●

자료분석
(가) 일본 공사관에 군사를 두어 경비를 서게 함 → 제물포 조약(1882. 7.)
(나) 조선국이 완전무결한 독립 자주국임을 확인 + 청국은 군비 배상금을 일본국에 지불 → 시모노세키 조약(1895. 4.)

정답설명
② 독립 협회가 창립된 것은 1896년으로, (나) 이후의 사실이다. 독립 협회는 서재필, 윤치호 등의 지식인들이 창립한 단체로, 근대적 자주 독립 국가의 건설을 목표로 활동하였다.

오답분석
모두 (가), (나) 사이에 있었던 사실이다.
① 1894년 제1차 갑오개혁 때 개혁 수행을 위해 설치된 최고 정책 결정 기관으로 군국기무처를 설치하고, 국가의 주요 정책에 대한 개혁을 추진하였다.
③ 1884년에 김옥균, 박영효, 서광범 등의 급진 개화파가 갑신정변을 일으키고 개화당 정부를 수립한 뒤 14개조 혁신 정강을 발표하였다.
④ 1882년 8월에 조선은 청과 조·청 상민 수륙 무역 장정을 체결하여 서울 양화진에 청국인 상점 설치(내지 통상)를 허용하였다.

08회 실전동형모의고사 정답·해설

정답
p.56

01	③ 고대	11	④ 일제 강점기
02	② 고려 시대	12	③ 조선 전기
03	③ 선사 시대	13	③ 고려 시대
04	④ 선사 시대	14	① 근대
05	② 고대	15	③ 일제 강점기
06	② 조선 후기	16	① 고대
07	③ 현대	17	③ 근대
08	② 시대 통합	18	② 고려 시대
09	③ 현대	19	④ 근대
10	③ 조선 후기	20	③ 시대 통합

취약시대 분석표

영역	세부 유형	문항 수
전근대	선사 시대	/2
	고대	/3
	고려 시대	/3
	조선 전기	/1
	조선 후기	/2
근현대	근대	/3
	일제 강점기	/2
	현대	/2
통합	시대 통합	/2
총계		/20

* 취약시대 분석표를 이용해 1개라도 틀린 문제가 있는 시대는 그 시대의 문제만 골라 해설을 다시 한번 꼼꼼히 학습하세요

---

01 고대 | 무령왕 재위 기간의 사실   난이도 중 ●●○

자료분석
영동대장군 백제 사마왕 → 무령왕

정답설명
③ 백제 무령왕 때는 지방에 22담로를 설치하고 왕족을 파견하여 지방에 대한 통제를 강화하였다.

오답분석
① 근초고왕: 박사 고흥이 역사서인 『서기』를 편찬한 것은 근초고왕 때이다.
② 성왕: 노리사치계가 왜에 불상과 불경 등을 전파하였던 것은 성왕 때이다.
④ 비유왕: 고구려 장수왕의 남진 정책에 맞서 신라의 눌지 마립간과 나·제 동맹을 결성한 것은 비유왕 때이다.

02 고려 시대 | 최충헌   난이도 중 ●●○

자료분석
이의민을 제거 + 열 가지 조목을 아룀 → 봉사 10조 → 최충헌

정답설명
② 최충헌은 희종 옹립에 공을 세워 진강후에 책봉된 후 진주 지방을 식읍으로 받게 되었고, 진주 지방을 관리하기 위해 흥녕부라는 기구를 설치하였다.

오답분석
① 최우: 치안 유지를 위해 야별초를 조직한 인물은 최우이다. 최우는 도적을 막기 위해 밤에 치안 업무를 담당하도록 하는 야별초를 조직하였다.
③ 최우: 붓글씨를 잘 써서 김생, 탄연, 유신과 더불어 신품사현(神品四賢)이라 불린 인물은 최우이다.
④ 이자겸: 자신의 생일을 인수절이라 칭하였으며, 척준경과 함께 난을 일으킨 인물은 이자겸이다.

03 선사 시대 | 구석기 시대   난이도 하 ●○○

자료분석
공주 석장리 유적 + 주먹도끼, 찍개 → (가) 구석기

정답설명
③ 구석기 시대에는 대체로 동굴이나 바위 그늘에 거주하였으며, 지상 혹은 강가에 막집을 짓고 살기도 하였다.

오답분석
① 철기 시대: 명도전과 반량전 등의 중국 화폐를 사용한 것은 철기 시대이다.
② 신석기 시대: 양양 지경리, 서울 암사동 등은 신석기 시대의 유적이다. 구석기 시대의 대표적인 유적으로는 연천 전곡리, 공주 석장리 등이 있다.
④ 청동기 시대: 마을 주위에 목책, 환호 등의 방어 시설이 조성되기 시작한 것은 청동기 시대이다.

04 선사 시대 | 부여   난이도 하 ●○○

자료분석
동이 지역 중에서 가장 넓고 평탄함 → 부여

정답설명
④ 부여에는 왕 아래에 가축 이름을 딴 부족장인 마가, 우가, 저가, 구가 등의 가(加)들이 있었으며, 이들은 저마다 사출도라는 별도의 행정 구획을 통치하였다.

오답분석
① 삼한: 별읍마다 소도라고 불리는 신성 구역이 존재한 나라는 삼한이다.
② 고구려: 매년 10월에 동맹이라는 제천 행사를 열었던 나라는 고구려이다. 부여는 매년 12월에 영고라는 제천 행사를 열었다.
③ 동예: 읍락 간의 경계를 중시하는 책화라는 풍습이 있었던 나라는 동예이다.

05 고대 | 삼국 시대의 금석문   난이도 상 ●●●

정답설명

② 현재 발견된 신라 비석 중 가장 오래된 것은 포항 중성리 신라비이다. 포항 중성리 신라비는 지증왕 때인 501년 제작된 것으로 추정되는 현존하는 가장 오래된 신라 비석이다. 한편, 포항 냉수리 신라비는 지증왕 때인 503년에 세워진 것으로, 신라의 옛 국가명인 '사라'의 명칭과 나마 등의 관등명이 기록되어 있다.

오답분석

① 충주(중원) 고구려비에는 신라를 '동이'로, 신라왕을 '매금'이라 칭하였으며, 이는 당시 고구려와 신라의 관계를 상징적으로 보여주는 부분이다.
③ 경주 남산 신성비에는 경주 남산의 신성을 쌓을 때 동원한 부역 내용이 기록되어 있으며, 3년 이내에 성이 무너지면 처벌한다는 내용이 기록되어 있다.
④ 단양 적성비에는 진흥왕이 단양의 적성을 점령할 때 공을 세운 야이차와 그 가족을 포상한다는 내용이 기록되어 있다.

06 조선 후기 | 조선 후기의 경제 상황   난이도 중 ●●○

자료분석

담배밭 + 고구마밭 → 조선 후기

정답설명

② 조선 후기에 정부는 국가에서 지정한 광산을 민간이 채굴하도록 허용하는 등 적극적인 광산 개발 정책을 펼쳤다. 그러나 광물의 수요가 점차 증가하자 허용되지 않은 광산을 몰래 채굴하는 잠채가 성행하였다.

오답분석

① 조선 후기에는 일부 공인과 사상들이 대규모로 자본을 축적하면서 독점적 도매 상인인 도고로 성장하여 활동하였다.
③ 조선 후기에는 상품 화폐 경제가 발달함에 따라 상평통보가 전국적으로 유통되었다.
④ 조선 후기에는 공장안(장인 등록 장부)에서 벗어나 장인세만 납부하면 비교적 자유롭게 생산 활동에 종사할 수 있었던 납포장의 상품 생산 활동이 활발하게 전개되면서 민영 수공업이 발달하였다.

07 현대 | 김영삼 정부의 경제 정책   난이도 하 ●○○

자료분석

조선 총독부 건물을 철거 + 역사 바로 세우기 → 김영삼 정부

정답설명

③ 김영삼 정부 시기인 1996년에 우리나라는 경제 협력 개발 기구(OECD)에 가입하였다.

오답분석

① 이승만 정부: 한·미 원조 협정을 체결한 것은 이승만 정부 때이다. 한·미 원조 협정은 이승만 정부 때 미국이 한국의 경제 안정과 부흥을 위해 재정적·기술적 원조를 제공하고자 체결되었다.
② 노무현 정부: 칠레와 자유 무역 협정(FTA)을 체결한 것은 노무현 정부 때이다.
④ 이승만 정부: 미국으로부터 원조받은 잉여 농산물을 가공하는 삼백 산업(제분·제당·면방직)을 육성한 것은 이승만 정부 때이다.

08 시대 통합 | 고려와 조선의 과거 제도   난이도 중 ●●○

정답설명

② 옳은 것을 모두 고르면 ⓒ, ⓒ이다.
ⓒ 고려 시대의 과거 제도에서는 유교 경전의 이해도를 평가하는 명경업보다 문학적 재능을 평가하는 제술업이 중시되었다.
ⓒ 조선 시대의 문과는 예조에서 주관하였고, 정기 시험인 식년시는 3년마다 실시되는 것이 원칙이었다. 한편, 식년시 외에도 증광시나 알성시 등의 부정기 시험도 있었다.

오답분석

㉠ 조선 시대: 문과와 무과가 정기적으로 시행된 것은 조선 시대이다. 고려 시대에는 예종 때를 제외하고는 무과가 제대로 시행되지 않았다.
㉣ 조선 시대에 각 도의 인구 비율에 따라 합격자를 선발한 것은 소과와 대과의 1차 시험인 초시이다. 소과와 대과의 2차 시험인 복시는 인구 비율과 상관없이 성적 순으로 합격자를 선발하였다.

이것도 알면 합격!

소과와 대과의 합격자 선발 과정
- 소과: 초시(각 도의 인구 비례) → 복시(성적 순, 지역 무관)
- 대과: 초시(각 도의 인구 비례) → 복시(성적 순, 지역 무관) → 전시(복시 합격자의 순위를 결정)

09 현대 | 이승만 정부 시기의 사실   난이도 중 ●●○

자료분석

귀속 재산은 대한민국의 국민 또는 법인에게 매각함 → 귀속 재산 처리법(1949) → 이승만 정부

정답설명

③ 이승만 정부 시기인 1948년에 여수에 주둔 중이던 부대가 반란을 일으킨 여수·순천 10·19 사건이 일어났다. 이승만 정부는 제주 4·3 사건을 진압하기 위해 여수에 주둔해 있던 부대의 출동을 지시하였다. 그러나 부대 내의 좌파 세력이 이를 거부하고, 1948년 10월에 반란을 일으켜 순천, 광양, 벌교 등을 점령하였다.

오답분석

① 박정희 정부: YH 무역 사건이 일어난 것은 1979년으로, 박정희 정부 시기의 사실이다.
② 장면 내각: 3·15 부정 선거 관련자 및 부정 축재자들을 소급하여 처벌할 수 있도록 한 소급 입법 개헌이 통과된 것은 1960년으로, 장면 내각 시기의 사실이다.
④ 미 군정: 소작료가 총 수확량의 3분의 1을 초과하지 못하도록 하는 최고 소작료 결정의 건이 공포된 것은 1945년으로, 미 군정 시기의 사실이다.

10 조선 후기 | 영조   난이도 중 ●●○

자료분석

붕당의 폐단이 심함 + 탕평하게 거두어 쓰도록 함 → 영조

정답설명

③ 영조는 신경준에게 명하여 동국여지도를 편찬하게 하였다. 한편 동국여지도는 우리나라 전도와 도지도, 전국의 읍을 그린 열읍도를 묶어 제작한 것으로, 모눈을 활용하여 지도의 정밀성을 높였다.

오답분석

① 숙종: 금위영을 설치하여 5군영 체제를 완성한 왕은 숙종이다. 숙종은 국왕의 호위와 도성을 방어하기 위해 금위영을 설치하여 5군영 체제를 완성하였다.
② 정조: 수령이 군현 단위의 향약을 직접 주관하게 한 왕은 정조이다.
④ 효종: 민간의 광산 개발 참여를 허용하는 설점수세제를 처음 실시한 왕은 효종이다.

11 일제 강점기 | 박은식과 정인보   난이도 중 ●●○

자료분석

(가) 유교계에 3대 문제가 있음 → 「유교구신론」 → 박은식
(나) 조선의 시조는 단군이시니 → 「5천 년간 조선의 얼」 → 정인보

정답설명

④ 정인보는 민족 정신으로 '얼' 사상을 강조하였으며, 문일평, 안재홍 등과 함께 조선학 운동을 펼쳤다.

오답분석

① 이병도 등: 실증적 입장에서 한국사를 연구하는 진단 학회를 조직한 인물은 실증주의 사학자인 이병도, 이윤재 등이다.
② 신채호: 김원봉의 요청으로 「조선혁명선언」을 작성한 인물은 신채호이다.
③ 문일평: 민족 정신으로 '조선심'을 강조하였던 인물은 문일평이다.

12 조선 전기 | 성종 재위 시기의 사실   난이도 상 ●●●

자료분석

우리 동방의 문(文) → 「동문선」 → 성종

정답설명

③ 옳은 것을 모두 고르면 ㉡, ㉣이다.
㉡ 성종 때는 성균관 유생들의 학문 연구를 고취시키기 위하여 성균관 안에 도서관인 존경각을 설치하였다.
㉣ 성종 때는 정읍사, 처용가 등이 한글로 수록된 「악학궤범」을 편찬하였다.

오답분석

㉠ 세종: 「향약채취월령」이 편찬된 것은 세종 때이다. 「향약채취월령」은 민간에서 월별로 채취하여야 할 약재의 명칭을 목록화 한 책이다.
㉢ 태종: 백성들이 억울한 일을 호소할 수 있도록 신문고를 처음 설치한 것은 태종 때이다.

13 고려 시대 | 지눌   난이도 중 ●●○

자료분석

승려 본연의 자세로 돌아감 + 수선사 결사를 제창 → 지눌

정답설명

③ 「보현십원가」 등의 향가를 지은 인물은 균여이다. 균여는 대중에게 교리를 널리 알리고 대중의 교화를 위해 「보현십원가」 등의 향가를 지었다.

오답분석

①, ② 지눌은 「목우자수심결」을 저술하여 수행 방법으로 선정과 지혜를 함께 닦아야 한다는 정혜쌍수와 깨달은 것을 이후에도 꾸준히 실천해야 한다는 돈오점수를 정립하였다.
④ 지눌은 선종을 중심으로 교종을 포용하여 교종과 선종의 대립을 극복하고 선교 일치 사상을 완성하였다.

14 근대 | 대한 자강회   난이도 중 ●●○

자료분석

나라의 독립은 오직 자강의 여하에 달려 있음 → 대한 자강회

정답설명

① 대한 자강회는 월보를 간행하고 전국 각지에 지회를 설치하였으며, 교육 진흥·산업 개발·강연회 개최 등을 통하여 국권 회복 운동을 전개하였다.

오답분석

② 보안회: 송수만, 심상진 등을 중심으로 결성된 단체는 보안회이다.
③ 독립 협회: 러시아의 절영도 조차 요구를 반대한 단체는 독립 협회이다. 독립 협회는 만민 공동회를 개최하여 러시아의 절영도 조차 요구를 규탄하였다.
④ 황국 협회: 보부상 중심으로 결성되어 독립 협회를 탄압하는 데 이용된 단체는 황국 협회이다.

이것도 알면 합격!

대한 자강회(1906)	
조직	윤효정, 장지연 등을 중심으로 헌정 연구회를 계승하여 창립
목표	교육과 산업을 진흥시켜 독립의 기초를 만드는 것
활동	전국 각지에 지회 설치, 대한 자강회 월보 간행, 강연회 개최
해체	고종의 강제 퇴위 반대 운동을 주도하다가 1907년에 보안법을 적용받아 강제 해체

15 일제 강점기 | 물산 장려 운동   난이도 중 ●●○

자료분석

중산 계급의 이익에 충실 + 노동 계급의 후원을 갈구 → 물산 장려 운동

정답설명

③ 물산 장려 운동은 조만식 등의 민족 자본가들에 의해 평양에서 시작되어 전국적으로 확산되었다.

오답분석
① 물산 장려 운동은 회사령이 폐지된 이후에 전개되었다. 물산 장려 운동은 일제의 회사령 폐지와 관세 철폐를 계기로 일본 자본이 국내에 대거 유입되자 이에 대항하여 민족 경제를 지키기 위해 전개되었다.
② 국채 보상 운동: 대한매일신보, 황성신문 등의 적극적인 지원을 받으며 전개된 운동은 국채 보상 운동이다.
④ 민립 대학 설립 운동: '한민족 1천만이 한 사람이 1원씩'이라는 구호로 모금 운동이 전개된 운동은 민립 대학 설립 운동이다.

16 고대 | 도교 난이도 하 ●○○

자료분석
불로장생과 현세의 구복을 추구 → 도교

정답설명
① 백제 금동 대향로와 사신도에는 도교의 사상이 반영되어 있다. 백제의 금동 대향로는 신선들이 사는 이상 세계를 정교하게 표현한 금속 공예품이며, 사신도는 도교의 방위신(청룡·백호·주작·현무)을 그린 그림이다.

오답분석
② 고구려 연개소문은 불교와 결탁한 귀족들을 견제하기 위해 도교를 장려하였다.
③ 산수무늬 벽돌은 도교의 영향을 받은 백제의 유물이고, 임신서기석은 유교와 관련된 신라의 유물이다.
④ 풍수지리설: 신라 말기에 호족이 자기 지역의 중요성을 자부하는 근거로 이용한 것은 풍수지리설이다.

17 근대 | 근대의 주요 사건 난이도 중 ●●○

자료분석
(가) 강화도 조약(1876) ~ 조·미 수호 통상 조약(1882)
(나) 조·미 수호 통상 조약(1882) ~ 아관 파천(1896)
(다) 아관 파천(1896) ~ 을사늑약(1905)
(라) 을사늑약(1905) ~ 한·일 병합 조약(1910)

정답설명
③ (다) 시기인 1898년에 서울에서 고딕 양식의 명동 성당이 건립되었다.

오답분석
① (나) 시기: 화폐를 발행하는 기관으로 전환국이 설립된 것은 1883년으로, (나) 시기의 사실이다.
② (다) 시기: 서대문에서 청량리까지 전차 운행이 시작된 것은 1899년으로, (다) 시기의 사실이다.
④ (나) 시기: 경복궁에 전등이 처음 가설된 것은 1887년으로, (나) 시기의 사실이다.

18 고려 시대 | 충선왕 난이도 중 ●●○

자료분석
원나라 수도에 머무름 + 만권당을 지음 → 충선왕

정답설명
② 충선왕은 사림원을 설치하여 왕명 출납과 문서 작성 및 인사 행정을 담당하게 하였다.

오답분석
① 충목왕: 정치도감을 설치하여 불법적으로 빼앗은 토지와 노비를 본 주인에게 돌려주는 등 개혁을 추진하고자 한 왕은 충목왕이다.
③ 공양왕: 군을 통솔하는 기관인 삼군도총제부를 설치한 왕은 공양왕이다.
④ 충렬왕: 도병마사를 도평의사사로 개편하여 국정을 총괄하게 한 왕은 충렬왕이다.

19 근대 | 임오군란 난이도 하 ●○○

자료분석
선혜청의 창고도 고갈됨 + 서울 군영의 군사들이 완력으로 난을 일으키려 함 → 임오군란

정답설명
④ 임오군란에는 정부의 개화 정책 추진 과정에서 일어난 부정부패와 일본의 경제적 침투로 타격을 받은 농민과 서울의 하층민들도 참여하였다.

오답분석
① 제1차 동학 농민 운동: '나라를 보호하고 백성을 평안하게 한다'는 보국안민과 '폭정을 제거하고 백성을 구한다'는 제폭구민을 내세우며 봉기한 것은 제1차 동학 농민 운동이다.
② 갑신정변: 한성 조약이 체결되는 계기가 된 사건은 갑신정변이다. 한편, 임오군란의 결과로 체결된 조약은 제물포 조약이다.
③ 갑신정변: 조선에 주둔하던 청군 일부가 철수한 틈을 타 전개된 것은 갑신정변이다.

20 시대 통합 | 시대별 교육 기관 난이도 중 ●●○

정답설명
③ 옳은 것을 모두 고르면 ⓒ, ⓔ이다.
ⓒ 신라 성덕왕 때 국학에 당에서 가져온 공자와 72제자의 초상화를 안치하였다.
ⓔ 조선의 최고 교육 기관인 성균관에는 강학을 위한 명륜당과 공자의 위패를 모신 대성전이 있었다. 그밖에 성균관에는 기숙사인 동재·서재와 도서관인 존경각 등이 있었다.

오답분석
㉠ 우리나라 최초의 교육 기관인 태학을 설립한 나라는 고구려이다. 고구려는 소수림왕 때 태학을 설립하여 인재를 양성하였다.
ⓒ 주자감에서 유학 경전과 한문학 등을 가르친 나라는 발해이다. 고려는 최고 교육 기관으로 국자감을 두었으며, 유학과 기술학 등을 가르쳤다.

09회 실전동형모의고사 정답·해설

정답 p.62

01	② 선사 시대	11	② 근대
02	② 고대	12	② 고대
03	④ 고려 시대	13	② 고대
04	④ 고려 시대	14	④ 일제 강점기
05	② 조선 후기	15	③ 근대
06	③ 근대	16	② 일제 강점기
07	③ 조선 전기	17	① 현대
08	④ 고려 시대	18	③ 일제 강점기
09	④ 조선 전기	19	② 조선 후기
10	③ 시대 통합	20	③ 현대

취약시대 분석표

영역	세부 유형	문항 수
전근대	선사 시대	/1
	고대	/3
	고려 시대	/3
	조선 전기	/2
	조선 후기	/2
근현대	근대	/3
	일제 강점기	/3
	현대	/2
통합	시대 통합	/1
총계		/20

* 취약시대 분석표를 이용해 1개라도 틀린 문제가 있는 시대는 그 시대의 문제만 골라 해설을 다시 한번 꼼꼼히 학습하세요.

---

01 선사 시대 | 신석기 시대   난이도 하 ●○○

자료분석
실을 만드는 도구 + 방추차라고도 부름 → (가) 가락바퀴 → 신석기 시대

정답설명
② 신석기 시대에는 정착 생활을 시작하면서 해안가나 강가에 바닥이 원형으로 된 움집이 제작되었다.

오답분석
① 철기 시대: 검은 간 토기를 주로 사용한 시대는 철기 시대이다.
③ 구석기 시대: 기원전 약 70만 년 전부터 시작된 시대는 구석기 시대이다.
④ 청동기 시대: 밭농사가 중심이었지만 일부 저습지에서 벼농사를 지었던 시대는 청동기 시대이다.

02 고대 | 광개토 대왕릉비 건립과 관산성 전투 사이의 사실   난이도 중 ●●○

자료분석
광개토 대왕릉비 건립(414) - (가) - 관산성 전투(554)

정답설명
② (가) 시기인 494년에는 고구려 문자왕이 부여를 복속하고 고구려 최대 영토를 확보하였다.

오답분석
① (가) 이후: 황초령 순수비가 건립된 것은 신라 진흥왕 때인 568년으로, (가) 이후의 사실이다.
③ (가) 이후: 비담, 염종 등이 반란을 일으킨 것은 신라 선덕 여왕 때인 647년으로, (가) 이후의 사실이다. 한편, 비담, 염종의 난은 진덕 여왕 즉위 후 김춘추, 김유신 등에 의해 진압되었다.
④ (가) 이전: 아직기가 일본 태자에게 한자를 가르친 것은 4세기인 백제 근초고왕 때로, (가) 이전의 사실이다.

03 고려 시대 | 고려 시대의 화폐   난이도 하 ●○○

자료분석
(가) 우리나라 최초의 화폐 → 건원중보
(나) 숙종 + 화폐를 만듦 → 주전도감
(다) 공양왕 + 지폐 → 저화

정답설명
④ 숙종이 세운 주전도감에서는 건원중보를 주조하지 않았다. 건원중보는 성종 때 처음 주조되었으나 주전도감이 세워지기 이전인 목종 때 주조 및 유통이 중단되었다.

오답분석
① 건원중보는 우리나라 최초의 화폐로 철전과 동전의 두 종류로 제작되었다.
② 주전도감에서는 해동통보, 삼한통보 등 여러 종류의 동전이 주조되었다.
③ 공양왕 때 처음 발행된 저화는 실제 유통되지 못하였으나, 이후 조선 태종 때 다시 제작되었다.

04 고려 시대 | 고려 현종 재위 시기의 사실   난이도 중 ●●○

자료분석
연등회를 다시 엶 → (가) 고려 현종

정답설명
④ 고려 현종 때 황주량 등이 태조부터 목종에 이르는 국왕의 치적을 기록한 역사서인 『7대실록』을 편찬하기 시작하였다. 이후 고려 덕종 때 완성되었으나 현존하지는 않는다.

오답분석
① 고려 성종: 유학 교육을 위해 개경에 일종의 국립 대학인 국자감을 설치한 것은 고려 성종 때이다.
② 고려 예종: 지방관이 없는 속군·속현과 향·소·부곡 등의 말단 지방 행정 단위에 감무라는 지방관을 파견하기 시작한 것은 고려 예종 때이다.

③ **고려 인종**: 이자겸의 난을 진압한 뒤 15개조의 유신령을 발표한 것은 고려 인종 때이다.

05 조선 후기 | 병자호란   난이도 중 ●●○

정답설명
② 병자호란 이후에도 척화론(주전론)을 주장했던 서인들은 북벌을 명분으로 군사력을 강화하고 경제 개혁을 추진하며 정권을 유지하였다.

오답분석
① 주화론을 주장한 이들은 현실에 바탕을 둔 실리적인 외교 정책을 표방하였다. 주화론을 주장한 대표적인 인물로는 최명길이 있다.
③ 청이 군대를 이끌고 조선에 침입하자 인조와 신하들은 남한산성으로 피란하여 항전하였다.
④ 병자호란으로 청에 굴복한 조선은 청과 군신 관계를 체결하고, 인조의 두 왕자인 소현 세자와 봉림 대군을 비롯하여 척화론을 주장하였던 삼학사(홍익한, 윤집, 오달제)가 청으로 압송되었다.

📜 이것도 알면 합격!

병자호란

배경	• 후금이 청으로 국호를 고치고 조선에 군신 관계를 요구함 • 명 정벌을 위한 군량미·병선 요구, 조선의 왕자와 주전론자들을 볼모로 요구함
전개	• 청의 요구를 두고 조선 내 국론이 분열됨 – 주화론(최명길) vs 척화 주전론(3학사, 김상헌) • 척화 주전론이 우세해지자 청이 조선에 침입하였고, 인조는 남한산성으로 피난·저항함
결과	• 청과 군신 관계를 체결함(삼전도의 굴욕) • 두 왕자(소현 세자, 봉림 대군)와 척화론자들이 청에 압송됨

06 근대 | 흥선 대원군 집권 시기의 사실   난이도 중 ●●○

자료분석
태산을 깎아 내려 평지를 만듦 + 남대문을 3층으로 높임 → 흥선 대원군 집권 시기(1863~1873)

정답설명
③ 법률 체제를 정비하기 위해 『대전통편』을 편찬한 것은 정조 때이다. 흥선 대원군은 통치 기강을 바로 세우기 위해 조선의 법전을 정리한 『대전회통』과 6조의 역할에 관한 규칙인 『육전조례』를 편찬하였다.

오답분석
① 흥선 대원군 집권 시기에 일본이 조선에 외교 문서인 서계를 전달하였으나, 조선은 서계에 조선 정부의 인장을 사용하지 않은 것과 일본이 황제국임을 드러내는 문구가 있다는 것을 문제 삼아 접수를 거부하였다.
② 흥선 대원군 집권 시기에 미국이 제너럴셔먼호 사건을 구실로 조선을 침입하자, 어재연이 이끄는 수비대가 광성보에서 항전하였다.
④ 흥선 대원군 집권 시기에 최익현이 흥선 대원군의 만동묘 및 서원 철폐 정책을 비판하고, 고종이 직접 정치할 것을 요청하는 상소를 올렸다(계유상소).

07 조선 전기 | 세종의 업적   난이도 중 ●●○

자료분석
『삼강행실』이란 이름으로 반포함 → 『삼강행실도』 → 세종

정답설명
③ 옳은 것을 모두 고르면 ㉡, ㉣이다.
㉡ 세종은 왜구의 약탈이 계속되자 이종무를 파견하여 왜구의 소굴인 쓰시마 섬을 정벌하였다.
㉣ 세종은 학문 활동 장려를 위해 젊은 문신들에게 휴가를 주어 독서에 전념할 수 있도록 하는 사가 독서제를 실시하였다.

오답분석
㉠ **태종**: 주자소를 설치하고 계미자를 주조한 왕은 태종이다. 한편, 세종은 계미자에 비해 인쇄가 편리한 경자자, 갑인자 등을 주조하였다.
㉢ **세조**: 토지 측량 기구인 인지의와 규형을 제작한 왕은 세조이다.

08 고려 시대 | 거란의 침입과 대응   난이도 하 ●○○

정답설명
④ 순서대로 바르게 나열하면 ㉢ 서희의 외교 담판(993) → ㉡ 흥화진 전투(1010) → ㉠ 귀주 대첩(1019) → ㉣ 천리장성 축조(1033~1044)가 된다.
㉢ **서희의 외교 담판**: 거란의 1차 침입 때 서희는 소손녕과의 외교 담판(993)으로 거란군을 철수시켰으며 강동 6주를 획득하였다.
㉡ **흥화진 전투**: 거란의 2차 침입 때 양규의 활약으로 고려가 흥화진 전투에서 승리하였다(1010).
㉠ **귀주 대첩**: 거란의 3차 침입 때 강감찬이 퇴각하던 거란군을 귀주에서 물리쳤다(1019).
㉣ **천리장성 축조**: 거란의 3차 침입 이후 고려는 거란과 여진의 침입에 대비하기 위해 압록강에서 도련포에 이르는 천리장성을 축조하였다(1033~1044).

09 조선 전기 | 4부 학당과 향교   난이도 상 ●●●

자료분석
㉠ 국가에서 (서울 안에) 성균관과 함께 설치한 학교 → 4부 학당
㉡ 국가에서 밖으로 설치한 학교 → 향교

정답설명
④ 향교의 학생들은 학업 중에 군역이 면제되었으나, 시험을 치러 성적 미달자에게는 군역을 충당하게 하였다.

오답분석
① **성균관**: 성적 우수자에게 문과의 초시가 면제되었던 교육 기관은 성균관이다. 성균관의 유생 중에 성적이 우수한 자는 과거 시험 중 문과의 초시를 면제받고, 바로 2차 시험인 복시에 응시할 수 있었다.
② **성균관, 향교**: 공자를 모시는 문묘가 설치된 교육 기관은 성균관과 향교이다. 4부 학당은 문묘가 설치되지 않은 순수 교육 기관이었다.
③ **4부 학당**: 승보시를 통해 성균관에 입학할 수 있었던 교육 기관은 4부 학당이다. 성균관의 입학 정원이 미달일 경우 4부 학당에서 승보시를 거쳐 성균관에 입학하기도 하였다.

10 시대 통합 | 『의궤』   난이도 중 ●●○

자료분석

조선 왕실의 중요 행사를 글·그림으로 기록한 의례서 → (가) 『의궤』

정답설명

③ 「사초」, 「시정기」, 「승정원일기」 등을 바탕으로 제작된 것은 『조선왕조실록』이다.

오답분석

① 『의궤』는 조선 초기부터 편찬되었으나 임진왜란으로 소실되어, 현재는 임진왜란 이후에 제작된 것만 남아있다.
② 『의궤』는 왕이 보는 '어람용'과 보관 목적의 '분상용'으로 나누어 제작하였다.
④ 『의궤』에는 이두와 차자(借字) 및 우리의 고유한 한자어가 많이 사용되어 있어 국어학 연구에도 귀중한 자료가 된다.

이것도 알면 합격!

『외규장각 의궤』

내용	• 국가 행사의 주요 장면을 글과 그림으로 기록 • 행사와 관련된 내용들을 상세히 기록
약탈	1866년 병인양요 때 프랑스군에 의해 약탈
반환	2011년부터 5년 단위의 임대 방식으로 반환

11 근대 | 헐버트   난이도 중 ●●○

자료분석

고종의 밀서를 가지고 미국에 감 → 헐버트

정답설명

② 헐버트는 1886년에 육영 공원의 교사로 초빙되어 상류층 자제들을 대상으로 외국어를 가르쳤다.

오답분석

① 알렌: 최초의 서양식 병원인 광혜원의 설치를 건의한 인물은 미국의 개신교 선교사 알렌이다.
③ 묄렌도르프: 우리나라 최초의 서양인 고문은 묄렌도르프이다. 독일인인 묄렌도르프는 임오군란 이후 청에 의해 조선의 외교 고문으로 파견되었다.
④ 스코필드: 3·1 운동 중 일제가 저지른 제암리 학살 사건을 전 세계에 알린 인물은 캐나다의 개신교 선교사 스코필드이다.

12 고대 | 삼국 통일 과정   난이도 중 ●●○

정답설명

② 순서대로 바르게 나열하면 ㉠ 황산벌 전투(660) → ㉢ 평양성 함락(668) → ㉣ 소부리주 설치(671) → ㉡ 매소성 전투(675)가 된다.

㉠ 황산벌 전투: 신라 김유신은 황산벌에서 계백이 이끄는 결사대를 격파(660)한 뒤, 당나라군과 함께 백제의 수도인 사비성으로 진격하였다.
㉢ 평양성 함락: 신라의 김인문과 당의 이적·설인귀가 이끄는 나·당 연합군이 평양성을 공격하였고, 결국 평양성이 함락되었다(668).
㉣ 소부리주 설치: 신라 문무왕은 당으로부터 사비성을 탈환하고 사비성에 웅진 도독부를 대신하여 소부리주를 설치하였다(671).
㉡ 매소성 전투: 나·당 전쟁 과정에서 신라는 당의 이근행이 이끄는 20만 대군을 매소성에서 격파하여 나·당 전쟁의 주도권을 장악하였다(675).

13 고대 | 원효   난이도 중 ●●○

자료분석

무애 + 한 법이 바로 일체의 법 → 원효

정답설명

② 고선사 서당화상비는 원효의 일대기가 기록되어 있는 탑비로 경주에서 발견되었다. 한편, 원효의 어릴 때 이름이 서당이었기 때문에 원효를 서당화상이라고 부르기도 한다.

오답분석

① 충담사: 백성을 편안히 다스릴 노래를 지어달라는 경덕왕의 요청에 따라 '안민가'를 지은 인물은 충담사이다.
③ 원효는 질병 등 현실적 재난 구제에 치중하는 밀교와는 관련이 없다. 밀교는 현실 구복적인 성격의 불교 종파로, 신라 하대에 민간에서 유행하였다.
④ 의상: '일즉다 다즉일(一卽多 多卽一)'의 원융 사상을 주장한 인물은 의상이다.

14 일제 강점기 | 독립 의군부   난이도 하 ●○○

자료분석

고종의 밀지를 받아 조직 + 국권 반환 요구서 발송 추진 → 독립 의군부

정답설명

② 독립 의군부는 고종의 밀명으로 임병찬이 의병과 유생을 규합하여 1912년에 조직하였다.

오답분석

① 신민회: 신흥 무관 학교를 설립한 단체는 신민회이다.
③ 독립 의군부는 국권을 회복한 후 군주정으로 다시 복귀하는 복벽주의를 표방하였다.
④ 대한민국 임시 정부: 비밀 행정 조직으로 연통제를 운영한 단체는 대한민국 임시 정부이다.

15 근대 | 온건 개화파   난이도 중 ●●○

자료분석

이익이 될 수 있다면 선택하여 행함 + 좋은 법까지 함께 배척할 필요는 없음 → 동도서기론 → 온건 개화파

정답설명

③ 온건 개화파는 중국의 양무운동을 본받아 점진적인 개혁을 추진하였다. 한편, 양무운동은 전통적인 유교 사상은 유지하고 서양의 과학·기술을 수용하자는 중체서용을 바탕으로 한 운동이다.

오답분석
① **급진 개화파**: 청과의 사대 관계 청산을 주장한 세력은 급진 개화파이다.
② **급진 개화파**: 대표적인 인물로 박영효, 홍영식 등이 있는 세력은 급진 개화파이다.
④ 온건 개화파는 동양의 전통적인 유교 사상을 지키고자 하였기 때문에 토지 제도의 개혁 및 신분제 폐지를 주장하지 않았다.

---

16 일제 강점기 | 문화 통치 시기의 사실   난이도 중 ●●○

자료분석
문화적 제도 혁신 + 내지인(일본인)과 똑같이 취급함 → 사이토 마코토의 시정 훈시 → 문화 통치 시기

정답설명
② 옳은 것을 모두 고르면 ㉠, ㉢이다.
㉠ 문화 통치 시기인 1923년에 일제는 한국으로 들어오는 일본 상품에 대한 관세를 철폐하여 수출입의 대일 의존도를 심화시키고자 하였다.
㉢ 문화 통치 시기인 1926년에 의열단의 일부 단원들은 중국의 황포(황푸) 군관 학교에 입교하여 군사·정치 교육을 받았다.

오답분석
㉡ **무단 통치 시기**: 하와이에서 군사 양성 기관인 대조선 국민 군단이 창설된 것은 1914년으로, 무단 통치 시기의 사실이다.
㉣ **무단 통치 시기**: 서당 설립을 신고제에서 허가제로 전환하는 서당 규칙이 제정된 것은 1918년으로, 무단 통치 시기의 사실이다.

---

17 현대 | 김대중 정부 시기의 사실   난이도 하 ●○○

자료분석
남측의 연합제 안과 북측의 낮은 단계의 연방제 안이 공통성이 있다고 인정함 → 6·15 남북 공동 선언(2000) → (가) 김대중

정답설명
① 김대중 정부 때는 햇볕 정책이 추진되어 남북 교류가 활성화되었고, 그 결과 1998년에 최초로 금강산 해로 관광 사업이 시작되었다.

오답분석
② **노무현 정부**: 10·4 남북 공동 성명이 발표된 것은 노무현 정부 때이다.
③ **노태우 정부**: 한반도 비핵화 공동 선언이 채택된 것은 노태우 정부 때이다.
④ **전두환 정부**: 분단 이후 최초로 이산가족 상봉이 이루어진 것은 전두환 정부 때이다.

---

18 일제 강점기 | 산미 증식 계획   난이도 중 ●●○

자료분석
일본 내 식량 공급에 차질이 빚어짐 + 식량 문제를 해결 → ㉠ 산미 증식 계획

정답설명
③ 산미 증식 계획으로 쌀 생산량은 증가하였으나, 생산된 쌀이 일본으로 대량 유출되고 한국인들은 만주로부터 수입한 잡곡으로 연명하면서 한국인의 1인당 연간 쌀 소비량은 오히려 감소하였다.

오답분석
① 산미 증식 계획의 결과 쌀 중심의 단작형 농업 구조가 형성되고, 다양한 상품 작물의 재배가 축소되어 만성적인 농촌 공황이 초래되었다.
② 일제의 지나친 수탈로 국내의 식량이 부족해지자 이를 보충하기 위해 만주로부터 조, 수수, 콩 등의 잡곡 수입이 증가하였다.
④ 산미 증식 계획의 시행으로 소작 농민들은 고율의 소작료뿐만 아니라 수리 조합비, 비료 대금, 종자 개량비 등의 여러 비용을 부담해야 했다.

---

19 조선 후기 | 홍경래의 난   난이도 하 ●○○

자료분석
관서를 버림 + 노비들도 평안도 놈이라 함 → 홍경래의 난

정답설명
② 옳은 것을 모두 고르면 ㉠, ㉣이다.
㉠ 홍경래 등은 평안북도에서 난을 일으켜 선천, 정주 등 청천강 이북 지역을 거의 장악하였으나 5개월 만에 관군에 의해 진압되었다.
㉣ 홍경래의 난은 몰락 양반인 홍경래의 지휘 아래에 영세 농민, 신흥 상공업 세력, 광산 노동자 등이 가담하여 전개되었다.

오답분석
㉡ **동학 농민 운동**: 농민들이 집강소를 설치하고 폐정 개혁을 추진한 것은 동학 농민 운동이다.
㉢ **임술 농민 봉기**: 경상 우병사 백낙신의 수탈에 반발하여 봉기를 일으킨 것은 임술 농민 봉기이다.

---

20 현대 | 한·미 상호 방위 조약 체결 시기   난이도 중 ●●○

자료분석
미합중국의 육군, 해군과 공군을 대한민국의 영토 내와 그 부근에 배치하는 권리를 허락함 → 한·미 상호 방위 조약(1953. 10)
(가) 대한민국 정부 수립(1948) ~ 6·25 전쟁(1950)
(나) 6·25 전쟁(1950) ~ 휴전 협정 조인(1953. 7)
(다) 휴전 협정 조인(1953. 7) ~ 진보당 사건(1958)
(라) 진보당 사건(1958) ~ 4·19 혁명(1960)

정답설명
③ 한·미 상호 방위 조약은 (다) 시기인 1953년 10월에 체결되었다. 한·미 상호 방위 조약은 휴전 이후 북한의 재침을 우려한 이승만 정부의 요청에 따라 미국이 이승만 정부를 안심시키기 위해 준비한 것으로, 미합중국의 육군, 해군과 공군을 대한민국의 영토 내와 그 부근에 배치하는 권리를 대한민국이 허락한다는 내용 등을 명시하였다.

10회 실전동형모의고사 정답·해설

❯ 정답   p.68

01	① 선사 시대	11	① 근대
02	① 고대	12	④ 고려 시대
03	③ 조선 후기	13	④ 조선 후기
04	③ 근대	14	③ 현대
05	② 조선 전기	15	④ 일제 강점기
06	④ 고려 시대	16	④ 고대
07	③ 고대	17	④ 현대
08	③ 고대	18	③ 고려 시대
09	③ 조선 후기	19	④ 일제 강점기
10	④ 일제 강점기	20	① 시대 통합

❯ 취약시대 분석표

영역	세부 유형	문항 수
전근대	선사 시대	/1
	고대	/4
	고려 시대	/3
	조선 전기	/1
	조선 후기	/3
근현대	근대	/2
	일제 강점기	/3
	현대	/2
통합	시대 통합	/1
총계		/20

* 취약시대 분석표를 이용해 1개라도 틀린 문제가 있는 시대는 그 시대의 문제만 골라 해설을 다시 한번 꼼꼼히 학습하세요.

01 선사 시대 | 부여와 옥저   난이도 하 ●○○

자료분석

(가) 남녀가 음란한 짓을 하거나 질투하는 부인은 모두 죽임 → 부여
(나) 고구려에 예속됨 + 맥포·어염 및 해중 식물 등을 지어 나름 → 옥저

정답설명

① 부여는 왕이 죽으면 왕의 시신에 옥갑(玉匣)을 입혀 장례를 치렀다.

오답분석

② 삼한: 목지국의 지배자가 왕으로 추대된 국가는 삼한이다. 삼한 중에서 마한의 세력이 가장 컸으며, 마한의 소국 중 하나인 목지국의 지배자가 마한왕 또는 진왕으로 추대되어 삼한 연맹체를 주도하였다.
③ 고구려: 5부(계루부·소노부·절노부·순노부·관노부)가 있었으며, 계루부에서 왕위를 차지하였던 국가는 고구려이다.
④ 동예: 같은 씨족끼리는 혼인하지 않는 족외혼의 풍습이 있었던 국가는 동예이다.

02 고대 | 장수왕의 업적   난이도 중 ●●○

자료분석

백제를 치려고 모의함 + 당시의 백제 왕 근개루(개로왕) → 장수왕

정답설명

① 장수왕은 국내성에 기반을 둔 귀족 세력을 약화시키고, 적극적인 남하 정책을 추진하기 위해 수도를 국내성에서 평양으로 옮겼다.

오답분석

② 소수림왕: 유학 교육 기관인 태학을 설립한 왕은 소수림왕이다.
③ 고국천왕: 빈민 구제를 위해 춘궁기에 곡식을 빌려 주고 추수기에 갚도록 하는 진대법을 처음 실시한 왕은 고국천왕이다.

④ 광개토 대왕: 숙신(여진)과 비려(거란)를 정벌하여 만주 일대를 차지한 왕은 광개토 대왕이다.

📝 이것도 알면 합격!

장수왕의 업적

영토 확장	• 지두우 지역을 분할 점령하여 흥안령 일대의 초원 지대 장악 • 평양 천도를 기반으로 남하 정책을 추진하여 백제 수도 한성을 함락하고, 남한강 지역(죽령 일대 ~ 남양만)까지 차지
비석 건립	광개토 대왕릉비: 아버지 광개토 대왕의 업적을 기리기 위해 국내성(만주 지안시 일대) 지역에 건립

03 조선 후기 | 양명학   난이도 중 ●●○

자료분석

앎은 행함의 시작, 행함은 앎의 완성임(지행합일) + 마음이 있으므로 이치가 있음(심즉리) → 양명학

정답설명

③ 청에서 전해진 고증학과 서양 과학의 영향을 받으며 발전한 학문은 실학이다. 한편, 양명학은 16세기 초반 중종 대에 명을 왕래하는 사신에 의해 양명학 서적인 『전습록』이 전래되면서 우리나라에 처음 전해졌다.

오답분석

① 정제두 등은 양명학을 체계적으로 연구하여 강화 학파를 형성하였다.
② 한말 이후 박은식, 정인보 등의 국학자들은 양명학을 계승하여 민족 운동을 전개하기도 하였다.
④ 양명학은 정권에서 소외된 소론 집안의 후손과 인척을 중심으로 하여 가학으로 계승되었다.

04 근대 | 간도　　　　　　　　　난이도 중 ●●○

정답설명
③ 옳은 것을 모두 고른 것은 ㉠, ㉢, ㉣이다.
㉠ 일본은 1909년에 청과 간도 협약을 체결하여 남만주의 철도 부설권 등을 얻는 대가로 간도를 청의 영토로 인정하였다.
㉢, ㉣ 19세기 이후 간도로 이주하여 생활하는 조선인이 늘어나면서 청과 조선 사이에 영유권 분쟁이 발생하였다. 이에 고종은 어윤중을 서북 경략사로, 이중하를 토문 감계사로 파견하여 간도가 우리 영토임을 주장하였다.

오답분석
㉡ 독도: 고종이 칙령 제41호를 발표하여 영유권을 표명한 곳은 독도이다. 고종은 1900년에 칙령 제41호를 발표하여 울릉도를 울도로 개칭하고, 그 관할 구역에 독도를 포함시켰다.

05 조선 전기 | 정도전　　　　　　난이도 중 ●●○

자료분석
요동을 공격하기를 권고 + 진도를 익히게 함 → ㉠ 정도전

정답설명
② 정도전은 『조선경국전』을 편찬하여 조선 왕조의 통치 규범을 종합적으로 제시하였다.

오답분석
① 설순 등: 모범이 될 만한 충신·효자·열녀의 행실을 모아 만든 윤리서인 『삼강행실도』를 편찬한 인물은 설순 등이다.
③ 권근: 성리학 입문서인 『입학도설』을 저술한 인물은 권근이다. 권근은 성리학을 처음 배우는 이들에게 성리학의 기본적인 지식을 쉽게 알리기 위하여 그림을 넣어 설명한 『입학도설』을 저술하였다.
④ 신숙주: 일본의 풍속, 지리 등을 정리한 『해동제국기』를 편찬한 인물은 신숙주이다. 세종 때 서장관으로 일본에 다녀온 신숙주는 이후 성종의 명에 따라 『해동제국기』를 편찬하였다.

06 고려 시대 | 고려 인종 재위 시기의 사실　　난이도 중 ●●○

자료분석
김부식에게 삼국의 역사를 책으로 편집하도록 명함 → 『삼국사기』 → 고려 인종

정답설명
④ 고려 인종 때 송나라 사신 서긍이 고려를 방문하였고, 이때 경험한 고려의 여러 가지 실정을 그림과 글로 설명한 『고려도경』을 지었다.

오답분석
① 예종: 관학의 경제 기반을 강화하기 위하여 일종의 장학 재단인 양현고를 설치한 것은 고려 예종 때이다.
② 현종: 개경에 현화사 7층 석탑을 건립한 것은 고려 현종 때이다.
③ 숙종: 서적의 보관과 출판을 위해 국자감에 서적포를 설치한 것은 고려 숙종 때이다.

07 고대 | 신라 하대의 사회 모습　　난이도 하 ●○○

정답설명
③ 신라 하대에도 골품제는 존재하였으며 신분에 따른 관직 승진의 제한도 여전히 존재하였다. 이에 능력이 뛰어났음에도 불구하고 신분적 제약으로 정치 참여에 제한을 받았던 6두품은 당으로 건너가 유학 생활을 하였고, 외국인을 대상으로 하는 과거 시험인 빈공과에 응시하여 급제하는 경우가 많았다.

오답분석
① 신라 하대에는 지방에서 호족 세력이 성장하여 일정한 지역에서 독립적인 지배권을 행사하였다.
② 신라 하대에는 정부의 강압적인 조세 징수, 진골 귀족의 수탈 등으로 농민의 불만이 심화되면서 원종과 애노의 난 등의 농민 봉기가 발생하였다.
④ 신라 하대에는 진골 귀족들이 사병을 거느리고 왕위 쟁탈전을 전개하였으며, 이로 인해 150여 년 동안 20명의 왕이 교체되었다.

08 고대 | 발해 무왕　　　　　　난이도 중 ●●○

자료분석
고려의 옛 땅을 회복하고 부여의 습속을 가지고 있음 → 발해 무왕

정답설명
③ 발해 무왕은 당나라와 흑수말갈이 연합하려는 움직임을 보이자 장문휴의 수군으로 하여금 당나라 산둥 지방의 등주(덩저우)를 선제 공격하게 하였다.

오답분석
① 성왕: 발해의 수도를 동경 용원부에서 상경 용천부로 옮긴 왕은 발해 성왕이다.
② 고왕(대조영): 당으로부터 발해 군왕의 책봉호를 처음으로 받은 왕은 발해 고왕이다.
④ 문왕: 불교의 이상적 제왕인 전륜성왕을 자처하고 황상이라는 칭호를 사용한 왕은 발해 문왕이다.

09 조선 후기 | 김홍도　　　　　　난이도 중 ●●○

자료분석
도화서 화원 + 호는 단원 + 궁중 풍속을 많이 남김 → (가) 김홍도

정답설명
③ 김홍도는 씨름, 서당, 무동 등의 풍속화를 그려 서민의 생활을 소탈하고 익살스럽게 묘사하였다.

오답분석
① 정선: 진경 산수화를 그린 조선 후기의 대표적인 화가로, 금강전도, 인왕제색도 등을 그린 인물은 정선이다.
② 안견: 안평대군의 꿈을 바탕으로 몽유도원도를 그린 인물은 안견이다. 안견은 조선 전기의 대표적인 화가로, 안평대군의 꿈을 바탕으로 자연스러운 현실 세계와 환상적인 이상 세계를 표현한 몽유도원도를 그렸다.
④ 신윤복: 양반층의 풍류와 남녀 사이의 애정 등을 감각적이고 해학적으로 묘사한 인물은 신윤복이다.

10 일제 강점기 | 105인 사건 당시 볼 수 있는 모습 난이도 상 ●●●

자료분석

안악 사건을 데라우치 총독 암살을 위한 군자금 모집으로 날조 + 105명을 기소 → 105인 사건(1911)

정답설명

④ 회사 설립 시 조선 총독의 허가를 받아야 하는 회사령은 1910년에 공포되어 1920년까지 시행되었으므로, 1911년에 볼 수 있는 모습이다.

오답분석

모두 105인 사건(1911)이 발생한 시기에 볼 수 없는 모습이다.
① 당오전은 1883년부터 주조되어 1894년도에 발행이 중단되었다.
② 제중원은 1885년에 설립된 우리나라 최초의 근대식 병원인 광혜원이 개칭된 것으로, 1904년에 세브란스 병원으로 개편되었다.
③ 대한 광복군 정부는 1914년에 이상설을 중심으로 연해주 블라디보스토크에 설립된 정부이다.

11 근대 | 을사늑약 난이도 중 ●●○

자료분석

이토 후작 + 4000년 국민정신이 하룻밤 사이에 갑자기 멸망하고 말 것인가 → 시일야방성대곡 → 을사늑약

정답설명

① 옳은 것을 모두 고른 것은 ㉠, ㉡이다.
㉠ 대한 제국의 외교권을 박탈하는 내용이 담긴 을사늑약은 덕수궁 중명전에서 체결되었다.
㉡ 을사늑약은 일제에 의해 강제로 체결된 조약으로, 고종이 도장을 찍거나 서명을 하지 않았다.

오답분석

㉢ 을사늑약에는 조선 총독부를 설치한다는 조항이 없다. 을사늑약에는 조선 통감부를 설치한다는 조항이 포함되어 있었다.
㉣ 한·일 신협약(정미 7조약): 헤이그 특사 사건 이후 일제의 강요로 체결된 것은 한·일 신협약이다.

12 고려 시대 | 고려의 성리학 난이도 중 ●●○

정답설명

④ 원으로 건너가 성리학을 배워 와 이제현 등에게 전수한 인물은 백이정이다. 한편, 정몽주는 공민왕 때 이색에게 성리학을 배워 더욱 발전시켰으며, '동방 이학의 조'라는 칭호로 불리기도 하였다.

오답분석

① 안향은 충렬왕 때 원에서 『주자전서』와 공자의 초상을 손수 베껴 고려에 돌아와 성리학을 처음 소개하였다.
② 김문정은 안향의 요청으로 원으로 건너가 공자와 그 제자 70명의 화상과 각종 서적, 문묘의 제기 등을 구해왔다.
③ 이색은 공민왕 때 정몽주, 권근, 정도전 등을 가르치며 성리학을 더욱 확산시켰다.

13 조선 후기 | 효종 재위 기간의 사실 난이도 중 ●●○

자료분석

봉림 대군에 봉해짐 + 소현 세자와 함께 인질로 심양에 감 → 효종

정답설명

④ 효종 때 청과 러시아 사이에 충돌이 일어나자 청의 요구로 두 차례[1654(1차, 변급), 1658(2차, 신유)]에 걸쳐 조총 부대를 영고탑으로 파견하였다.

오답분석

① 광해군: 일본과 기유약조를 체결한 것은 광해군 때이다. 광해군 때 기유약조를 체결하여 임진왜란 이후 관계가 단절되었던 일본과의 무역을 허용하고, 세사미두 100석, 세견선 20척으로 무역 규모를 제한하였다.
② 정조: 왕권 강화를 위해 친위 부대인 장용영을 창설한 것은 정조 때이다.
③ 영조: 『속오례의』, 『동국문헌비고』 등을 편찬한 것은 영조 때이다.

14 현대 | 사사오입 개헌(제2차 개헌) 난이도 하 ●○○

자료분석

헌법 공포 당시의 대통령(초대 대통령)에 대해 중임 제한을 적용하지 않음 → 사사오입 개헌(제2차 개헌, 1954)

정답설명

③ 사사오입 개헌안(제2차 개헌)을 통해 초대 대통령이었던 이승만의 중임 제한이 철폐되었고, 이후 1956년에 제3대 대통령 선거에서 이승만이 당선되었다.

오답분석

① 사사오입 개헌안(제2차 개헌, 1954)은 6·25 전쟁(1950~1953) 이후에 공포되었다. 한편 6·25 전쟁 중 공포된 것은 발췌 개헌안(제1차 개헌, 1952)이다.
② 사사오입 개헌안(제2차 개헌)은 대통령 직선제를 규정하였다.
④ 제7차 개헌(유신 헌법): 대통령이 국회의원의 3분의 1을 지명할 수 있음을 명시한 것은 박정희 정부 때 공포된 제7차 개헌안(유신 헌법, 1972)이다.

15 일제 강점기 | 치안 유지법 공포 이후에 전개된 사실 난이도 상 ●●●

자료분석

국체를 변혁 또는 사유 재산제를 부인할 목적으로 결사를 조직하는 자를 처벌 → 치안 유지법(1925)

정답설명

④ 치안 유지법이 공포된 이후인 1927년에 전국적인 농민 조직인 조선 농민 총동맹이 조직되었다.

오답분석

모두 치안 유지법이 공포되기 이전의 사실이다.
① 호남선 철도가 개통된 것은 1914년이다. 일제는 호남선 철도를 개통하여 호남 곡창 지대의 농산물 반출을 확대하였다.
② 암태도 소작 쟁의가 일어난 것은 1923년이다. 암태도 소작 쟁의는 1923년부터 1년간 지주인 문재철과 그를 비호하는 일제에 대항하여 암태도의 소작 농민들이 일으킨 농민 운동이다.

③ 대동 단결 선언이 발표된 것은 1917년이다. 대동 단결 선언은 신규식, 박은식, 신채호, 조소앙 등이 임시 정부 수립의 필요성을 제기한 선언문이다.

16 고대 | 선종   난이도 중 ●●○

자료분석

불립문자·견성오도 등을 중시 + 실천 수행을 통하여 각자의 마음속에 내재된 깨달음을 얻는 것을 강조 → 선종

정답설명

④ 옳은 것을 모두 고르면 ⓒ, ⓔ이다.
ⓒ 선종은 신라 하대에 유행하였으며, 수도 경주가 아닌 지방을 중심으로 호족들과 결합하여 발전하면서 지방 문화의 발전에 기여하였다.
ⓔ 선종은 승려들의 사리를 모신 승탑(부도)과 승려의 일대기를 비석에 새긴 탑비가 유행하는 데 영향을 주었다.

오답분석

㉠ 교종: 전제 왕권을 강화해주는 이념적 도구로 작용한 것은 교종이다.
ⓒ 신라 왕실도 선종을 포섭하고자 하였으며, 선종 중 하나인 홍척의 실상산파는 왕실과 밀접한 관계를 맺기도 하였다.

🔖 이것도 알면 합격!

선종의 대표적인 이론

불립문자(不立文字)	문자가 지닌 형식에 집착하는 것을 경계함
견성오도(見性悟道)	자기 본래의 성품을 깨우쳐 번뇌를 해탈하고 부처의 지혜를 얻음
교외별전(敎外別傳)	마음에서 마음으로 진리를 전함

17 현대 | 박정희 정부 시기의 교육 정책   난이도 중 ●●○

자료분석

공산품 수출을 진흥시키는 데 노력 + 제1회 수출의 날 기념식(1964) → 박정희 정부(1963~1979)

정답설명

④ 박정희 정부 시기인 1968년에는 국가주의 이념을 강조한 국민 교육 헌장이 제정되었다. 국민 교육 헌장은 우리 교육이 지향해야 할 이념과 목표를 제시하였다.

오답분석

① 김영삼 정부: 대학 수학 능력 시험을 처음 실시한 것은 1993년으로, 김영삼 정부 시기의 사실이다.
② 김영삼 정부: 국민학교라는 명칭을 초등학교로 변경한 것은 1996년으로, 김영삼 정부 시기의 사실이다.
③ 신군부 시기: 과외 금지와 대학 졸업 정원제를 시행한 것은 1980년으로, 신군부 시기의 사실이다.

18 고려 시대 | 충렬왕 대의 사실   난이도 중 ●●○

자료분석

경사교수도감을 설치 → 충렬왕

정답설명

③ 충렬왕 때 홍자번이 민생 문제와 국내 재정난의 해결을 위해 편민 18사를 건의하였다.

오답분석

① 충숙왕: 찰리변위도감을 설치한 것은 충숙왕 때이다. 찰리변위도감은 권세가의 토지와 농민에 대한 불법적인 약탈 등을 조사하여 본 주인에게 돌려주기 위해 설치된 관청이다.
② 충선왕: 각염제를 처음으로 시행한 것은 충선왕 때이다. 각염제는 충선왕이 국가 수입의 증대를 위해 실시한 소금 전매 제도이다.
④ 공민왕: 신돈을 등용하고 전민변정도감을 설치한 것은 공민왕 때이다.

19 일제 강점기 | 신채호   난이도 상 ●●●

자료분석

역사는 아와 비아의 투쟁 → 『조선상고사』 → 신채호

정답설명

④ 나라를 잃고 미쳐버린 노예라는 뜻의 태백광노(太白狂奴), 부끄러움도 모르는 인간이라는 뜻의 무치생(無恥生)이라는 별호를 사용하기도 한 인물은 박은식이다.

오답분석

① 신채호는 대한매일신보에 「독사신론」을 연재하여 민족주의 사학의 연구 방향을 제시하였다.
② 신채호는 민족 고유의 사상인 선교(仙敎)에 대해 연구한 「동국고대선교고」와 소설 「꿈하늘」 등을 저술하였다.
③ 신채호는 1919년에 상하이에서 주간 신문인 신대한을 창간하여 주필로 활동하였으며, 이승만의 외교 중심 독립운동을 비판하였다.

20 시대 통합 | 우리나라의 역대 의서   난이도 중 ●●○

정답설명

① 순서대로 바르게 나열하면 ㉠ 『향약구급방』(고려 고종) → ⓒ 『태산요록』(조선 세종) → ⓒ 『마과회통』(조선 정조) → ⓔ 『동의수세보원』(조선 고종)이다.
㉠ 『향약구급방』은 고려 고종 때 편찬된 현존하는 우리나라에서 가장 오래된 의서이다.
ⓒ 『태산요록』은 조선 세종 때 임산부와 어린 아이의 질병 치료에 관해 정리한 의서이다(1434).
ⓒ 『마과회통』은 조선 정조 때 정약용이 마진(홍역) 치료법에 대해 기술한 의서이다(1798).
ⓔ 『동의수세보원』은 조선 고종 때 이제마가 사람의 체질을 네 종류(태양인, 태음인, 소양인, 소음인)로 구분하여 치료하는 의학 이론인 사상 의학을 바탕으로 저술한 의서이다(1894).

11회 실전동형모의고사 정답·해설

▶ 정답   p.74

01	④ 선사 시대	11	④ 시대 통합
02	④ 고려 시대	12	② 근대
03	③ 조선 전기	13	① 일제 강점기
04	④ 근대	14	③ 고대
05	③ 고려 시대	15	③ 조선 후기
06	① 고대	16	③ 조선 후기
07	④ 근대	17	① 현대
08	② 고대	18	③ 일제 강점기
09	① 고려 시대	19	① 조선 후기
10	② 현대	20	① 일제 강점기

▶ 취약시대 분석표

영역	세부 유형	문항 수
전근대	선사 시대	/1
	고대	/3
	고려 시대	/3
	조선 전기	/1
	조선 후기	/3
근현대	근대	/3
	일제 강점기	/3
	현대	/2
통합	시대 통합	/1
총계		/20

* 취약시대 분석표를 이용해 1개라도 틀린 문제가 있는 시대는 그 시대의 문제만 골라 해설을 다시 한번 꼼꼼히 학습하세요.

01 선사 시대 | 고조선   난이도 하 ●○○

자료분석
스스로 왕을 칭함 + 연나라를 공격하려 함 → (가) 고조선

정답설명
④ 매년 나라 동쪽의 동굴인 국동대혈에서 수신(隧神)을 모시고 제사를 지낸 나라는 고구려이다.

오답분석
① 『삼국유사』에 따르면 고조선은 중국의 요(堯)가 재위하던 시기에 건국하였다고 전해진다.
② 고조선은 기원전 3세기경에 부왕, 준왕과 같은 강력한 왕이 등장하여 왕위를 세습하였다.
③ 고조선은 초기에 요령 지방을 중심으로 성장하였고, 점차 대동강 유역을 중심으로 한반도까지 영역을 확대하였다.

02 고려 시대 | 광종의 정책   난이도 중 ●●○

자료분석
노비를 안검하여 시비를 살펴 분별하게 함(노비안검법) → 광종

정답설명
④ 광종은 국가 재정을 확보하기 위해 각 주현 단위로 1년간 납부할 조세·공물의 액수를 정하여 징수하는 주현공부법을 실시하였다.

오답분석
①, ② 고려 성종: 관리들에게 매달 시를 지어 바치게 하는 문신월과법을 실시하고, 지방 교육을 위해 교수인 경학 박사를 파견한 왕은 고려 성종이다.
③ 고려 문종: 현직 관료를 대상으로 토지를 지급하는 경정 전시과를 시행한 왕은 고려 문종이다.

이것도 알면 합격!
광종의 정책

주현공부법	주현 단위로 공물과 부역을 책정하여 해마다 징수
노비안검법	불법으로 노비가 된 자들을 양민으로 해방
과거 제도	후주에서 귀화한 쌍기의 건의를 받아들여 실시
공복 제정	관리의 복색을 자·단·비·녹색으로 정함

03 조선 전기 | 이황   난이도 중 ●●○

자료분석
성학 + 그림과 설명을 열 폭의 종이 위에 서술 → 『성학십도』 → 이황

정답설명
③ 옳은 것을 모두 고르면 ⓒ, ⓔ이다.
ⓒ 이황의 사상은 임진왜란 이후 일본으로 전해져 일본 성리학 발달에 큰 영향을 미쳤다.
ⓔ 이황은 주희의 성리설을 받아들여 이기 철학에서 불완전한 기(氣)보다 완전한 이(理)의 절대성을 중시하였다.

오답분석
㉠ 이이: 『격몽요결』, 『동호문답』을 저술한 인물은 이이이다. 이황의 저서로는 『주자서절요』, 『성학십도』, 『전습록논변』 등이 있다.
㉣ 조식: 노장 사상을 포용하고 학문의 실천성을 강조한 인물은 조식이다.

이것도 알면 합격!
이황과 이이

구분	퇴계 이황	율곡 이이
특징	• 주리론 • 근본적, 이상주의적 • 경(敬)의 실천 중시	• 주기론 • 현실주의, 개혁주의적 • 다양한 개혁 방안 제시(10만 양병, 수미법 등)

04 근대 | 을미개혁   난이도 중 ●●○

자료분석
육군을 친위와 진위 2종으로 나눔 → 제4차 김홍집 내각 → 을미개혁

정답설명
④ 을미개혁 때는 태양력을 채택하였고, 우체사를 설치하여 갑신정변으로 중단되었던 우편 사무를 재개하였다.

오답분석
① 제2차 갑오개혁: 종래의 의정부를 폐지하고 내각제를 도입하였으며, 8아문을 7부로 개편한 것은 제2차 갑오개혁의 내용이다.
② 제1차 갑오개혁: 청의 연호를 폐지하고 개국 기년을 사용한 것은 제1차 갑오개혁의 내용이다. 한편, 을미개혁 때는 '건양'이라는 연호를 사용하였다.
③ 광무개혁: 도량형을 통일하기 위하여 평식원을 설치한 것은 광무개혁의 내용이다. 대한 제국은 미터법을 기반으로 하는 도량형을 정비하기 위해 1902년에 궁내부에 평식원을 설치하였다.

05 고려 시대 | 이의민 집권 시기의 사실   난이도 중 ●●○

자료분석
경주 사람 + 어머니가 노비였음 + 무신 정변 때 참여 → 이의민

정답설명
③ 이의민 집권기(1183~1196)인 1193년에 김사미와 효심이 운문과 초전에서 신라 부흥을 표방하며 난을 일으켰다.

오답분석
① 정중부 집권기: 망이·망소이가 공주 명학소에서 신분 차별에 반대하여 봉기한 것은 1176년으로, 정중부 집권기의 사실이다.
② 최우 집권기: 이연년 형제가 담양에서 백제 부흥을 주장하며 봉기한 것은 1237년으로, 최우 집권기의 사실이다.
④ 정중부 집권기: 동북면 병마사 김보당이 의종 복위를 주장하며 봉기한 것은 1173년으로, 정중부 집권기의 사실이다.

06 고대 | 원광   난이도 하 ●○○

자료분석
걸사표를 짓도록 함 → (가) 원광

정답설명
① 원광은 화랑이 지켜야 할 행동 규범인 세속 오계를 제시하였다. 세속 오계는 진평왕 때 원광이 유교·불교 등의 교리를 내포하여 만든 화랑도의 행동 규범이다.

오답분석
② 원측: 당의 현장으로부터 유식학을 전수받은 인물은 원측이다.
③ 혜초: 인도와 중앙 아시아 등을 순례하고 기행문인 『왕오천축국전』을 저술한 인물은 혜초이다.
④ 자장: 대국통에 임명되어 모든 승려의 규범과 계율을 주관한 인물은 자장이다.

07 근대 | 독립 협회   난이도 중 ●●○

자료분석
독립문을 새로이 세움 + 독립관이라 함 → (가) 독립 협회

정답설명
④ 옳은 것을 모두 고르면 ⓒ, ⓔ이다.
ⓒ 독립 협회는 자유 민권 운동과 국민 참정권 운동을 전개하는 등 민중을 중심으로 근대적인 자주 독립 국가를 건설하고자 하였다.
ⓔ 독립 협회는 관민 공동회를 통해 헌의 6조를 결의하고, 이를 고종에게 올려 재가를 받았다.

오답분석
㉠ 독립 협회는 공화정체가 아닌 입헌 군주제의 국가 수립을 추구하였다. 한편 공화정체의 국가 수립을 추구한 대표적인 단체는 신민회이다.
ⓛ 보안회: 일본의 황무지 개간권 요구 저지에 성공한 단체는 보안회이다.

08 고대 | 근초고왕의 업적   난이도 하 ●○○

자료분석
평양성을 공격함 + 고구려 왕 사유가 화살에 맞아 죽음 → 근초고왕

정답설명
② 근초고왕은 활발한 정복 사업과 대외 활동을 통해 강화된 왕권을 바탕으로 왕위의 부자 상속을 확립하였다.

오답분석
① 문주왕: 수도를 웅진(공주)으로 옮긴 왕은 문주왕이다.
③ 침류왕: 동진에서 온 인도 승려 마라난타를 통해 불교를 수용한 왕은 침류왕이다.
④ 고이왕: 16관등제를 정비하고 율령을 반포한 왕은 고이왕이다.

09 고려 시대 | 고려 청자   난이도 중 ●●○

자료분석
도자기의 빛깔이 푸른 것을 사람들은 비색이라 부름 → 고려 청자

정답설명
① 고려 청자는 주로 왕실과 관청 및 귀족들의 생활 도구와 불교 의식용 도구로 제작되었다.

오답분석
② 고려 청자는 원료와 연료가 풍부한 강진, 부안 등에서 제작되었다.
③ 고려 청자에는 12세기에 고려만의 독창적인 상감법이 적용되었다. 상감법은 자기의 표면을 파내고 그 자리를 백토 등으로 메워 무늬를 내는 방법이다.
④ 고려 청자는 원으로부터 북방 가마 기술이 도입되면서 제작 기법이 퇴조하여 점차 소박한 분청사기로 바뀌어갔다.

10 현대 | 6월 민주 항쟁   난이도 하 ●○○

자료분석

정부가 4·13 호헌 조치를 발표 + 이한열 → 6월 민주 항쟁

정답설명

② 6월 민주 항쟁은 5년 단임의 대통령 직선제를 골자로 하는 9차 개헌이 이루어지는 계기가 되었다.

오답분석

① 4·19 혁명: 이승만 대통령이 하야하고, 허정을 수반으로 한 과도 정부가 구성되는 결과를 낳은 것은 4·19 혁명이다.
③ 국가 보위 비상 대책 위원회는 1980년에 신군부 세력이 국정 전반에 대한 실권을 장악하기 위해 임시로 설치한 기구로, 6월 민주 항쟁과는 관련이 없다.
④ 6월 민주 항쟁 때는 계엄령이 선포되지 않았다. 한편, 정부가 전국에 계엄령을 선포하고 모든 정치 활동을 금지시킨 것은 5·16 군사 정변, 10월 유신 선포 등을 통해서이다.

11 시대 통합 | 우리나라의 불교 건축물   난이도 중 ●●○

정답설명

④ 무위사 극락전은 다포 양식이 아닌 주심포 양식으로 지어진 조선 전기의 대표적인 건축물이다.

오답분석

① 봉정사 극락전은 우리나라에서 가장 오래된 고려 시대의 목조 건축물로, 주심포 양식으로 지어졌다.
② 수덕사 대웅전은 고려 시대의 건축물로, 주심포 양식과 맞배 지붕으로 구성되어 있다.
③ 법주사 팔상전은 조선 후기의 건축물로, 내부가 하나로 통하는 통층 구조로 되어있다.

12 근대 | 강화도 조약(조·일 수호 조규)   난이도 중 ●●○

자료분석

수신사 + 김기수 → 강화도 조약(조·일 수호 조규)

정답설명

② 양국 중 한 나라가 제3국의 압박을 받으면 서로 도와줄 것을 규정하는 거중조정 조항이 있었던 것은 조·미 수호 통상 조약이다. 한편, 강화도 조약에는 거중조정 조항이 규정되어 있지 않다.

오답분석

① 강화도 조약(조·일 수호 조규)의 제1관에는 조선은 자주국이며 일본과 평등한 권리를 가진다는 내용이 명시되어 있다.
③ 강화도 조약(조·일 수호 조규)의 제 4, 5관에는 조선은 부산 외에 통상하기 편리한 항구 두 곳을 추가로 개항한다는 내용이 명시되어 있다. 이에 따라 부산(1876), 원산(1880), 인천(1883)이 차례로 개항되었다.
④ 강화도 조약(조·일 수호 조규)의 제9관에는 양국 관리는 양국 인민의 자유로운 무역 활동에 간섭하지 않는다는 내용이 명시되어 있다.

13 일제 강점기 | 토지 조사 사업의 결과   난이도 중 ●●○

자료분석

지적을 명확히 하여 그 소유권을 보호 → 토지 조사 사업

정답설명

① 토지 조사 사업에서 조선인 대지주는 소유권의 법적 보장을 받았기 때문에 큰 타격을 받지 않았다.

오답분석

② 토지 조사 사업의 결과 많은 토지가 동양 척식 주식회사 등에 싼 값에 매각되었고, 이로 인해 일본에서 한국으로의 농업 이민이 증가하였다.
③ 토지 조사 사업의 결과 소유자가 불분명한 문중 소유의 토지나 마을의 공유지는 조선 총독부의 소유가 되었다.
④ 토지 조사 사업으로 농민의 입회권(산림 공동 이용), 도지권(소작인의 권리) 등 관습적인 경작권이 부정당하면서, 농민들은 기한부 소작농으로 전락하였다.

14 고대 | 궁예와 견훤   난이도 중 ●●○

자료분석

(가) 승려가 됨 + 기훤에게 의탁 + 양길에게 의탁 → 궁예
(나) 아버지 아자개 + 무진주를 습격하여 스스로 왕이 됨 → 견훤

정답설명

③ 영주 부석사에 있는 신라 왕의 그림을 칼로 훼손하는 등 신라에 적대적이었던 인물은 궁예이다.

오답분석

① 궁예는 스스로 미륵불의 화신임을 주장하며 백성들을 현혹시켰다.
② 궁예는 무태, 성책, 수덕만세 등의 독자적인 연호를 사용하였다.
④ 견훤은 중국의 오월, 후당 등에 사신을 보내 교류하는 등 대중국 외교에 적극적이었다.

15 조선 후기 | 균역법   난이도 중 ●●○

자료분석

양역의 절반을 감하라고 명함 + 1필을 감함 → 균역법

정답설명

③ 균역법은 족징, 인징 등 군역의 폐단을 해결하기 위해 시행되었다.

오답분석

① **대동법**: 어용 상인인 공인이 등장하는 계기가 된 것은 대동법이다.
② **대동법**: 관리 기관으로 선혜청을 설치하여 시행한 것은 대동법이다. 균역법은 처음에 균역청을 설치하여 시행하였으나, 이후 선혜청이 통합하여 관리하였다.
④ **호포법**: 군포를 호 단위로 부과하여 양반도 군역을 부담하게 된 것은 고종 때 시행된 호포법이다.

16 조선 후기 | 천주교 난이도 중 ●●○

자료분석

정약전·정약용 형제 + 이승훈에게 요사스러운 책을 받음 + 유교를 어지럽힘 → (가) 천주교

정답설명

③ 학문으로 처음 전래되었던 천주교는 18세기 후반에 서울에 거주하던 일부 남인 학자들에 의해 신앙으로 수용되기 시작하였다.

오답분석

① 천주교는 중국을 다녀온 우리나라 사신들에 의해 학문(서학)으로 처음 유입되었다.
② 우리나라 최초의 신부이자 병오박해 때 처형된 인물은 김대건이다.
④ 정조가 천주교에 비교적 관대한 정책을 펼친 것은 맞지만, 전라도 진산에 사는 윤지충이 모친상에서 신주를 불태우고 천주교식으로 장례를 치른 사건(진산 사건)을 일으키자 관련자들을 처형하였다(신해박해).

이것도 알면 합격!

천주교 전파와 탄압

전파	17세기 중국에 다녀온 사신들에 의해 학문(서학)으로 유입됨
확산	18세기 후반 남인 계열 실학자(정약용 등)에 의해 신앙으로 수용 → 백성들 사이에서 점차 확산
탄압	신해박해(1791, 정조) → 신유박해(1801, 순조) → 기해박해(1839, 헌종) → 병오박해(1846, 헌종) → 병인박해(1866, 고종)

17 현대 | 농지 개혁 난이도 중 ●●○

자료분석

농지를 농민에게 적절히 분배함 + 1가구 당 총 경영 면적 3정보를 초과하지 못함 → 농지 개혁

정답설명

① 북한의 토지 개혁법이 제정된 시기는 1946년 3월로, 농지 개혁법이 제정 (1949. 6. 21.)되기 이전이기 때문에 남한의 농지 개혁에 영향을 받지 않았다.

오답분석

② 농지 개혁은 농경지만을 대상으로 하고 산림과 임야 등 비경지는 매수 대상에서 제외되었다.
③ 농지 개혁은 토지 소유의 상한선을 3정보로 제한하였으나, 이미 매도된 경우 매수 대상에서 제외하였다.
④ 농지 개혁으로 농지를 분배 받은 자는 연평균 토지 생산량의 30%씩을 5년간 국가에 상환하도록 하였다.

18 일제 강점기 | 3·1 운동 난이도 중 ●●○

자료분석

만세 시위 + 화성 제암리에서 주민을 학살함 → 3·1 운동

정답설명

③ 3·1 운동은 중국의 5·4 운동, 인도의 비폭력·불복종 운동 등 세계 약소 민족의 독립운동에 커다란 자극을 주었다.

오답분석

①, ② 6·10 만세 운동: 순종의 인산일을 계기로 전개되었으며, 국내에서 민족 유일당 운동이 촉발되는 계기가 된 민족 운동은 6·10 만세 운동이다.
④ 광주 학생 항일 운동: 신간회에서 진상 조사단을 파견하는 등 적극적으로 후원한 민족 운동은 광주 학생 항일 운동이다.

19 조선 후기 | 비변사 난이도 중 ●●○

자료분석

일시적인 전쟁 때문에 설치함 + 변방의 방비를 담당하는 것 → 비변사

정답설명

① 비변사는 변방의 일을 준비하는 관청으로, 비국, 묘당, 주사라고도 불렸다.

오답분석

② 비변사에는 의정부의 3정승과 공조를 제외한 5조의 판서, 훈련대장을 비롯한 각 군영의 대장, 강화 유수 등이 참여하였다.
③ 비변사는 삼포왜란이 일어나자 임시 기구로 설치되었다. 한편, 을묘왜변 이후에는 비변사가 상설 기구화 되었다.
④ 비변사는 안동 김씨와 풍양 조씨 등에 의한 세도 정치 시기에 핵심적인 정치 기구로, 기능과 권한이 더욱 강화되었다.

이것도 알면 합격!

비변사

설치	중종 때 삼포왜란을 계기로 임시 회의 기구로 설치
상설 기구화	명종 때 을묘왜변 이후 상설 기구화 됨
발전 및 강화	선조 때 임진왜란 이후 외교·재정·사회·인사 등을 총괄하는 국가 최고 정무 기구로 발전
폐지	흥선 대원군에 의해 약화·폐지됨

20 일제 강점기 | 조선 의용대 난이도 중 ●●○

자료분석

대원은 대부분 조선 민족 혁명당원임 → (가) 조선 의용대

정답설명

① 조선 의용대의 일부 병력은 충칭으로 이동하여 한국광복군에 합류하였다. 한편 일부는 화북 지역으로 이동하여 조선 의용군으로 개편되었다.

오답분석

② 조선 의용대는 김원봉이 중국 본토의 한커우(우한)에서 조직한 단체이다.
③ 한국광복군: 미국 전략 정보처(OSS)와 함께 국내 진공 작전을 계획한 것은 대한민국 임시 정부 산하의 한국광복군이다.
④ 러시아 자유시에서 큰 피해를 입은 독립군은 1920년대 만주에서 활동하던 독립군이다.

12회 실전동형모의고사 정답·해설

정답

01	② 고대	11	① 고려 시대
02	④ 조선 후기	12	② 현대
03	② 조선 전기	13	③ 조선 후기
04	① 고대	14	③ 근대
05	② 고려 시대	15	③ 일제 강점기
06	④ 고려 시대	16	④ 근대
07	① 고대	17	③ 조선 전기
08	④ 고려 시대	18	① 근대
09	③ 고려 시대	19	③ 고대
10	③ 일제 강점기	20	④ 현대

취약시대 분석표

영역	세부 유형	문항 수
전근대	선사 시대	/0
	고대	/4
	고려 시대	/5
	조선 전기	/2
	조선 후기	/2
근현대	근대	/3
	일제 강점기	/2
	현대	/2
통합	시대 통합	/0
총계		/20

* 취약시대 분석표를 이용해 1개라도 틀린 문제가 있는 시대는 그 시대의 문제만 골라 해설을 다시 한번 꼼꼼히 학습하세요

---

01 고대 | 고구려의 역사적 사실 난이도 중 ●●○

자료분석

(가) 진대법 실시(194) ~ 평양 천도(427)
(나) 평양 천도(427) ~ 온달 전사(590)
(다) 온달 전사(590) ~ 안시성 전투(645)
(라) 안시성 전투(645) ~ 안동 도호부 설치(668)

정답설명

② 후연을 격파하며 요동 지역을 확보하였던 것은 광개토 대왕(391~412) 때의 사실로, (가) 시기에 해당한다.

오답분석

① (가) 시기인 미천왕 때 낙랑군을 몰아내고 대동강 유역을 차지(313)하여 남쪽으로 진출할 수 있는 발판을 마련하였다.
③ (다) 시기인 영양왕 때 이문진이 『유기』 100권을 간추려 『신집』 5권을 편찬하였다(600).
④ (라) 시기인 보장왕 때 연개소문의 동생인 연정토가 신라에 투항하였다(666).

02 조선 후기 | 임술 농민 봉기 난이도 중 ●●○

자료분석

남쪽에서 일어남 + 궁민(가난한 백성)이 일으킴 → 임술 농민 봉기

정답설명

④ 임술 농민 봉기는 당시 농민들이 흰 수건을 머리에 두르고 봉기하였기 때문에 '백건당(白巾黨)의 난'이라고도 불렸다.

오답분석

① 홍경래의 난: 평안도 지역에 대한 차별과 세도 정권과 유착된 특권 어용 상인들의 과도한 경제적 수탈에 대한 불만이 표출된 것은 홍경래의 난이다.
② 고부 민란: 전라도 고부 군수 조병갑의 수탈에 항거하기 위해 일어난 것은 고부 민란이다.
③ 임술 농민 봉기 당시 정부는 사건 수습을 위해 삼정이정청을 설치하여 삼정의 문란을 해결하려 했을 뿐 지주제를 개혁하지는 않았다.

03 조선 전기 | 유향소 난이도 중 ●●○

자료분석

향촌에서 그 권위를 남용함 + 세조께서 폐지함 → (가) 유향소

정답설명

② 유향소에서는 지방 사족의 명단인 향안을 작성하였으며, 향회의 운영 규칙인 향규를 제정하여 향안에 기재된 향원들의 비리를 규제하였다.

오답분석

① 경재소: 중앙과 지방의 연락 업무를 맡은 것은 경재소이다. 경재소는 유향소와 중앙 정부 사이의 연락을 담당하여 유향소를 중앙에서 직접 통제할 수 있도록 하였다.
③ 성균관, 서원 등: 선현에 대한 제사와 교육을 담당한 것은 성균관, 서원 등이다.
④ 서원: 국가의 사액(임금이 사당이나 서원 등의 이름을 지어서 그것을 새긴 현판을 내리는 일)을 받아 면세의 특권을 누리기도 한 것은 서원이다.

이것도 알면 합격!

유향소와 경재소

유향소	· 지방 사족들의 향촌 자치 기구 · 수령 보좌·향리 규찰·풍속 교화 등을 담당 · 좌수와 별감을 임원으로 선출 · 향안을 작성하고 향규를 제정
경재소	· 해당 지방 출신의 중앙 관리들로 구성 · 유향소를 통제하는 역할 담당(유향소와 정부 사이 연락 담당)

04 고대 | 통일 신라의 토지 제도 　　　　난이도 중 ●●○

자료분석
- ㉠ 신문왕 + 문무 관리들에게 차등 있게 지급함 → 관료전
- ㉡ 성덕왕 + 처음으로 백성에게 지급함 → 정전
- ㉢ 소성왕 + 청주 거로현 + 국학생 → 녹읍

정답설명
① 관료전은 왕권이 강화되는 배경이 되었다. 신문왕은 관료전을 지급하고 녹읍을 혁파하여 귀족 세력의 경제적 기반을 약화시키고 왕권을 강화하였다.

오답분석
② 정전은 모든 토지가 왕의 소유라는 왕토 사상에 근거하여 일반 백성들에게 지급되었다.
③ 녹읍을 지급받은 귀족에게는 토지에 대한 조세를 수취할 수 있는 수조권과 함께 노동력을 징발할 수 있는 권리가 부여되었다.
④ 녹읍은 신문왕 때 폐지되었다가, 경덕왕 때 귀족들에게 다시 지급되었다.

05 고려 시대 | 이자겸의 난 발생 시기 　　난이도 중 ●●○

자료분석
이자겸과 척준경이 궁궐을 침범함 → 이자겸의 난(1126)
- (가) 귀주 대첩(1019) ~ 별무반 조직(1104)
- (나) 별무반 조직(1104) ~ 묘청의 난(1135)
- (다) 묘청의 난(1135) ~ 최충헌 집권(1196)
- (라) 최충헌 집권(1196) ~ 개경 환도(1270)

정답설명
② 이자겸의 난은 (나) 시기인 1126년에 발생하였다. 문벌 귀족 가문인 경원 이씨의 이자겸은 자신의 딸들을 예종과 인종에게 시집 보냄으로써 권력을 독점하였고, 인종 때에는 왕위를 찬탈하기 위해 척준경과 함께 난을 일으켰으나 실패하였다.

✏ 이것도 알면 합격!

이자겸의 난

배경	인종 즉위 후 이자겸을 중심으로 한 경원 이씨 세력의 권력 확대 → 인종 측근 세력의 불만 확대
전개	인종이 이자겸을 제거하려고 하자 이자겸이 먼저 척준경과 함께 난을 일으켜 왕위 찬탈 시도 → 인종이 척준경을 회유해 이자겸 제거 → 이후 척준경도 제거하면서 이자겸의 난 종결
결과	왕실의 권위 위축, 서경 천도설 대두

06 고려 시대 | 공민왕 　　　　　　　　　난이도 하 ●○○

자료분석
왕이 복주(안동)에 이르렀음 + 홍건적을 소탕하고 개경을 회복 → 공민왕

정답설명
④ 쌍성총관부는 공민왕 때 무력으로 수복한 것이 맞지만, 동녕부와 탐라총관부는 충렬왕 때 원에 의해 반환되었다.

오답분석
① 공민왕은 고려의 내정을 간섭하던 정동행성 이문소를 폐지하였다.
② 공민왕은 기철 등으로 대표되는 친원 세력을 제거하였다.
③ 공민왕은 반원 자주 정책을 실시하여 원의 연호를 폐지하였으며, 격하된 관제를 기존의 2성 6부제로 복구하였다.

07 고대 | 국학 　　　　　　　　　　　　난이도 중 ●●○

자료분석
신문왕 2년에 설치함 + 경덕왕 때 태학(감)으로 고침 → ㉠ 국학

정답설명
① 유학부와 기술학부로 나누어 교육한 기관은 고려의 국립 대학인 국자감이다.

오답분석
② 국학에는 박사와 조교를 두어 『논어』, 『효경』 등의 유교 경전을 가르쳤다.
③ 원성왕 때 국학의 학생들을 대상으로 유교 경전의 이해 수준을 시험하여 관리 등용에 참고하는 독서삼품과가 실시되었다.
④ 성덕왕 때 왕자 김수충이 당에 파견되었다가 돌아오며 가져온 공자와 그 제자들의 화상을 국학에 안치하였다.

08 고려 시대 | 서희 　　　　　　　　　　난이도 하 ●○○

자료분석
거란의 침략 + 외교 협상 → (가) 서희

정답설명
④ 서희는 거란의 1차 침입 때, 거란의 장수인 소손녕과 외교 담판을 통해 송과의 관계를 끊는 대가로 압록강 하류 동쪽의 강동 6주 지역을 고려의 영토로 확보하였다.

오답분석
① 최충: 사립 교육 기관인 문헌공도(9재 학당)를 설립하고, 9경과 3사를 중심으로 교육한 인물은 최충이다.
② 윤관: 별무반의 조직을 건의한 인물은 윤관이다. 윤관은 여진 정벌을 위해 고려 숙종에게 별무반의 편성을 건의하였고, 고려 예종 때 별무반을 이끌고 여진을 정벌한 후 동북 9성을 설치하였다.
③ 최승로: 태조부터 경종에 이르는 5대 왕의 치적을 평가한 글을 작성한 인물은 최승로이다.

09 고려 시대 | 풍수지리 사상 　　　　　난이도 중 ●●○

자료분석
지덕에 힘입어 신성한 기운을 보존할 수 있음 → 풍수지리 사상

정답설명
③ 풍수지리 사상은 비보 사찰과 비보 탑 등이 건립되는 배경이 되었다. 풍수지리 사상을 들여온 도선은 땅의 기운이 쇠퇴하는 것을 사찰이나 탑 등의 건물을 세워서 보완할 수 있다고 하였다.

오답분석
① **선종**: 참선과 수행을 통해 깨달음을 얻고자 한 것은 선종 불교이다.
② **교종**: 생전의 업이 다음 생에 영향을 미친다는 업설 등을 통해 전제 왕권 강화에 기여한 것은 교종 불교이다.
④ **도교**: 국가와 왕실의 안녕과 번영을 기원하며 하늘에 제사를 지내는 초제로 행해진 것은 도교이다.

10 일제 강점기 | 이상설 난이도 중 ●●○

자료분석
이준 + 헤이그 평화 회의에 참석할 것을 상의 + 성명회를 조직 → 이상설

정답설명
③ 이상설은 연해주에서 조직된 대한 광복군 정부의 정통령을 역임하였다.

오답분석
① **안중근**: 『동양평화론』을 집필한 인물은 안중근이다. 안중근은 『동양평화론』에서 한국과 중국, 일본이 연대하여 평화적인 동양의 질서를 만들어 나가야 한다고 주장하였다.
② **안창호**: 샌프란시스코에서 흥사단을 조직한 인물은 안창호이다.
④ **김규식**: 파리 강화 회의에 독립 청원서를 제출한 인물은 김규식이다.

11 고려 시대 | 고려의 형률 제도 난이도 중 ●●○

정답설명
① 고려 시대에 배상제는 음덕이 있거나 관품을 가지고 있는 경우, 사람을 과실로 살상한 경우 등에만 제한적으로 적용되었고, 실제로는 실형주의가 더 우위에 있었다.

오답분석
② 고려의 형벌은 태·장·도·유·사형의 5형 체제로 구성되어 있었다.
③ 고려에는 귀양형을 받은 자가 부모상을 당하면 7일간의 휴가를 주었고, 70세 이상 노부모를 돌볼 가족이 없으면 형벌 집행을 보류하였다.
④ 고려는 중국의 당률을 바탕으로 한 71개조의 법률을 시행하였으나, 대부분의 경우에는 관습법을 따랐다.

12 현대 | 5·18 민주화 운동 난이도 중 ●●○

자료분석
18일 아침에 각 학교에 공수 부대를 투입함 → 5·18 민주화 운동

정답설명
② 5·18 민주화 운동은 신군부 세력이 전국에 비상 계엄을 확대하고 김대중 등의 정치 인사들을 구속하자, 광주 지역의 학생과 시민들이 계엄령 철폐와 김대중 석방을 요구하며 전개되었다.

오답분석
① **4·19 혁명**: 대통령이 하야하는 계기가 된 운동은 4·19 혁명이다. 4·19 혁명의 결과 이승만 대통령이 하야하였다.
③ **6월 민주 항쟁**: 여당 대통령 후보가 개헌을 약속하는 계기가 된 운동은 6월 민주 항쟁이다.
④ **6·3 항쟁**: 김종필과 오히라의 비밀 교섭 내용이 폭로되어 전개된 운동은 6·3 항쟁이다.

13 조선 후기 | 『동사강목』 난이도 상 ●●●

자료분석
정통은 단군·기자·마한·신라 문무왕 9년 이후·고려 태조 19년 이후 + 무통은 삼국이 병립할 때 → 『동사강목』

정답설명
③ 『동사강목』은 안정복이 우리나라와 중국의 광범위한 자료들을 비교·검토하는 등 역사적 사실들을 치밀하게 고증하여 편찬하였으며, 이를 통해 우리나라 고증 사학의 토대가 마련되었다.

오답분석
① **『아방강역고』**: 백제의 첫 도읍지가 서울인 것을 고증한 책은 정약용의 『아방강역고』이다.
② **『해동역사』**: 한치윤이 500여 종의 중국 및 일본 자료를 참고하여 저술한 책은 『해동역사』이다.
④ **『성호사설』**: 우리나라와 중국의 문화를 천지·인사·만물·경사·시문 5개 부문으로 나누어 백과사전식으로 소개한 책은 이익의 『성호사설』이다.

14 근대 | 14개조 혁신 정강 난이도 중 ●●○

자료분석
일본인에게 이용당함 + 김옥균 → 급진 개화파 → 14개조 혁신 정강

정답설명
③ 급진 개화파는 14개조 혁신 정강에서 당시 큰 폐단을 일으키던 각 도의 환곡 제도를 영원히 없앨 것을 주장하였다.

오답분석
① **폐정 개혁안 12개조**: 토지의 평균 분작 실현을 주장한 것은 동학 농민 운동 때 동학 농민군이 제시한 폐정 개혁안 12개조의 내용이다.
② **헌의 6조**: 모든 재정을 탁지부에서 관할할 것을 주장한 것은 독립 협회가 채택한 헌의 6조의 내용이다.
④ **제1차 갑오개혁**: 조혼을 금지하고 과부의 재가를 허용한 것은 제1차 갑오개혁의 내용이다.

15 일제 강점기 | 국가 총동원법 제정 이후의 사실 난이도 중 ●●○

자료분석
제국 신민을 징용하여 총동원 업무에 종사하게 함 → 국가 총동원법(1938)

정답설명
③ 조선 농지령이 제정된 것은 1934년으로, 국가 총동원법이 제정되기 이전의 사실이다.

오답분석
모두 국가 총동원법 제정 이후의 사실이다.
① 일제가 학도 지원병제를 통해 학생들을 전쟁에 동원한 것은 1943년이다.
② 일제가 일본식 성과 이름으로 고치는 창씨개명을 시행한 것은 1939년이다.
④ 일제가 조선 미곡 배급 조정령을 공포하여 식량 배급제를 실시한 것은 1939년이다.

16 근대 | 위정척사 운동   난이도 하 ●○○

정답설명
④ 을사의병은 1905년에 체결된 을사늑약이 배경이 되어 전개되었다. 1890년대에 일어난 대표적인 항일 의병 운동으로는 을미의병이 있다.

오답분석
① 1860년대에 프랑스가 병인양요(1866)를 일으켜 통상을 요구하자 이항로, 기정진 등은 서양과의 교역을 반대하는 통상 반대 운동을 전개하였다.
② 1870년대에는 최익현 등이 일본은 서양과 다를 바 없다는 왜양 일체론을 주장하며 개항 반대 운동을 전개하였다.
③ 1880년대에는 정부의 개화 정책 추진과 『조선책략』의 유포에 반대하며 이만손(영남 만인소)과 홍재학(만언 척사소) 등 전국의 유생들이 상소를 올리며 개화 반대 운동을 전개하였다.

17 조선 전기 | 태종   난이도 중 ●●○

자료분석
이런들 어떠하리 저런들 어떠하리 → 하여가 → 태종

정답설명
③ 태종은 문하부의 낭사를 사간원으로 독립시켜 언론 기능을 확대하고 대신들을 견제하도록 하였다.

오답분석
① 세조: 『동국통감』의 편찬을 지시한 왕은 세조이다. 『동국통감』은 단군 조선부터 고려 말까지의 역사를 편년체로 서술한 역사서로, 세조 때 편찬되기 시작하여 성종 때 완성되었다.
② 세조: 집현전을 혁파하고 경연을 폐지한 왕은 세조이다.
④ 세종: 의학 백과사전인 『의방유취』를 편찬하게 한 왕은 세종이다.

18 근대 | 화폐 정리 사업   난이도 중 ●●○

자료분석
구 백동화 교환에 관한 사무 + 새 화폐로 교환 → 화폐 정리 사업

정답설명
① 옳은 것을 모두 고르면 ⓒ이다.
ⓒ 화폐 정리 사업으로 대한 제국의 백동화가 일본 제일은행권으로 교환됨으로써, 일본 제일은행이 대한 제국의 화폐 발행을 담당하는 중앙 은행의 역할을 하게 되었다.

오답분석
㉠ 화폐 정리 사업은 제1차 한·일 협약(1904)에 따라 대한 제국의 재정 고문으로 파견된 메가타에 의해 추진되었다. 한편 한·일 신협약은 화폐 정리 사업이 실시된 이후인 1907년에 체결되었다.
ⓒ 화폐 정리 사업에서 한국인들이 소유한 화폐 중 상당수가 을종이나 병종으로 분류되어, 국내 중소 상공업자들은 경제적으로 큰 타격을 입었다.
㉣ 화폐 정리 사업은 구 화폐에 매긴 등급(갑·을·병)에 따라 차등을 두어 제일은행권으로 교환해 주는 화폐 교환 방식을 따랐다.

🖊 이것도 알면 합격!

화폐 정리 사업

시행	1905년 재정 고문 메가타가 주도
내용	구 백동화를 일본 제일은행권으로 교환, 이때 백동화에 등급을 매겨 차등 교환
결과	국내 중소 상공업자와 금융 기관이 크게 위축됨

19 고대 | 통일 신라의 귀족   난이도 하 ●○○

자료분석
녹이 끊이지 않음 + 가축은 바다의 섬에 방목 → 통일 신라의 귀족

정답설명
③ 죄를 지으면 본관지로 돌려보내는 형벌인 귀향형은 고려 시대의 귀족에게 적용된 것이었다.

오답분석
① 통일 신라의 귀족은 국가로부터 지급받은 식읍과 녹읍 이외에도 전장(개인이 소유한 대토지)과 노비 등을 경제적 기반으로 삼았다.
② 통일 신라의 귀족은 금입택이라 불린 호화 저택에서 생활하였다.
④ 통일 신라의 귀족은 중앙 관청의 장관직을 독점하여 중앙의 정치·군사권을 장악하였으며, 화백 회의에서 국가의 중대사를 결정하였다.

20 현대 | 전두환 정부 시기의 사실   난이도 중 ●●○

자료분석
임기 중 개헌이 불가능하다고 판단 → 4·13 호헌 조치 → 전두환 정부

정답설명
④ 전두환 정부 시기에는 유화 정책의 일환으로 해외 여행이 자유화되었으며, 야간 통행 금지가 해제되었다.

오답분석
① 미국의 첩보함인 푸에블로호가 북한에 의해 납치된 푸에블로호 사건이 일어난 것은 박정희 정부 시기의 사실이다.
② 평화 유지 활동 부대인 상록수 부대가 동티모르에 파병된 것은 김대중 정부 시기의 사실이다.
③ 여소 야대의 정국을 극복하고자 3당 통합을 추진하고, 이에 민주 자유당이라는 거대 야당이 창당된 것은 노태우 정부 시기의 사실이다.

13회 실전동형모의고사 정답·해설

정답   p.86

01	② 선사 시대	11	④ 조선 후기
02	② 조선 후기	12	③ 조선 후기
03	③ 고대	13	① 일제 강점기
04	④ 고려 시대	14	② 현대
05	④ 조선 후기	15	④ 고대
06	③ 근대	16	④ 조선 전기
07	④ 일제 강점기	17	③ 현대
08	② 조선 전기	18	① 일제 강점기
09	④ 고려 시대	19	④ 근대
10	② 고대	20	① 고려 시대

취약시대 분석표

영역	세부 유형	문항 수
전근대	선사 시대	/1
	고대	/3
	고려 시대	/3
	조선 전기	/2
	조선 후기	/4
근현대	근대	/2
	일제 강점기	/3
	현대	/2
통합	시대 통합	/0
총계		/20

* 취약시대 분석표를 이용해 1개라도 틀린 문제가 있는 시대는 그 시대의 문제만 골라 해설을 다시 한번 꼼꼼히 학습하세요.

01 선사 시대 | 선사 시대의 유적과 생활 모습   난이도 하 ●○○

정답설명
② 옳은 것을 모두 고르면 ㄴ, ㄷ이다.
ㄴ 양양 오산리 유적은 신석기 시대의 유적이며, 신석기 시대에는 조개 껍데기 가면과 짐승의 뼈로 만든 장식품인 치레걸이 등을 제작하였다.
ㄷ 여주 흔암리 유적은 청동기 시대의 유적이며, 청동기 시대에는 거친무늬 거울을 이용하여 하늘에 제사 의식을 치렀다.

오답분석
ㄱ 주로 동굴이나 바위 그늘에 살았던 것은 구석기 시대의 생활 모습이다. 한편, 서울 암사동 유적은 신석기 시대의 유적지로, 움집 터와 빗살무늬 토기 등이 발견되었다.
ㄹ 가락바퀴나 뼈바늘을 사용하여 옷과 그물을 만들어 사용한 것은 신석기 시대의 생활 모습이다. 한편, 제주 빌레못 유적은 구석기 시대의 유적지로, 동물 뼈 화석과 석기 등이 출토되었다.

02 조선 후기 | 진경 산수화   난이도 중 ●●○

자료분석
인왕제색도 + 겸재 → (가) 진경 산수화

정답설명
② 진경 산수화는 중국 남종과 북종의 화법을 고루 수용하여 우리의 자연을 사실적으로 표현하였다.

오답분석
① 진경 산수화는 조선 후기에 등장한 화풍으로, 안견의 몽유도원도와는 관련이 없다. 몽유도원도는 조선 전기에 안견이 안평대군의 꿈을 바탕으로 현실 세계와 이상 세계를 사실적으로 표현한 그림이다.
③ 풍속화: 대표적인 화가로 김홍도와 신윤복 등이 있는 화풍은 풍속화이다. 김홍도와 신윤복은 조선 후기의 대표적인 화가로, 서민의 모습, 부녀자의 모습 등을 묘사하였다.
④ 민화: 민중의 미적 감각과 소박한 정서를 표현한 것은 민화이다. 조선 후기에는 해, 달, 나무, 동물 등을 소재로 민화가 그려졌다.

03 고대 | 태종 무열왕 재위 시기의 사실   난이도 중 ●●○

자료분석
진덕왕이 돌아감 + 군신이 추대하여 왕을 삼음 → (가) 태종 무열왕(김춘추)

정답설명
③ 태종 무열왕 때 왕의 동생이나 왕비의 아버지 등에게 특권적 지위를 부여하였던 갈문왕 제도를 사실상 폐지하여 왕권 강화를 도모하였다.

오답분석
① 신문왕: 김흠돌의 반란이 일어난 것은 신문왕 때이다.
② 성덕왕: 백성들에게 정전을 지급하기 시작한 것은 성덕왕 때이다.
④ 경덕왕: 중시의 명칭이 시중으로 격상된 것은 경덕왕 때이다.

04 고려 시대 | 최충   난이도 중 ●●○

자료분석
9개의 학당을 마련 → 9재 학당(문헌공도) → (가) 최충

정답설명
④ 최충은 사립 교육 기관인 9재 학당을 설립하여 9경(유교 경전)과 3사(역사서)를 중심으로 학생들을 교육하였다.

오답분석
① 최승로: 왕에게 시무 28조의 개혁안을 올린 인물은 최승로이다.
② 정도전: 『불씨잡변』을 지어 성리학의 입장에서 불교를 비판한 인물은 정도전이다.

③ 이제현: 만권당에서 중국의 학자들과 교류한 대표적인 인물은 이제현이다.

05 조선 후기 | 호락 논쟁 난이도 상 ●●●

자료분석

인물성동론을 주장 → ㉠ 낙론
인물성이론을 주장 → ㉡ 호론

정답설명

④ 호론은 대의명분론을 바탕으로 청을 중화가 아닌 오랑캐로 인식하고, 조선을 중화의 정통성을 이어받은 소중화로 인식하였다.

오답분석

① 호론: 정통 주기설의 입장에 있었던 것은 호론이다. 한편, 낙론은 주리설을 수용한 주기설의 입장에 있었다.

② 낙론: 북학파 실학 사상으로 계승된 것은 낙론이다. 낙론의 주장인 인물성동론은 청의 문물을 적극적으로 수용하자는 북학파 실학 사상으로 계승되었다.

③ 호론: 오랑캐인 청의 문물을 배척할 것을 주장한 것은 호론이다. 한편, 호론의 주장인 인물성이론은 서양과 일본 침략 세력과 그들의 문물을 배척하자는 위정척사 사상으로 계승되었다.

이것도 알면 합격!

호락 논쟁

구분	호론	낙론
이론	인물성이론	인물성동론
본성	인간의 본성과 사물의 본성은 다름	인간의 본성은 사물의 본성과 동일함
중심 인물	권상하, 한원진	이간, 이재
지역	호서(충청도) 지역	낙하(서울), 경기 지역
계승	북벌론, 위정척사 사상	북학론, 개화 사상

06 근대 | 조·청 상민 수륙 무역 장정 체결 시기 난이도 하 ●○○

자료분석

북경과 한성, 양화진에서 청과 조선 양국 상인의 무역을 허용함 → 조·청 상민 수륙 무역 장정(1882. 8.)
(가) 신미양요(1871. 4.) ~ 운요호 사건(1875. 8.)
(나) 운요호 사건(1875. 8.) ~ 임오군란(1882. 6.)
(다) 임오군란(1882. 6.) ~ 갑신정변(1884. 10.)
(라) 갑신정변(1884. 10.) ~ 청·일 전쟁(1894. 6.)

정답설명

③ 조·청 상민 수륙 무역 장정은 임오군란 이후인 1882년 8월에 체결되었다. 조·청 상민 수륙 무역 장정의 체결 결과 청 상무 위원의 영사 재판권이 인정되고, 청 상인들의 내지 통상이 허용되었다.

07 일제 강점기 | 3부의 성립 난이도 중 ●●○

정답설명

④ 자유시 참변 이후 만주 지역에서 조직된 참의부, 정의부, 신민부의 3부가 민족 유일당 운동의 일환으로 통합 운동을 전개하여 북만주의 혁신 의회와 남만주의 국민부로 개편되었다.

오답분석

① 대한민국 임시 정부의 직할 부대였던 것은 참의부이다.

② 오동진, 지청천 등을 중심으로 남만주에서 결성된 것은 정의부이다. 정의부는 참의부에 참여하지 않은 대한 통의부와 남만주의 서로 군정서, 광한단, 의성단 등이 통합하여 만들어졌다.

③ 대한 독립 군단 등을 중심으로 북만주에서 결성된 것은 신민부이다.

이것도 알면 합격!

3부의 성립

참의부 (1923)	• 백광운을 중심으로 임시 정부 산하의 남만주 군정부인 육군 주만 참의부 조직 • 압록강 연안 관할
정의부 (1924)	• 오동진과 지청천을 중심으로 참의부에 참여하지 않은 대한 통의부와 남만주의 서로 군정서 등이 통합하여 조직 • 지린과 봉천을 비롯한 남만주 일대 관할
신민부 (1925)	간도 참변 이후 대한 독립 군단을 중심으로 북로 군정서 등의 북만주 항일 단체들이 효율적인 투쟁을 위해 통합하여 조직

08 조선 전기 | 사림 난이도 하 ●○○

자료분석

관직에 등용할 만한 사람을 천거함 + 현량방정과의 뜻을 이음 → 현량과 → 사림

정답설명

② 옳은 것을 모두 고르면 ㉠, ㉣이다.

㉠ 사림은 향촌 자치와 도덕과 의리를 바탕으로 하는 왕도 정치를 강조하였다.

㉣ 사림은 15세기 중반 이후에 영남과 기호 지방을 중심으로 성장한 중소 지주 출신들이 많았다.

오답분석

㉡, ㉢ 훈구: 조선 건국의 중심 세력인 급진파 사대부를 계승하고, 부국강병을 중시하여 성리학 이외의 타 사상에 대해 개방적이었던 것은 훈구이다. 한편 사림은 고려 후기의 온건파 사대부를 계승하였으며, 성리학적 명분론을 중시하여 성리학 이외의 타 사상을 배척하였다.

09 고려 시대 | 요세 난이도 중 ●●○

자료분석

보현도량 + 법화삼매 + 결사에 들어온 자들이 3백여 명 → 요세

13회 실전동형모의고사 정답·해설

정답설명
④ 요세는 강진의 토호 세력의 도움을 받아 백련사를 결성하였다. 요세의 백련 결사는 불교의 실천성을 강조하였기 때문에 지방민의 적극적인 호응을 얻을 수 있었다.

오답분석
① 각훈: 『해동고승전』을 편찬한 인물은 각훈이다.
② 균여: 귀법사의 초대 주지로 임명된 인물은 균여이다. 균여는 광종 때 귀법사의 초대 주지로 임명되어 화엄종 중심으로 교종을 정리하였다.
③ 의천: 국청사를 창건하고 해동 천태종을 창시한 인물은 의천이다.

10 고대 | 고대의 문화재 난이도 하 ●○○

정답설명
② 옳은 것을 모두 고르면 ㉠, ㉢이다.
㉠ 상원사 동종은 통일 신라 성덕왕 때 주조된 것으로, 현존하는 우리나라의 가장 오래된 동종이다.
㉢ 서산 용현리 마애 여래 삼존상은 백제의 불상으로, 온화한 미소를 띠고 있어 '백제의 미소'라는 별칭을 가지고 있다.

오답분석
㉡ 영광탑이 벽돌을 쌓아 만든 전탑으로 축조된 것은 맞으나, 이는 고구려가 아닌 당나라의 영향을 받은 것이다.
㉣ 동경 용원부의 절터에서 발견된 발해의 불상은 이불 병좌상이다. 한편, 금동 연가 7년명 여래 입상은 경상남도 의령에서 출토된 고구려의 불상이다.

11 조선 후기 | 영조 때 편찬된 서적 난이도 중 ●●○

자료분석
세자(사도 세자)를 폐하여 서인으로 삼음 + (뒤주) 안에다 엄히 가둠 → 임오화변 → 영조

정답설명
④ 영조 때 중앙군의 훈련 방법, 진법, 편성, 기구 등을 재정리한 『속병장도설』이 편찬되었다.

오답분석
① 정조: 『자휼전칙』은 흉년으로 인해 걸식하거나 버려진 아이들을 구휼하기 위한 방법을 규정한 법령집으로, 정조 때 편찬되었다.
② 순조: 『아방강역고』는 정약용이 저술한 역사 지리지로, 순조 때 편찬되었다.
③ 광해군: 『동국지리지』는 한백겸이 지은 역사 지리지로, 광해군 때 편찬되었다.

12 조선 후기 | 환국의 전개 난이도 상 ●●●

자료분석
(가) 왕자의 명호를 원자로 정함 + 송시열을 유배 보냄 → 기사환국(1689)
(나) 복창군, 복선군, 복평군 + 옥사를 일으킴 → 삼복의 변 → 경신환국 (1680)
(다) 장씨의 왕후 지위를 거두고 희빈을 내려줌 → 갑술환국(1694)

정답설명
③ 순서대로 바르게 나열하면 (나) 경신환국(1680) → (가) 기사환국(1689) → (다) 갑술환국(1694)이 된다.
(나) 경신환국: 숙종 때 서인이 남인인 허적의 서자 허견이 인평 대군의 아들인 복창군, 복선군, 복평군과 역모를 꾀하였다고 고발하여 경신환국이 발생하였다(1680).
(가) 기사환국: 숙종 때 희빈 장씨가 낳은 왕자의 세자 책봉 문제를 계기로 기사환국이 발생하였다(1689).
(다) 갑술환국: 숙종 때 서인에서 분화된 노론과 소론이 폐비 민씨(인현 왕후)의 복위 운동을 전개하자 남인이 이를 탄압하였는데, 숙종이 노론과 소론의 편을 들어 남인이 몰락하고 노론과 소론이 재집권하였다(1694).

13 일제 강점기 | 상하이 지역의 독립운동 난이도 중 ●●○

자료분석
황제권 소멸의 때가 즉 민권 발생의 때 + 구한국의 마지막 날은 신한국의 최초의 날 → 대동 단결 선언 → 상하이

정답설명
① 상하이에서 신규식이 박달 학원을 설립하여 장차 독립운동을 담당할 청년들에 대한 교육을 실시하였다.

오답분석
② 북만주(북간도): 중광단이 북로 군정서로 개편되어 무장 투쟁을 전개한 지역은 북만주(북간도)이다.
③ 미국: 한인 소년병 학교를 설립하여 독립군을 양성한 지역은 미국이다.
④ 연해주: 해조신문을 발간하여 국내외 동포들의 독립 투쟁 의지를 고취시킨 지역은 연해주이다.

14 현대 | 여운형 난이도 중 ●●●

자료분석
엔도 정무총감을 만나 다섯 가지 요구 사항을 제시함 → (가) 여운형

정답설명
② 여운형은 한지근에 의해 1947년에 암살되었기 때문에 1948년에 실시된 5·10 총선거에 참여하지 못하였다.

오답분석
① 여운형은 중도 좌파 세력을 중심으로 진보적인 민주주의와 민족 역량의 총 결집을 표방하며, 조선 인민당을 창당하였다.
③ 여운형은 일제의 패망과 광복에 대비하여 조선 건국 동맹을 결성하였다.
④ 여운형은 남한만의 단독 정부 수립론이 제기되자 통일 정부 수립을 위해 김규식과 함께 좌·우 합작 위원회를 결성하였다.

15 고대 | 고대사의 전개 난이도 중 ●●○

정답설명
④ 순서대로 나열하면 ㉣ 모용황의 고구려 침입(342) → ㉡ 백제의 개로왕 전사

(475) → ⓒ 신라의 금관가야 정복(532) → ㉠ 연개소문의 정변(642)이 된다.
㉣ 모용황의 고구려 침입: 고구려 고국원왕 때 랴오둥(요동) 지방을 놓고 중국의 전연과 갈등하였으며, 전연 모용황의 침입으로 고구려의 수도가 함락되었다(342).
ⓒ 백제의 개로왕 전사: 고구려 장수왕의 공격을 받아 백제의 수도 한성이 함락되었고, 백제의 개로왕이 전사하였다(475).
ⓒ 신라의 금관가야 정복: 신라 법흥왕 때 금관가야를 정복하여 영토를 확장하였다(532).
㉠ 연개소문의 정변: 고구려 영류왕 때 연개소문이 정변을 일으켜 왕을 시해하고 스스로 대막리지에 올라 권력을 장악하였다(642).

16 조선 전기 | 조선 전기의 군사 제도 난이도 하 ●○○

정답설명
④ 옳은 것을 모두 고르면 ㉠, ㉡, ㉢, ㉣이다.
㉠ 조선 전기에는 중앙군을 일정 기간 동안 교대로 복무하는 현역 군인인 정군과 직업 군인인 갑사와 특수병으로 구성하였다.
㉡ 조선 전기에는 지역 단위의 방어 체제인 진관 체제를 바탕으로 지방군을 구성하였다.
㉢ 조선 전기에는 일정 기간 군사 훈련을 받고 유사시에 대비하는 일종의 예비군으로 잡색군을 편성하였는데, 농민은 정규군으로 편성되었기 때문에 잡색군에서 제외되었다.
㉣ 조선 건국 초기에는 평안도와 함경도에 속한 몇 개 군을 군익도로 나누고, 각 도를 중익·좌익·우익의 3익으로 나누어 편성한 익군 체제를 운영하였다.

17 현대 | 휴전 협정 난이도 중 ●●○

자료분석
군사 분계선을 확정 + 비무장 지대를 설정 → 휴전 협정

정답설명
③ 제네바 협정에 따른 포로의 자동 송환을 주장한 것은 공산군이다. 유엔군은 전쟁 포로의 자유 의사를 존중하는 자유 송환을 주장하였다.

오답분석
① 휴전 협정 결과 쌍방은 4개국(스위스, 스웨덴, 체코슬로바키아, 폴란드)으로 이루어진 중립국 감시 위원단의 구성에 합의하였다.
② 휴전 협정 과정에서 휴전선 설정 문제에 대해 공산군 측은 38도선을 경계로 할 것을 주장하였다. 한편 유엔군 측은 현재의 접촉선을 경계로 휴전할 것을 주장하였고, 결국 유엔군 측의 주장이 받아들여졌다.
④ 6·25 전쟁이 38도선 부근에서 교착 상태에 빠지자 전쟁이 확대될 것을 우려한 소련이 먼저 정전을 제안하였고, 이를 유엔군과 공산군이 받아들여 휴전 협정이 체결되었다.

18 일제 강점기 | 농촌 진흥 운동 난이도 중 ●●○

자료분석
농민을 회유하기 위함 + 춘궁 퇴치 + 농가 부채 근절 → 농촌 진흥 운동

정답설명
① 농촌 진흥 운동은 농민 스스로 가난에서 벗어나야 한다는 자력 갱생을 강조하며, 농민의 정신 계몽에 주력하였다.

오답분석
② 흥남 질소 비료 공장(조선 질소 비료 주식회사 흥남 공장)이 건설된 것은 농촌 진흥 운동이 시행되기 이전인 1927년이다.
③ 토지 조사 사업: 임시 토지 조사국에서 전담하여 추진한 정책은 1910년대에 실시된 토지 조사 사업이다.
④ 전쟁에 필요한 자원을 확보하기 위해 고철, 놋그릇 등 무기를 만드는 재료들에 대한 공출제를 실시한 것은 1940년대로, 농촌 진흥 운동과는 관련이 없다.

19 근대 | 통리기무아문 난이도 중 ●●○

자료분석
개화 정책 추진 + 청의 제도 모방 + 12사를 둠 → (가) 통리기무아문

정답설명
④ 조선 정부는 개화 정책을 추진하기 위하여 청의 제도를 모방하여 1880년에 통리기무아문을 설치하였으며, 통리기무아문 아래에 12사(1881년에 7사로 개편)를 두어 외교, 통상, 군사 등의 개화 관련 업무를 담당하게 하였다.

오답분석
① 교정청: 교정청은 전주 화약 이후에 동학 농민군의 요구 사항을 수용하고, 자주적 개혁을 추진하기 위해 조선 정부가 설치한 기구이다.
② 탁지아문: 탁지아문은 제1차 갑오개혁 때 의정부 아래에 신설된 8아문 중 하나로, 회계·출납·조세·왕실 재정 등 재정에 관한 모든 사무를 담당한 기구이다.
③ 군국기무처: 군국기무처는 제1차 갑오개혁 때 정치와 군사 사무를 관장하던 최고 정책 결정 기구이다.

20 고려 시대 | 원 간섭기의 사회 모습 난이도 중 ●●○

자료분석
태자라고 하지 않고 세자라고 불러야 함 + 관직 칭호도 우리(몽골) 조정과 같은 것은 고쳐야 함 → 고려의 관제 격하 → 원 간섭기

정답설명
① 옳은 것을 모두 고르면 ㉠, ㉢이다.
㉠ 원 간섭기에는 공녀 선발을 피하기 위해 조혼 풍속이 성행하였다.
㉢ 원 간섭기에는 향리 이하의 계층도 전공을 세우거나 응방, 몽골어 통역 등을 통해 관직에 나가 문·무반으로 신분 상승이 가능하였다.

오답분석
㉡ 조선 시대: 향·소·부곡 등 특수 행정 구역이 모두 폐지된 것은 조선 시대이다. 고려 시대의 특수 행정 구역은 무신 집권기 이후부터 점차 소멸되기 시작하여, 조선 시대에 이르러 완전히 폐지되었다.
㉣ 조선 시대: 농민들의 도망과 이탈 방지를 위해 오가작통법을 실시한 것은 조선 시대이다. 조선 시대에는 5가구를 1통으로 편성하여 통 내의 가호에 대해 연대 책임을 부과하는 오가작통법을 실시하여, 농민들의 거주지 이탈을 방지하고자 하였다.

14회 실전동형모의고사 정답·해설

정답 p.92

01	② 선사 시대	11	② 고대
02	③ 선사 시대	12	④ 일제 강점기
03	④ 조선 후기	13	② 근대
04	③ 고대	14	④ 일제 강점기
05	④ 시대 통합	15	③ 일제 강점기
06	② 고려 시대	16	③ 현대
07	④ 고려 시대	17	④ 시대 통합
08	③ 조선 전기	18	① 고대
09	② 조선 후기	19	② 조선 전기
10	④ 고려 시대	20	④ 근대

취약시대 분석표

영역	세부 유형	문항 수
전근대	선사 시대	/2
	고대	/3
	고려 시대	/3
	조선 전기	/2
	조선 후기	/2
근현대	근대	/2
	일제 강점기	/3
	현대	/1
통합	시대 통합	/2
총계		/20

* 취약시대 분석표를 이용해 1개라도 틀린 문제가 있는 시대는 그 시대의 문제만 골라 해설을 다시 한번 꼼꼼히 학습하세요.

---

01 선사 시대 | 연천 전곡리 유적 — 난이도 하 ●○○

자료분석
아슐리안형 주먹 도끼가 발견됨 + 구석기 시대 유적 → 연천 전곡리 유적

정답설명
② 연천 전곡리 유적은 대표적인 전기 구석기 시대의 유적으로, 이곳에서 동아시아 최초로 돌의 양면을 가공한 형태의 아슐리안형 주먹 도끼가 발견되었다.

오답분석
① 단양 수양개 유적은 구석기 시대의 유적으로, 주거 유적, 석기 제작지, 물고기 조각품 등이 발견되었다.
③ 양구 상무룡리 유적은 구석기 시대의 유적으로, 찍개, 여러 면 석기, 격지 석기, 흑요석기 등이 출토되었다.
④ 단양 상시리 바위 그늘 유적은 구석기 시대~청동기 시대의 유적으로, 남한 최초로 인골 화석인 상시인이 발굴되었다.

02 선사 시대 | 동예 — 난이도 하 ●○○

자료분석
산천을 중시함 + 책화 → 동예

정답설명
③ 동예는 특산물로 단궁이라는 활, 작은 말인 과하마, 바다표범 가죽인 반어피 등이 유명하였다.

오답분석
① **부여**: 영고라는 제천 행사가 있었던 나라는 부여이다. 부여에는 영고라는 제천 행사가 있어 사냥이 본격적으로 시작되는 12월에 하늘에 제사를 지냈다.
② **고구려**: 집집마다 부경이라는 작은 창고가 있었던 나라는 고구려이다.

④ **변한**: 철이 많이 생산되어 낙랑, 왜 등으로 수출한 나라는 삼한 중 변한이다. 변한에서는 철이 많이 생산되어 낙랑, 왜 등으로 수출하였고, 교역할 때 철을 화폐처럼 사용하였다.

03 조선 후기 | 정조의 업적 — 난이도 중 ●●○

자료분석
아버지의 무덤을 이장함 + 이름을 '현륭'이라고 고침 → (가) 정조

정답설명
④ 옳은 것을 모두 고르면 ㉢, ㉣이다.
㉢ 정조는 인재를 양성하기 위해 초계문신제를 시행하였다. 초계문신제는 신진 인물이나 중·하급 관리 중에서 유능한 문신들을 재교육하여 인재를 양성하도록 하는 제도이다.
㉣ 정조는 숙종 때 주조된 한구자를 다시 주조하게 하였으며, 『원행을묘정리의궤』 등을 인쇄하기 위해 정리자를 주조하게 하였다.

오답분석
㉠ **고종**: 무위영을 설치한 왕은 고종이다. 고종은 1881년에 5군영을 무위영과 장어영의 2영으로 개편하였다.
㉡ **영조**: 영조는 연산군 때 폐지되었던 신문고 제도를 부활시켜 백성들의 억울한 일을 직접 해결하고자 하였다.

04 고대 | 발해의 중앙 통치 조직 — 난이도 하 ●○○

정답설명
③ 중앙의 주요 관서에 각각 복수(複數)의 장관을 임명한 나라는 통일 신라이다. 통일 신라는 집사부 아래에 13개의 관부를 병렬적으로 운영하고, 사정부·예작부·선부 등을 제외한 각 부에 여러 명의 장관을 두었다.

오답분석

① 발해는 정당성의 장관인 대내상이 국정을 총괄하였다. 발해의 중앙 정치 체제는 3성 6부제로, 3성 중 최고의 통치 기관인 정당성의 장관 대내상이 국정을 총괄하였다.
② 발해는 관리의 감찰을 담당하는 중정대를 두어 관리들의 비리를 규찰하도록 하였다.
④ 발해는 충부(이부), 인부(호부), 의부(예부), 예부(형부), 지부(병부), 신부(공부) 등 6부의 명칭에 유교의 덕목을 사용하였다.

05 시대 통합 | 조선 시대의 지도 난이도 중 ●●○

정답설명
④ 옳은 것을 모두 고르면 ⓒ, ⓔ이다.
ⓒ 동국지도는 조선 영조 때 정상기가 우리나라 최초로 100리 척을 적용하여 제작한 지도이다.
ⓔ 대동여지도는 조선 철종 때 김정호가 제작한 지도로, 거리를 알 수 있도록 10리마다 눈금을 표시하였으며, 병풍처럼 접고 펼 수 있도록 분첩 절첩식으로 제작되었다.

오답분석
㉠ 혼일강리역대국도지도는 곤여만국전도가 아닌 이슬람 지도학의 영향을 받은 원나라의 세계지도를 참고하여 제작하였다. 한편, 곤여만국전도는 서양 선교사들이 제작한 세계 지도로, 조선 선조 때 중국에 파견되었던 이광정에 의해 우리나라에 소개되었다.
㉡ 각 군현의 도별로 색을 다르게 표시한 지도는 조선방역지도이다. 한편, 요계관방지도는 조선 숙종 때 군사적 목적으로 요동에서 북경까지의 형세도를 그린 지도이다.

06 고려 시대 | 고려 예종 난이도 중 ●●○

자료분석
고려 + 9성을 설치 → 고려 예종

정답설명
② 고려 예종은 개경에 도교 사원인 복원궁을 건립하여, 하늘에 나라의 안녕과 왕실의 평안을 기원하는 초제를 지냈다.

오답분석
① 고려 숙종: 화폐 주조를 위해 주전도감을 설치한 왕은 고려 숙종이다.
③ 고려 문종: 한양 명당설에 영향을 받아 한양을 남경으로 승격시킨 왕은 고려 문종이다.
④ 고려 고종: 빈민 구제를 위해 임시 기구인 구급도감을 설치한 왕은 고려 고종이다. 한편 고려 예종은 병자의 치료와 병사자 처리, 빈민 구제를 위한 임시 기구로 구제도감을 설치하였다.

07 고려 시대 | 향리 난이도 중 ●●○

자료분석
호장이라 함 → 향리

정답설명
④ 지방의 사심관으로 임명되어 실무를 담당한 것은 향리가 아닌 중앙의 고관이다. 사심관 제도는 고려 태조 때 중앙의 고관을 자기 출신지의 사심관으로 임명하여 치안과 행정에 대해 연대 책임을 지도록 한 제도이다.

오답분석
① 고려 현종 때 지방 제도가 완비되면서 향리들의 공복이 제정되었다. 이러한 향리들의 공복 제정은 중앙 귀족과의 신분적 차이를 나타내고 향리직 내에서의 위계 질서를 강화하는 역할을 하였다.
② 향리는 직역에 대한 대가로 세습이 가능한 외역전을 지급받았다.
③ 향리의 자제는 기인이 되어 수도로 차출되어 출신 지역에 대한 자문을 담당하게 하였다.

08 조선 전기 | 임진왜란 난이도 중 ●●○

자료분석
(가) 동래성 전투(1592. 4. 15.) ~ 제1차 진주성 전투(1592. 10.)
(나) 제1차 진주성 전투(1592. 10.) ~ 행주 대첩(1593. 2.)
(다) 행주 대첩(1593. 2.) ~ 정유재란 발발(1597. 1.)
(라) 정유재란 발발(1597. 1.) ~ 명량 대첩(1597. 9.)

정답설명
③ 이순신 장군이 한산도 앞바다에서 왜의 수군을 격퇴한 한산도 대첩이 일어난 것은 1592년 7월로, (가) 시기의 사실이다.

오답분석
① (가) 시기인 1592년 4월 28일에는 도순변사 신립이 충주 탄금대에서 왜군에 패배하였다.
② (나) 시기인 1593년 1월에는 유성룡과 명나라 장군 이여송이 이끄는 조·명 연합군이 왜군으로부터 평양성을 탈환하였다.
④ (라) 시기인 1597년 7월에는 원균이 이끄는 조선 수군이 왜군에게 칠천량에서 크게 패배하였다.

09 조선 후기 | 김정희 난이도 중 ●●○

자료분석
왕희지·왕헌지의 필법을 능가함 + 금석에서 작은 것과 큰 것을 모두 규명함 → 김정희

정답설명
② 김정희는 『금석과안록』에서 북한산비와 황초령비가 진흥왕 순수비임을 고증하였다.

오답분석
① 정약전: 흑산도 연해의 다양한 어류를 정리한 『자산어보』를 저술한 인물은 정약전이다.
③ 김정호: 산맥, 하천, 포구 등을 정밀하게 표시한 대동여지도를 제작한 인물은 김정호이다.
④ 이광사: 왕희지체를 바탕으로 우리의 정서와 개성을 추구하는 단아한 글씨체인 동국진체를 창안한 인물은 이광사이다. 한편 김정희는 고금의 필법을 두루 연구하여 추사체를 창안하였다.

10 고려 시대 | 고려 시대의 문화유산   난이도 중 ●●○

정답설명
④ 바르게 연결한 것은 (가) 교장, (나) 초조대장경, (다) 재조대장경이다.
- (가) 교장은 송과 요 등의 대장경 주석서를 모아 교장도감에서 간행되었으며, 몽골의 침입으로 대부분 소실되었으나 인쇄본 중 일부가 전해지고 있다.
- (나) 초조대장경은 고려 현종 때 거란의 침입을 불력으로 물리치고자 간행되었다. 초조대장경은 대구 부인사에 보관하던 중 몽골의 2차 침입 때 소실되었으며, 현재 인쇄본 중 일부를 일본 난젠지(南禪寺)에서 보관하고 있다.
- (다) 재조대장경은 2007년에 유네스코 세계 기록유산으로 등재되었으며, 경판의 총 매수가 8만 장을 넘었기 때문에 팔만대장경이라는 이름으로 불리기도 한다.

11 고대 | 광개토 대왕 재위 시기의 사실   난이도 하 ●○○

자료분석
보병과 기병 5만 명을 보내 신라를 구원하게 함 → 광개토 대왕

정답설명
② 광개토 대왕 때는 영락이라는 독자적인 연호를 사용하였다.

오답분석
① 유리왕: 고구려가 졸본에서 국내성으로 천도한 것은 유리왕 때이다.
③ 영양왕: 승려 혜자가 일본으로 건너가 쇼토쿠 태자의 스승이 된 것은 영양왕 때이다.
④ 장수왕: 지두우 지역을 분할 점령하여 흥안령 일대를 차지한 것은 장수왕 때이다.

12 일제 강점기 | 형평 운동   난이도 하 ●○○

자료분석
백정의 칭호가 없어지고 평민이 됨 → 형평 운동

정답설명
④ 중국의 5·4 운동에 영향을 주었던 운동은 1919년에 일어난 3·1 운동이다.

오답분석
①, ③ 형평 운동은 조선 형평사의 주도로, 경상남도 진주에서 시작되었다. 조선 형평사는 1923년에 진주에서 이학찬을 중심으로 창립되었고, 전국적으로 조직을 확대하여 백정의 사회적 차별 철폐를 요구하는 운동을 전개하였다.
② 형평 운동은 사회주의 계열과 연계하여 파업과 소작 쟁의에 참여하는 등 민족 해방 운동으로까지 발전하였다.

이것도 알면 합격!
형평 운동의 배경
- 갑오개혁 이후 법제적으로 신분제가 폐지되었지만 사회적 차별은 여전히 존재
- 총독부는 백정 출신의 호적에 '도한(屠漢)'이라고 기록하거나 이름 위에 붉은 점을 찍어 차별
- 보통학교 입학 통지서에도 신분을 기재하여 차별

13 근대 | 흥선 대원군의 개혁 정책   난이도 중 ●●○

자료분석
군포 + 귀천이 동일하게 장정 한 사람마다 바침 + 동포전 → 호포제 → 흥선 대원군

정답설명
② 옳은 것을 모두 고르면 ⓒ, ⓒ이다.
- ⓒ 흥선 대원군은 국정 전반을 담당하던 비변사를 혁파하고, 의정부와 삼군부의 기능을 강화하였다.
- ⓒ 흥선 대원군은 환곡의 폐단을 개혁하고자 향촌민들이 자치적으로 운영하는 사창제를 실시하였다.

오답분석
㉠ 흥선 대원군은 명나라 신종과 의종의 제사를 지내던 만동묘를 없애고, 폐단이 큰 서원을 47개소만 남기고 철폐하였다.
㉢ 순조: 조정의 재정과 군정에 관한 내용을 정리한 『만기요람』을 편찬하도록 한 것은 순조이다.

14 일제 강점기 | 6·10 만세 운동   난이도 하 ●○○

자료분석
이척(순종)의 죽음 + 일본 제국주의를 조선에서 몰아냄 → 6·10 만세 운동

정답설명
④ 6·10 만세 운동의 준비 과정에서는 민족주의 계열인 천도교와 조선 공산당 등의 사회주의 계열의 단체가 연대함으로써, 이후 민족 유일당 운동이 전개되는 계기를 마련하였다.

오답분석
① 조선 청년 독립단이 주도한 것은 2·8 독립 선언이다. 조선 청년 독립단은 일본 유학생들이 조직한 단체로, 이들은 2·8 독립 선언을 발표하고 만세 시위 운동을 전개하였다.
② 3·1 운동: 대한민국 임시 정부 수립에 영향을 준 것은 3·1 운동이다. 3·1 운동을 계기로 독립운동의 구심체 역할을 수행할 단체의 필요성이 대두되었고, 이에 상하이에서 대한민국 임시 정부가 수립되었다.
③ 광주 학생 항일 운동: 성진회 등의 주도로 동맹 휴학 투쟁이 전개된 것은 광주 학생 항일 운동이다.

15 일제 강점기 | 시기별 식민지 교육 정책   난이도 상 ●●●

정답설명
③ 시기 순으로 바르게 나열하면 ㉢ 제1차 조선 교육령(1911) → ⓒ 제2차 조선 교육령(1922) → ㉠ 제3차 조선 교육령(1938) → ⓒ 제4차 조선 교육령(1943)이 된다.
- ㉢ 제1차 조선 교육령: 일제가 낮은 수준의 실업 교육을 통해 노동 인력을 양성하고자 한 것은 제1차 조선 교육령이다(1911).
- ⓒ 제2차 조선 교육령: 일제와 동일한 학제를 도입한다는 취지로 보통학교의 수업 연한이 4년에서 6년으로 연장된 것은 제2차 조선 교육령이다(1922).

㉠ 제3차 조선 교육령: 기존에 서로 달랐던 한국인 학교와 일본인 학교의 명칭을 통일한 것은 제3차 조선 교육령이다(1938). 일제는 한국인 학교인 보통학교와 고등 보통학교의 명칭을 일본인 학교와 동일하게 (심상)소학교와 중학교로 통일하였다.
㉡ 제4차 조선 교육령: 수의 과목(선택 과목)으로 존재하였던 한국어·한국사 과목을 폐지한 것은 제4차 조선 교육령이다(1943).

16 현대 | 4·19 혁명   난이도 중 ●●○

자료분석
대학교 교수들이 선언함 + 마산, 서울 기타 각지의 데모 → 대학 교수단의 시국 선언문 → 4·19 혁명

정답설명
③ 박종철 고문 치사 사건이 도화선이 된 운동은 6월 민주 항쟁이다. 한편, 4·19 혁명은 학생들을 중심으로 시위가 전개되던 상황에서, 실종되었던 김주열의 시신이 마산 앞바다에서 발견되면서 전국적으로 확대되었다.

오답분석
① 4·19 혁명은 이기붕을 부통령으로 당선시키기 위해 이승만 정부가 자행하였던 3·15 부정 선거가 원인이 되어 일어났다.
② 4·19 혁명 당시 이승만 정부는 계속해서 확산되는 시위를 진압하기 위해 계엄령을 선포하고 군대를 동원하였다.
④ 4·19 혁명의 결과 이승만 대통령이 하야하고, 외무 장관 허정을 수반으로 하는 과도 정부가 수립되었다.

17 시대 통합 | 평양   난이도 중 ●●○

자료분석
대동문 + 보통문 + 을밀대 + 안학궁 터 → (가) 평양

정답설명
④ 평양은 고려 시대에 서경(평양) 유수 조위총이 의종 복위와 정중부 등의 무신 정권을 타도하기 위해 반란을 일으킨 지역이다.

오답분석
① 진주: 임진왜란 때 목사 김시민이 왜군을 물리친 곳은 진주이다.
② 철원: 궁예가 후고구려의 국호를 마진으로 바꾸고 도읍으로 삼은 곳은 철원이다.
③ 원산: 우리나라 최초의 근대식 사립 학교인 원산 학사가 설립된 지역은 원산이다.

18 고대 | 진흥왕 재위 기간의 사실   난이도 중 ●●○

자료분석
우륵이 악기를 가지고 (가)에게 투항함 → (가) 진흥왕

정답설명
① 진흥왕 때는 경주에 호국 불교를 상징하는 사찰인 황룡사를 창건하였다.

오답분석
② 법흥왕: 귀족들의 대표인 상대등을 설치한 것은 법흥왕 때이다.
③ 선덕 여왕: '인평(仁平)'이라는 연호를 사용한 것은 선덕 여왕 때이다. 한편 진흥왕 때는 '개국·대창·홍제'라는 독자적인 연호를 사용하였다.
④ 지증왕: 시장 관리 감독 관청인 동시전을 설치한 것은 지증왕 때이다.

19 조선 전기 | 세종 대 편찬된 서적   난이도 중 ●●○

자료분석
노비가 아이를 낳으면 100일간의 휴가를 더 줌 → 세종

정답설명
② 세종 때는 화약 무기의 제작법과 사용법을 정리한 병서인 『총통등록』을 편찬하였다.

오답분석
① 문종: 『동국병감』은 조선 문종 때 고조선부터 고려 말까지의 우리나라 전쟁사를 정리하여 편찬한 병서이다.
③ 성종: 『동국여지승람』은 조선 성종 때 노사신, 강희맹 등이 편찬한 최대의 인문 지리서이다. 『동국여지승람』에는 군현의 연혁·지세·인물·풍속·성씨·고적·산물·교통 등 인문 지리적 사실들을 자세히 수록하였다.
④ 태조: 『향약제생집성방』은 조선 태조 때 고려 말의 『향약간이방』을 기초로, 권중화·조준·김사형 등이 편찬한 의학서이다.

이것도 알면 합격!

세종 대에 편찬된 의서

『향약채취월령』	약재 이론서, 우리나라의 자생 약재를 소개
『향약집성방』	우리나라 풍토에 맞는 약재와 치료 방법을 개발·정리
『태산요록』	태산(임산부)과 어린 아이의 질병 치료에 관한 의서
『의방유취』	의학 백과사전

20 근대 | 활빈당   난이도 상 ●●●

자료분석
시장에 외국 상인의 출입을 엄금할 것 + 철도 부설권을 허락하지 말 것 → 대한사민논설 → 활빈당

정답설명
④ 활빈당에서 활빈의 의미는 '가난한 사람을 살려내는 무리'라는 뜻이고, 이는 소설 「홍길동전」에서 이름을 따온 것이다.

오답분석
① 신민회: 평양에 대성 학교, 정주에 오산 학교를 설립한 조직은 신민회이다.
② 영학당: 영국의 종교인 것처럼 위장하여 정부의 탄압을 피하고자 한 조직은 영학당이다. 영학당은 동학 농민군의 잔여 세력들이 정부의 탄압을 피하기 위해 영국의 종교를 신봉하는 것처럼 가장하여 조직한 단체이다.
③ 독립 협회: 만민 공동회를 개최하여 러시아의 침략 정책을 강력하게 규탄한 조직은 독립 협회이다.

15회 실전동형모의고사 정답·해설

◎ 정답

01	④ 선사 시대	11	④ 조선 전기
02	③ 선사 시대	12	③ 고려 시대
03	① 고려 시대	13	② 근대
04	④ 고려 시대	14	② 일제 강점기
05	② 조선 전기	15	② 시대 통합
06	② 근대	16	② 고려 시대
07	③ 근대	17	③ 근대
08	③ 고대	18	③ 조선 전기
09	② 일제 강점기	19	③ 일제 강점기
10	② 조선 후기	20	③ 현대

◎ 취약시대 분석표

영역	세부 유형	문항 수
전근대	선사 시대	/2
	고대	/1
	고려 시대	/4
	조선 전기	/3
	조선 후기	/1
근현대	근대	/4
	일제 강점기	/3
	현대	/1
통합	시대 통합	/1
총계		/20

* 취약시대 분석표를 이용해 1개라도 틀린 문제가 있는 시대는 그 시대의 문제만 골라 해설을 다시 한번 꼼꼼히 학습하세요.

---

01 선사 시대 | 고조선의 사회 모습 난이도 하 ●○○

자료분석
백성들에게 금하는 법 8조가 있었음 → 고조선의 8조법

정답설명
④ 8조법을 통해서 고조선이 중대한 범죄에 연좌제를 적용하였는지는 알 수 없다. 연좌제는 죄를 지은 사람은 물론 그 가족까지 함께 처벌하는 제도로, 연좌제를 시행한 대표적인 나라로는 부여와 고구려 등이 있다.

오답분석
① 사람을 죽인 자를 죽이고, 남에게 상처를 입힌 자는 곡식으로 갚게 하였다는 내용을 통해 고조선에서는 노동력과 생명을 중시하였음을 알 수 있다.
② 도둑질 한 자를 노비로 삼고, 용서를 구하고자 할 때 50만 전을 내도록 하였다는 내용을 통해 고조선에 사유 재산과 노비 제도가 있었음을 알 수 있다.
③ 여자는 모두 정조를 지키고 신용이 있다는 내용을 통해 고조선에서는 가부장적 가족 제도가 확립되었음을 알 수 있다.

02 선사 시대 | 고구려 난이도 하 ●○○

자료분석
경당 → 고구려

정답설명
③ 고구려에는 왕 아래 상가, 고추가 등의 대가들이 있었으며, 이들은 각각 사자, 조의, 선인 등의 관리를 거느렸다.

오답분석
① 동예: 호랑이를 신으로 여겨 제사를 지냈던 나라는 동예이다.
② 부여: 특산물로 말, 주옥, 모피 등이 유명하였던 나라는 부여이다.
④ 신라: 만장일치제인 화백 회의에서 나라의 중대한 일을 결정한 나라는 신라이다.

03 고려 시대 | 묘청과 김부식 난이도 중 ●●○

자료분석
(가) 낭불 양가 + 국풍파 + 독립당 + 진취 사상 → 묘청
(나) 유가 + 한학파 + 사대당 + 보수 사상 → 김부식

정답설명
① 국호를 장안, 연호를 경운으로 칭하고 반란을 일으킨 것은 통일 신라의 김헌창이다. 한편, 묘청은 국호를 대위, 연호를 천개, 군대를 천견충의군이라 칭하고 반란을 일으켰다.

오답분석
② 묘청은 서경 천도 운동을 전개하며 고려 인종에게 황제를 칭하고 연호를 사용할 것(칭제건원)을 건의하였다.
③ 김부식은 개경 중심의 문벌 귀족 세력을 대표하였던 인물이다.
④ 김부식은 개성 영통사의 대각국사비의 비문을 지어 의천의 행적을 기록하였다.

04 고려 시대 | 『직지심체요절』 난이도 하 ●○○

자료분석
청주 흥덕사에서 간행 + 백운화상 + 유네스코 세계 기록유산 → (가) 『직지심체요절』

정답설명
④ 『직지심체요절』은 서양 최초로 금속 활자 인쇄술을 발명한 구텐베르크의 것보다 약 70여 년 앞선 1377년에 인쇄된 것으로 밝혀져, 현존하는 금속 활자본 중에서 가장 오래된 것으로 공인 받았다.

오답분석
①, ② 팔만대장경: 현재 합천 해인사에 보관되어 있으며, 몽골의 침략을 부처의 힘으로 물리치기 위해 제작된 문화 유산은 팔만대장경(재조대장경)이다.

③ 『무구정광대다라니경』: 불국사 3층 석탑(석가탑)을 보수하는 과정에서 발견된 문화 유산은 『무구정광대다라니경』이다.

05 | 조선 전기 | 혼일강리역대국도지도 | 난이도 중 ●●○

자료분석
화폭에 천하를 그림 + 이회 → (가) 혼일강리역대국도지도

정답설명
② 옳은 것을 모두 고르면 ㉠, ㉢이다.
㉠ 혼일강리역대국도지도는 현존하는 동양에서 가장 오래된 세계 지도이다.
㉢ 혼일강리역대국도지도는 이슬람 지도학의 영향을 받아 제작된 원나라의 세계 지도에 우리나라와 일본의 지도를 더해 제작되었다.

오답분석
㉡ 요계관방지도(이이명 등): 우리나라의 북방 지역과 만주, 만리장성 등을 포함한 중국 동북 지방의 군사 요새지가 상세히 그려져 있는 지도는 숙종 때 이이명 등이 제작한 요계관방지도이다.
㉣ 동국지도(정상기): 우리나라 최초로 100리 척을 사용하여 제작한 지도는 영조 때 정상기가 제작한 동국지도이다.

06 | 근대 | 독립신문 | 난이도 중 ●●○

자료분석
상하귀천을 달리 대접하지 아니함 + 영문으로 기록 → (가) 독립신문

정답설명
② 독립신문은 우리나라 최초의 민간 신문으로 근대적 지식 보급과 국권·민권 사상을 고취시켰다.

오답분석
① 독립신문은 1896년부터 1899년까지 발간된 신문으로, 신문지법이 제정(1907) 되기 이전에 폐간되었다.
③ 한성주보: 우리나라 신문 최초로 상업 광고를 게재한 신문은 한성주보이다.
④ 제국신문: 이종일 등이 간행한 신문으로, 순 한글 신문으로 발행되어 부녀자와 서민 계층에게 인기를 얻었던 신문은 제국신문이다. 한편, 독립신문은 서재필 등이 정부의 지원을 받아 발행하였다.

07 | 근대 | 혜상공국 | 난이도 중 ●●○

자료분석
김옥균, 유길준(급진 개화파) + 보부상들의 특권적 상업 체제를 유지 → (가) 혜상공국

정답설명
③ 혜상공국은 개항 초기에 조선 정부가 보부상을 보호하기 위해 설치한 관청으로, 외국 상인의 불법적 상행위 단속 등을 하였다. 한편, 갑신정변을 일으킨 급진 개화파는 특권적 상업 체제 폐지를 위하여 혜상공국의 혁파를 주장하였다.

오답분석
① 대동상회: 대동상회는 평안도 상인의 자본을 기반으로 인천에 설립된 근대적 상회사이다.
② 농광 회사: 농광 회사는 일본의 황무지 개간권 요구에 대응하여, 우리가 직접 개간 사업을 진행할 목적으로 설립된 회사이다.
④ 황국 중앙 총상회: 황국 중앙 총상회는 서울의 시전 상인들이 외국 상인들의 국내 진출을 저지하고 국내 상인들의 권익을 보호하기 위해 설립되었다.

08 | 고대 | 발해 문왕 재위 시기의 사실 | 난이도 중 ●●○

자료분석
무예(무왕)가 죽자 왕위에 오름 + 연호를 대흥으로 고침 → (가) 발해 문왕

정답설명
③ 발해 문왕 때 정치 체제 정비의 일환으로 수도를 중경 현덕부에서 상경 용천부로 천도하였으며, 이후 다시 상경 용천부에서 동경 용원부로 천도하였다.

오답분석
① 대인선(제15대 왕): 야율아보기에 의해 홀한성이 포위된 것은 발해의 마지막 왕인 대인선 때이다. 대인선 때 거란의 야율아보기(요 태조)의 침입으로 홀한성(상경 용천부)이 포위되었고, 결국 발해가 멸망하였다.
②, ④ 발해 선왕: 5경 15부 62주의 지방 체제를 완비하였으며, 대부분의 말갈족을 복속시키고 요동 지역으로 진출한 것은 발해 선왕 때이다.

09 | 일제 강점기 | 대한민국 임시 정부의 2차 개헌 시기 | 난이도 하 ●○○

자료분석
임시 정부 + 국무령은 국무회의를 대표하여 그 결정을 집행 → 국무령 중심의 내각 책임제 → 대한민국 임시 정부의 2차 개헌(1925)
(가) 대한민국 임시 정부 수립(1919) ~ 국민 대표 회의 개최(1923)
(나) 국민 대표 회의 개최(1923) ~ 만보산 사건 발발(1931)
(다) 만보산 사건 발발(1931) ~ 한국 국민당 창당(1935)
(라) 한국 국민당 창당(1935) ~ 대한민국 건국 강령 발표(1941)

정답설명
② 국민 대표 회의가 결렬된 후 대한민국 임시 정부는 (나) 시기인 1925년에 이승만을 탄핵한 뒤 박은식을 제2대 대통령으로 추대하고, 헌법 개정(제2차 개헌)을 통해 지도 체제를 국무령 중심의 내각 책임제로 개편하였다.

10 | 조선 후기 | 향전 | 난이도 중 ●●○

자료분석
지방 고을의 (가)은/는 금지해야 함 + 향임을 임명할 때 한쪽 사람을 치우치게 쓰지 않을 것 → (가) 향전

정답설명
② 향전의 발생은 재지 사족의 농장 확대와 관련이 없다. 향전은 조선 후기에 부농층이 성장하면서 향촌의 주도권을 두고 구향인 재지 사족과 대립하면서 발생하였다.

15회 실전동형모의고사 정답·해설

오답분석

①, ④ 향전의 결과 향촌 사회에서 재지 사족의 힘이 약화되고, 수령을 중심으로 한 관권이 강화되었다. 이는 세도 정치 시기에 수령과 향리의 농민 수탈이 극심해지는 배경이 되었다.

③ 납속과 같은 방법으로 신분을 상승시킨 부농층은 수령과 결탁하여 향안에 이름을 올리거나 향임직에 진출하여 신향으로 성장하였다.

11 조선 전기 | 조선 전기의 회화   난이도 하 ●○○

정답설명

④ 조선 전기에는 과감한 필치로 인물의 내면 세계를 표현한 고사관수도가 그려졌다. 고사관수도는 강희안이 그린 대표적인 조선 전기의 문인화이다.

오답분석

① 조선 후기: 서양화 기법을 반영한 영통동구도가 그려진 것은 조선 후기이다.

② 고려 시대: 원대 북화의 영향을 받은 천산대렵도가 그려진 것은 고려 시대이다.

③ 조선 후기: 서민의 일상을 생동감 있게 표현한 무동 등이 그려진 것은 조선 후기이다. 조선 후기에는 서민의 일상을 생동감 있게 표현한 풍속화가 유행하였으며, 대표적으로 김홍도의 무동, 씨름 등이 있다.

12 고려 시대 | 신진 사대부   난이도 중 ●●○

자료분석

신돈의 아들 우(禑)를 공민왕의 후손이라고 거짓으로 내세움 + 왕씨가 종사를 회복 → 폐가입진 → 신진 사대부

정답설명

③ 권력을 앞세워 대규모의 농장을 소유한 정치 세력은 무신과 권문세족이다. 정변을 통해 정권을 장악한 무신들과 원 간섭기의 권문세족들은 막강한 권력을 앞세워 대규모의 농장을 소유하였다.

오답분석

① 신진 사대부의 대표적인 인물로는 남은, 조준, 정도전, 정몽주 등이 있다.

② 신진 사대부들은 성리학적 입장을 통해 불교 이론의 모순점을 지적하고, 권문세족과 결탁한 불교계의 사회적·경제적 폐단을 비판하였다.

④ 신진 사대부들은 지방 향리 출신으로, 무신 집권기부터 주로 과거를 통해 중앙 관직에 진출하며 성장하였다.

13 근대 | 폐정 개혁안 12개조   난이도 중 ●●○

자료분석

집강소를 통해 아뢰도록 하라 → 폐정 개혁안 12개조

정답설명

② 옳은 것을 모두 고르면 ㉠, ㉢이다.

㉠ 폐정 개혁안 12개조 중 제2조에는 '탐관오리는 죄상을 조사하여 엄징할 것'이라는 내용이 있다.

㉢ 폐정 개혁안 12개조 중 제9조에는 '관리의 채용에는 지벌을 타파하고 인재를 등용할 것'이라는 내용이 있다.

오답분석

㉡ 제1차 갑오개혁: 문벌과 양반·상민 등의 계급을 타파한다는 것은 제1차 갑오개혁의 내용이다.

㉣ 홍범 14조: 납세는 법으로 정하고 함부로 세금을 징수하지 않는다는 것은 홍범 14조의 내용이다.

이것도 알면 합격!

폐정 개혁안 12개조의 내용

반봉건	• 탐관오리 처벌, 횡포한 부호 엄징, 불량한 유림과 양반 징벌 • 노비 문서 소각, 7종 천인의 대우 개선, 청상 과부의 재가 허용 • 토지 균등 분배, 잡세 폐지, 공·사채 폐지
반외세	왜와 내통하는 자 엄징

14 일제 강점기 | 문일평   난이도 상 ●●●

자료분석

조선학 + 조선인의 특수성을 표시하는 언어(한글 강조) → 문일평

정답설명

② 문일평은 국제 관계에서 실리적인 감각이 필요함을 느끼고 『대미 관계 50년사』를 저술하였다.

오답분석

① 안재홍: 『조선상고사감』을 저술한 인물은 안재홍이다.

③ 신채호: 민족 정신으로 우리 민족 고유의 낭가 사상을 강조한 인물은 신채호이다.

④ 정인보: 광개토 대왕릉비에 대한 새로운 해석 방법을 제시한 인물은 정인보이다.

이것도 알면 합격!

문일평과 정인보

문일평	• 민족 정신으로 '조선심', '조선 사상' 강조 • 『대미 관계 50년사』, 『호암전집』 등을 저술
정인보	• 민족 정신으로 '얼' 사상 강조 • 『조선사연구』, 『5천 년간 조선의 얼』, 『양명학연론』 등을 저술

15 시대 통합 | 유네스코 세계 문화유산   난이도 중 ●●○

정답설명

② 옳은 것을 모두 고르면 ㉠, ㉢이다.

㉠ 남한산성은 조선 시대에 임시 수도의 역할을 담당하도록 축조된 산성으로, 2014년에 유네스코 세계 문화유산으로 등재되었다.

㉢ 김해 대성동 고분군은 철제 갑옷과 금동솥 등이 출토된 금관가야의 무덤 유적으로, 2023년에 고령 지산동 고분군, 함안 말이산 고분군 등과 함께 유네스코 세계 문화유산으로 등재되었다.

오답분석

ⓒ 중국 남조의 영향을 받은 전축분인 6호분과 무령왕릉이 있는 곳은 백제 역사 지구 중 공주 지구에 속한 송산리 고분군이다. 한편 백제 역사 지구는 공주시, 부여군, 익산시에 있는 백제와 관련된 역사 유적들로 2015년에 유네스코 세계 문화유산으로 등재되었다.

ⓔ 해인사 장경판전은 초조대장경이 아닌 팔만대장경을 보관하기 위해 만들어진 건축물로, 1995년에 유네스코 세계 문화유산에 등재되었다.

16 고려 시대 | 고려 시대의 불상   난이도 하 ●○○

정답설명

② 안동 이천동 마애여래 입상은 머리 부분을 따로 제작하고 신체 부분은 거대한 암석에 조각한 거대 불상으로 비율이 불균형한 것이 특징이다.

오답분석

① 광주 춘궁리 철불(하남 하사창동 철조 석가여래 좌상)은 고려 초기에 제작된 대형 철불이다.

③ 영주 부석사 소조 아미타여래 좌상은 균형미가 뛰어난 고려 시대의 불상으로, 신라의 불상 양식을 계승하였다.

④ 논산 관촉사 석조 미륵보살 입상은 고려 시대의 거대 불상으로, 논산시 은진면에 있어 '은진 미륵'이라는 별명을 가지고 있다.

17 근대 | 한·일 의정서   난이도 중 ●●○

자료분석

대일본 제국 정부는 군사 전략상 필요한 지점을 차지하여 이용할 수 있음 → 한·일 의정서

정답설명

③ 한·일 의정서는 일제가 대한 제국의 국외 중립 선언(1904. 1.)을 무시하고 강제로 체결(1904. 2.)한 것으로 일제가 군사 전략상 필요한 지역을 자유롭게 이용할 수 있다고 명시하였다.

오답분석

① 서재필이 독립신문을 창간하는 배경이 된 것은 고종의 아관 파천 이후 열강의 이권 침탈이 본격화 된 상황으로, 한·일 의정서와는 관련이 없다.

② 제1차 한·일 협약: 메가타가 재정 고문으로 파견되는 계기가 된 조약은 제1차 한·일 협약이다. 제1차 한·일 협약에 따라 일본인 메가타가 재정 고문으로, 미국인 스티븐스가 외교 고문으로 파견되었다.

④ 한·일 신협약(정미 7조약): 한국 정부가 법령 제정 및 중요한 행정상의 처분을 할 때 미리 통감의 승인을 거치도록 규정한 조약은 한·일 신협약이다.

18 조선 전기 | 김종직   난이도 중 ●●○

자료분석

초나라 회왕의 손자인 심(의제)이 서초의 패왕(항우)에게 피살됨 + 글을 지어 조문함 → 「조의제문」 → 김종직

정답설명

③ 김종직은 고려 말 정몽주, 길재의 학풍을 이은 사림의 대표적인 인물이다.

오답분석

① 김종직은 무오사화(1498, 연산군)가 발생하기 이전인 성종 때 죽었다. 한편 무오사화 때 목숨을 잃은 인물은 「조의제문」을 실록의 초안인 사초에 기록한 김일손이다.

② 김종직은 「국조오례의」 편찬에 관여하지 않았다. 「국조오례의」는 국가의 여러 행사에 필요한 의례를 정리한 의례서로, 세종 때 허조 등이 편찬하기 시작하여 성종 때 신숙주, 정척 등에 의해 완성되었다.

④ 김종직은 공납의 폐단을 시정할 것을 주창하지 않았다. 한편 공납의 폐단을 시정할 것을 주창한 인물로는 조광조, 이이, 유성룡 등이 있다.

19 일제 강점기 | 일장기 말소 사건 이후의 모습   난이도 상 ●●●

자료분석

손기정 선수가 마라톤에서 우승함 + 동아일보 + 일장기를 말소한 사진이 게재됨 → 일장기 말소 사건(1936)

정답설명

③ 대한민국 임시 정부는 1944년에 제5차 개헌을 통해 주석·부주석 체제로 정비하였다. 따라서 1936년에 발생한 일장기 말소 사건 이후의 모습으로 국무회의에 참석하는 대한민국 임시 정부의 부주석을 볼 수 있다.

오답분석

모두 일장기 말소 사건 이전의 사실이다.

① 나운규가 제작한 영화 아리랑이 종로 단성사에서 처음 상영되었던 것은 1926년이다.

② 매일신보에 이광수의 「무정」이 연재된 것은 1917년 1월부터 6월까지이다. 「무정」은 이광수가 매일신보에 연재한 우리나라 최초의 현대 장편 소설이다.

④ 경성 고무 공장 노동자들이 아사 동맹을 맺어 파업을 전개한 것은 1923년이다. 경성의 고무 공장들이 일제히 노동자들의 임금을 삭감하자, 이에 반발한 노동자들이 아사 동맹을 결성하고 단식 파업을 전개하였다.

20 현대 | 장면 내각 시기의 사실   난이도 중 ●●○

자료분석

부정 선거 관련자의 처단 + 부정 축재 처리 → 장면 내각의 시정 연설

정답설명

③ 장면 내각 시기에는 경제 제일주의를 내세워 외자 도입과 경제 원조 확대를 통한 경제 개발 5개년 계획을 수립하였다. 그러나 경제 개발 5개년 계획은 5·16 군사 정변으로 실행에 옮기지는 못하였고, 박정희 정부 때 시행되었다.

오답분석

① 박정희 정부: 경부 고속 도로를 개통한 것은 박정희 정부 때이다. 경부 고속 도로는 1968년에 착공하여, 1970년에 완공되었다.

② 전두환 정부: 민주화 추진 협의회를 조직한 것은 전두환 정부 때이다. 김영삼계와 김대중계의 인사들은 1984년에 민주화 추진 협의회를 조직하고 민주화 운동을 전개하였다.

④ 미 군정기: 점령지 행정 구호 원조(GARIOA)가 전개된 것은 미 군정기 때이다. 점령지 행정 구호 원조는 우리나라가 미국으로부터 받은 경제 원조로, 1945년 9월부터 1948년 8월 15일까지 전개되었다.

16회 실전동형모의고사 정답·해설

정답

p.104

01	① 선사 시대	11	③ 일제 강점기
02	① 선사 시대	12	④ 조선 후기
03	① 근대	13	③ 일제 강점기
04	② 조선 전기	14	② 조선 후기
05	③ 고려 시대	15	④ 고대
06	③ 조선 후기	16	③ 고대
07	② 고대	17	② 현대
08	④ 고대	18	① 고대
09	③ 일제 강점기	19	② 조선 전기
10	③ 고려 시대	20	④ 시대 통합

취약시대 분석표

영역	세부 유형	문항 수
전근대	선사 시대	/2
	고대	/5
	고려 시대	/2
	조선 전기	/2
	조선 후기	/3
근현대	근대	/1
	일제 강점기	/3
	현대	/1
통합	시대 통합	/1
총계		/20

* 취약시대 분석표를 이용해 1개라도 틀린 문제가 있는 시대는 그 시대의 문제만 골라 해설을 다시 한번 꼼꼼히 학습하세요.

01 선사 시대 | 철기 시대   난이도 하 ●○○

정답설명
① 빗살무늬 토기를 만들기 시작한 것은 신석기 시대이다. 한편 철기 시대에는 덧띠 토기, 검은 간 토기 등을 만들어 사용하였다.

오답분석
② 철기 시대에는 벼농사를 짓기 위하여 각종 수리 시설이 만들어졌다.
③ 철기 시대에는 부뚜막을 설치하여 생활하기 시작하였으며, 이로 인해 점차 움집이 사라지고 지상 가옥이 만들어지기 시작하였다.
④ 철기 시대에는 구덩이를 파고 직접 시신을 묻는 널무덤, 독 두 개를 맞붙여 관으로 사용한 독무덤과 무덤 주위에 고랑을 설치한 주구묘 등을 조성하였다.

02 선사 시대 | 고구려와 삼한   난이도 하 ●○○

자료분석
(가) 큰 산과 깊은 골짜기가 많음 + 노략질하기를 좋아함 → 고구려
(나) 세력이 강대한 사람은 스스로 신지라 함 + 읍차 → 삼한

정답설명
① 고구려는 지배층이 죽은 경우 돌을 쌓아서 봉분(돌무지무덤)을 만들고, 그 주위에 송백(소나무와 잣나무)을 심었다.

오답분석
② 부여, 고구려: 도둑질을 하면 그 물건의 12배를 배상하게 하는 1책 12법의 풍습이 있었던 국가는 부여와 고구려이다.
③ 부여: 선비족의 침입으로 국력이 쇠퇴하여 5세기 말에 멸망한 국가는 부여이다. 부여는 3세기 말 선비족의 침입으로 국력이 쇠퇴하였으며, 이후 5세기 말에 고구려에 흡수되어 멸망하였다.
④ 동예: 해마다 10월에 무천이라는 제천 행사를 시행하였던 국가는 동예이다.

03 근대 | 한·일 병합 조약 체결 이후의 사실   난이도 중 ●●○

자료분석
대한 제국을 일본 제국에 병합함 → 한·일 병합 조약(1910)

정답설명
① 조선 어업령이 공포된 것은 1911년으로 한·일 병합 조약 체결 이후의 사실이다. 일제는 조선 어업령을 공포하여 조선 어민의 기득권을 부인하고 새로이 면허·허가를 받아 조업하게 함으로써 조선인의 어업 행위를 통제하였다.

오답분석
모두 한·일 병합 조약 체결 이전의 사실이다.
② 서울에 통감부를 설치한 것은 1906년이다. 일제는 통감부를 통해 대한 제국에 대한 내정 간섭을 강화하였다.
③ 대한 제국의 군대를 해산한 것은 1907년이다. 일제는 한·일 신협약의 부수 비밀 각서에 따라 대한 제국의 군대를 해산하고 군사권을 장악하였다.
④ 제2차 영·일 동맹이 체결된 것은 1905년이다. 일제는 영국과 제2차 영·일 동맹을 체결하여 영국으로부터 대한 제국에 대한 일본의 독점적 지배권을 인정받았다.

04 조선 전기 | 의창   난이도 하 ●○○

자료분석
가난한 사람을 구휼 + 양식과 종자를 나누어 줌 → (가) 의창

정답설명
② 의창은 고려 시대에 조직되어 조선 시대에도 운영된 대표적인 구휼 기관이다. 의창은 춘궁기에 농민들에게 식량과 종자를 무이자로 빌려 주고 추수기에 원곡만 회수하였다.

오답분석
① **사창**: 사창은 농민 생활을 안정시키기 위해 향촌 사회에서 자치적으로 운영하던 구휼 기구로, 춘궁기에 곡식을 빌려주고 원곡에 이자를 더해 돌려받았다.
③ **경시서**: 경시서는 시전의 불법 상행위를 감독·통제하는 기구로, 세조 때 평시서로 개칭되었다.
④ **혜민서**: 혜민서는 서민 환자의 치료와 약재의 판매, 의녀의 교육 등을 담당하던 기구이다.

오답분석
① **성왕**: 수도는 5부로, 지방은 5방으로 나누어 정비한 것은 성왕 때이다.
③ **성왕**: 신라와 연합하여 한강 지역을 일시적으로 회복한 것은 성왕 때이다. 성왕 때 백제는 신라와 연합하여 한강 지역을 회복하였으나, 진흥왕의 배신으로 한강 지역을 신라에게 빼앗겼다.
④ **무령왕**: 5경 박사인 단양이와 고안무를 일본으로 파견하여 유교 문화를 전파한 것은 무령왕 때이다.

05 고려 시대 | 향도   난이도 하 ●○○

정답설명
③ 향도는 고려 시대가 아닌 삼국 시대에 처음으로 결성되었다. 향도는 삼국 시대부터 결성된 불교 신앙 조직이었으며, 고려 후기부터 마을 공동체 조직의 형태로 변하여 조선 시대까지 이어졌다.

오답분석
① 향도는 고려 초기에 불상, 석탑 조성 및 대규모 인원이 필요한 사원 건축 시에 동원되었다.
② 향도는 위기가 닥쳤을 때를 대비하고 내세의 복을 빌기 위해 향나무를 바닷가에 묻는 매향 활동을 하였다.
④ 향도는 고려 후기로 가면서 점차 마을 공동 행사를 주도하는 마을 공동체 성격의 농민 조직으로 변화하였다.

08 고대 | 법흥왕   난이도 하 ●○○

자료분석
이차돈 + 불법을 위하여 형벌을 당함 → 이차돈의 순교 → 법흥왕

정답설명
④ 법흥왕은 중앙에 병부를 설치하고, 백관의 공복(자색·비색·청색·황색)을 제정하였다.

오답분석
① **지증왕**: 아라가야가 있던 곳으로 추정되는 아시촌에 소경을 설치한 왕은 지증왕이다.
② **진흥왕**: 이사부를 파견하여 고령 지역의 대가야를 정복한 왕은 진흥왕이다.
③ **진흥왕**: 거칠부에게 역사서인 『국사』를 편찬하도록 한 왕은 진흥왕이다.

06 조선 후기 | 허균   난이도 상 ●●●

자료분석
항민 + 호민 → 「호민론」 → 허균

정답설명
③ 허균은 「유재론」에서 신분 제도에 근거한 불평등한 인재 등용 정책을 비판하고, 능력에 따른 인재 등용을 주장하였다.

오답분석
① **유형원**: 『반계수록』에서 신분에 따라 토지를 차등 있게 재분배하자는 균전론을 주장한 인물은 유형원이다.
② **박지원**: 「호질」을 지어 놀고먹는 양반의 위선과 부패를 풍자한 인물은 박지원이다.
④ **유수원**: 『우서』를 지어 상공업의 진흥과 기술의 혁신을 주장한 인물은 유수원이다.

09 일제 강점기 | 브나로드 운동   난이도 중 ●●○

자료분석
계몽 운동 + 동아일보 → 브나로드 운동

정답설명
③ 브나로드 운동은 동아일보가 주도하고 학생들이 중심이 되어 전개된 계몽 운동으로, 미신 타파, 구습 제거, 농촌 계몽, 한글 보급 등을 추진하였다.

오답분석
① **문자 보급 운동**: "아는 것이 힘, 배워야 산다!"라는 구호 아래 전개된 것은 조선일보가 주도한 문자 보급 운동이다.
② **국채 보상 운동**: 서울에서 국채 보상 기성회가 조직된 것은 국채 보상 운동이다.
④ **3·1 운동**: 한국인의 반일 감정을 무마하기 위한 문화 통치가 실시되는 계기가 된 것은 3·1 운동이다.

07 고대 | 의자왕 재위 시기의 사실   난이도 중 ●●○

자료분석
왕이 주색에 빠짐 + 탄현을 통과하지 못하게 하고 기벌포에 들어오지 못하게 할 것 → 의자왕

정답설명
② 의자왕 때는 활발한 정복 활동을 전개하여 신라의 대야성을 비롯한 40여 성을 탈취하였다.

10 고려 시대 | 만적의 난   난이도 중 ●●○

자료분석
장군과 재상이 어찌 타고난 씨가 따로 있겠는가 → 만적의 난

정답설명
③ 만적의 난은 최충헌의 사노비인 만적이 개경에서 공·사노비를 모아 신분 해방과 정권 탈취를 목표로 반란을 모의하였으나, 실패한 사건이다.

16회 실전동형모의고사 정답·해설

오답분석
① 만적의 난은 최우 집권 시기가 아니라 최충헌 집권 시기에 발생하였다.
② 이비·패좌의 난: 경주에서 신라 부흥을 목표로 봉기한 것은 이비와 패좌의 난이다.
④ 광명·계발의 난: 진주의 공·사 노비와 합주의 부곡민이 합세한 것은 광명·계발의 난이다.

11 일제 강점기 | 조선어 연구회 난이도 중 ●●○

자료분석
1921년에 시작됨 + 1927년에 잡지 『한글』을 간행 → (가) 조선어 연구회

정답설명
③ 조선어 연구회는 1926년에 한글(훈민정음)이 반포된 날을 기념하는 '가갸날'을 제정하였다.

오답분석
① 한글 학회: 『우리말 큰사전』을 완성시킨 단체는 한글 학회이다. 일제의 탄압으로 조선어 학회가 해산되면서 중단되었던 『우리말 큰사전』 편찬 사업은 광복 이후 조선어 학회를 계승한 한글 학회에 의해 완성되었다.
② 조선어 학회: 올바른 한글 사용을 위해 한글 맞춤법 통일안을 제정한 단체는 조선어 학회이다.
④ 독립 협회: 우리나라 최초의 한글 신문인 독립신문을 발간한 단체는 독립 협회이다.

12 조선 후기 | 윤휴 난이도 중 ●●○

자료분석
『중용주해』 + 북벌을 주장 → 윤휴

정답설명
④ 윤휴는 기해예송 때 왕실의 예법은 사대부의 예법과는 다르기 때문에 효종의 죽음에 대하여 조대비가 3년 동안 상복을 입어야 한다고 주장하였다.

오답분석
① 김육: 삼남 지방까지 대동법의 확대 실시를 건의한 인물은 김육이다.
② 정제두: 존언, 만물일체설로 지행합일 등의 양명학 이론을 체계화한 인물은 정제두이다.
③ 허목: 『청사열전』을 지어 김시습 등 도가 관련 인물들의 행적을 정리한 인물은 허목이다.

13 일제 강점기 | 한국광복군 난이도 중 ●●○

자료분석
연합군과의 작전 + 조국으로 가는 것 → 국내 진공 작전 → 한국광복군

정답설명
③ 한국광복군은 초기에 재정적 어려움으로 인하여 중국 정부의 원조를 받아야 했기 때문에 중국 군사 위원회의 지휘와 간섭을 받았다.

오답분석
① 조선 의용군: 중국 팔로군과 연합하여 항일 투쟁을 한 부대는 조선 의용군이다.
② 조선 의용대: 조선 민족 전선 연맹의 산하 군대로 창설된 부대는 조선 의용대이다.
④ 한국 독립군: 쌍성보 전투, 동경성 전투 등에서 일본군을 격퇴한 부대는 한국 독립군이다.

이것도 알면 합격!

한국광복군

창설	1940년에 지청천과 김구 등이 충칭에서 신흥 무관 학교 출신의 독립군 간부들과 중국에서 활동하던 청년들을 모아 창설
강화	김원봉의 조선 의용대 일부를 흡수하여 군사력 강화
활동	대일 선전 포고, 미얀마·인도 전선에 파견, 국내 진공 작전 계획

14 조선 후기 | 조선 후기의 광업 난이도 하 ●○○

정답설명
② 연은분리법이라는 새로운 은 제련법이 발명된 것은 연산군 때(1503)로, 조선 전기의 사실이다.

오답분석
① 조선 후기에는 광물 채굴에 대한 세금 징수를 지방 수령이 관리하도록 하는 수령수세제가 시행되어 광산 개발이 자유로워졌으며, 이에 따라 민영 광산의 수가 증가하였다.
③ 조선 후기에는 덕대라는 광산 전문 경영인이 상인 물주로부터 자금을 받아 채굴업자와 노동자를 고용하여 광산을 경영하는 덕대제가 유행하였다.
④ 조선 후기에는 민영 수공업의 발달로 그 원료인 금, 은 등 광물의 수요가 증가하면서 은광을 비롯한 광산 개발이 활발해졌다.

15 고대 | 신라 촌락 문서 난이도 중 ●●○

자료분석
일본 도다이사 쇼소인에서 발견됨 + 서원경 주변 4개 촌락의 호수와 전답 면적 등을 기록 → 신라 촌락 문서

정답설명
④ 신라 촌락 문서는 토착 세력인 촌주가 촌 단위의 변동 사항을 매년 조사하되, 3년에 한 번씩 다시 작성하였다.

오답분석
① 신라 촌락 문서에는 호구와 달리 전답 면적의 증감은 기록하지 않았다.
② 신라 촌락 문서에는 인구를 연령에 따라 6등급으로 분류하고 성별도 구별하여 기재하였으며, 소아의 수와 노비의 수까지 기재하였다.

③ 신라 촌락 문서를 작성할 때 촌주는 중앙 관료로 추정되는 내시령에게 지급된 토지인 내시령답, 관청의 운영 경비로 사용된 관모전답, 촌주가 소유한 토지인 촌주위답 등 토지를 종류별로 나누어 조사하였다.

이것도 알면 합격!

신라 촌락 문서

발견	일본 도다이사 쇼소인(1933)
작성	촌주가 3년마다 작성(매년 호구의 감소만을 기재하는 추가 기록 존재)
내용	• 조사 대상: 각 촌락의 호 수, 인구 수, 우마 수, 토지 크기 등 • 인구: 남녀를 각각 연령에 따라 6등급으로 구분 • 호(戶): 사람의 다소(多少)에 따라 9등급으로 구분 • 토지: 논, 밭 및 촌주위답, 연수유전답, 내시령답, 관모전답, 마전 등의 총면적 기재

16 고대 | 화랑도   난이도 중 ●●○

자료분석

인재를 알아볼 수 있는 방법 + 미모의 남자를 선발함 → (가) 화랑도

정답설명

③ 국왕을 추대하거나 왕권을 견제하기도 한 것은 신라의 화백 회의이다.

오답분석

① 화랑도는 국선도, 풍류도, 풍월도 등으로 불리기도 하였다.
② 화랑도는 씨족 사회의 청소년 집단에서 기원하였으며 진흥왕 때 국가적인 조직으로 개편되었다.
④ 화랑도는 진골 귀족에서 평민까지 여러 계층을 망라한 조직으로, 계층 간 대립과 갈등을 조절·완화하였다.

17 현대 | 한·일 기본 조약이 체결된 시기   난이도 중 ●●○

자료분석

외교 및 영사 관계를 수립함 + 대한 제국과 일본 제국 간에 체결된 모든 조약과 협정이 무효임을 확인 → 한·일 기본 조약(1965)
(가) 한·미 상호 방위 조약 체결(1953)~5·16 군사 정변(1961)
(나) 5·16 군사 정변(1961)~7·4 남북 공동 성명 발표(1972)
(다) 7·4 남북 공동 성명 발표(1972)~12·12 사태(1979)
(라) 12·12 사태(1979)~6월 민주 항쟁(1987)

정답설명

② (나) 시기인 1964년에 한·일 기본 조약이 체결되었다. 박정희 정부는 경제 개발 자금을 마련하기 위해 미국의 권고에 따라 비밀리에 한·일 회담(1962)을 열고, 한·일 기본 조약(1965)을 체결하여 일본과의 국교를 정상화하였다.

18 고대 | 문무왕 재위 시기의 사실   난이도 중 ●●○

자료분석

유언에 따라 동해 가운데 큰 바위 위에 장사를 지냄 → 문무왕

정답설명

① 옳은 것을 모두 고르면 ㉠, ㉡이다.
㉠ 문무왕 때 고구려 유민들을 금마저(익산)에 자리 잡게 하고, 고구려 왕족 안승을 보덕국왕으로 책봉하였다.
㉡ 문무왕 때 지방관을 감찰하기 위하여 주와 군에 외사정을 파견하였다.

오답분석

㉢ 신문왕: 9서당 10정의 군사 제도를 완성한 것은 신문왕 때이다.
㉣ 성덕왕: 관료들이 지켜야 할 덕목을 담은 『백관잠』이 지어진 것은 성덕왕 때이다.

19 조선 전기 | 세종 대의 과학 기술   난이도 하 ●○○

자료분석

공법 + 답험의 폐단을 없애려고 함 → 세종

정답설명

② 옳은 것을 모두 고르면 ㉡, ㉢이다.
㉡ 세종 때 우리나라 풍토에 맞는 약재와 치료법을 정리한 『향약집성방』이 편찬되었다.
㉢ 세종 때 밀랍 대신 식자판을 조립하는 방법을 창안하여 인쇄 능률을 크게 향상시켰다.

오답분석

㉠ 문종: 신기전이라는 화살 100개를 동시에 발사할 수 있는 화차(火車)가 개발된 것은 문종 때이다.
㉣ 정조: 우리나라의 사정에 맞는 『천세력』을 만들어 간행한 것은 정조 때이다.

20 시대 통합 | 제주도   난이도 중 ●●○

자료분석

원나라 세조가 목장을 설치함 + 왕(충렬왕)이 원나라에 조회하고 돌려주기를 청함 → (가) 제주도

정답설명

④ 제주도에서 남한만의 단독 정부 수립과 5·10 총선거 실시에 반대하여 남조선 노동당 중심의 좌익 세력이 봉기하자, 정부가 이를 진압하는 과정에서 무고한 주민까지 희생되는 제주 4·3 사건이 발생하였다.

오답분석

① 강화도: 정묘호란 중에 인조가 피난한 지역은 강화도이다.
② 평양: 제1차 남·북 정상 회담이 개최된 지역은 평양이다.
③ 거문도: 영국이 러시아의 남하를 견제하기 위해 불법으로 점령한 지역은 거문도이다.

MEMO

MEMO